Objectif WEB

PILON

Audit de site web

2e édition

ISBN : 978-2-409-00258-8
Imprimé en France

Editions ENI
ZAC du Moulin Neuf
Rue Benjamin Franklin
44800 St HERBLAIN
Tél. 02.51.80.15.15
Fax 02.51.80.15.16

e-mail : editions@ediENI.com
http://www.editions-eni.com

Auteur : Vincent HIARD
Collection **Objectif Web** dirigée par Corinne HERVO

Chapitre 1 : Auditer l'ergonomie du site web

Chapitre 2 : Auditer les fonctionnalités du site web

Chapitre 3 : Auditer la compatibilité de site web

Chapitre 4 : Auditer les contenus du site web

Chapitre 5 : Auditer l'accessibilité du site web

Chapitre 6 : Auditer le référencement et le positionnement du site web

Chapitre 7 : Auditer l'e-réputation

Chapitre 8 : Audit réglementaire du site web

Chapitre 9 : Audit des statistiques de consultation

Chapitre 10 : Présentation de l'audit global

Chapitre 1 : Auditer l'ergonomie du site web

A. L'audit de l'ergonomie

La notion d'ergonomie pour les sites web pourrait se résumer au seul fait de proposer un site web qui corresponde exactement aux attentes des utilisateurs. Il doit donc être utile et simple d'utilisation.

La difficulté majeure pour réussir cet exercice est la méconnaissance de ces utilisateurs finaux. En effet, leurs attentes vont varier selon les spécificités de leur profil :

- Leur âge : la présentation du site et l'organisation de l'information doivent être en phase avec la cible.
- Leur niveau d'expérience dans le surf sur Internet : si le site est à destination du grand public, il doit répondre aux attentes des moins initiés à l'outil Internet.
- Leurs habitudes de surf : la façon de visiter les sites web n'étant pas une science enseignée, chacun a ses propres habitudes.

Un site qui se veut ergonomique doit idéalement être conçu par les internautes eux-mêmes ou, à défaut, s'approcher au maximum de ce qu'ils attendent.

L'ergonomie web s'appuie sur les deux piliers que sont la connaissance des internautes et le respect de bonnes pratiques.

B. Quand réaliser un audit de l'ergonomie ?

L'audit de l'ergonomie ne se résume pas à l'application d'une science exacte. En effet, l'ergonomie web est basée sur l'expérience des utilisateurs. Évoluant au gré des tendances, des évolutions matérielles, des usages et de la simplicité d'utilisation, l'ergonomie web est en évolution permanente. L'audit permet ponctuellement de se remettre à niveau à un instant donné. Il faut ensuite mettre en place une veille, afin de s'assurer régulièrement que le site ne s'éloigne pas trop de l'évolution des attentes des utilisateurs.

Il est conseillé de réaliser un audit de l'ergonomie :

- Lorsque le site est ancien et que la navigation paraît compliquée : c'est la navigation qui doit s'adapter aux contenus et non l'inverse. L'évolution des contenus peut avoir engendré la création de nouveaux menus.
- Lors d'une refonte globale d'un site web : auditer ergonomiquement l'existant permet de poser des fondations solides pour la prochaine version du site web.
- Lors d'une refonte de la page d'accueil : l'audit de l'ergonomie est indispensable lors d'un projet de refonte de la page d'accueil.
- Lors de l'introduction de nouvelles rubriques ou de nouvelles pages : introduire une nouvelle rubrique dans un site web peut rapidement perturber l'équilibre existant.
- Lorsque la fréquentation du site est en baisse : cet indicateur fait partie du tableau de bord de la veille. Un site qui présente une baisse des fréquentations n'est indéniablement plus en phase avec sa cible.
- Lors d'une volonté de conquête d'une nouvelle population cible : cette cible réagit à des codes qui peuvent être différents.
- Lorsque l'on cherche des axes d'amélioration : si le site donne l'impression d'être trop statique ou obsolète, l'audit de l'ergonomie permet de définir des axes d'amélioration possibles.

C. Notions élémentaires

1. Utilisabilité

L'utilisabilité est la capacité d'un site web à être facilement utilisable par une personne.

L'utilisabilité fait référence à trois caractéristiques :

- l'efficacité : l'interface web permet à l'utilisateur d'atteindre son but ;
- l'efficience : le résultat est atteint avec un minimum d'effort et de temps ;
- la satisfaction : le résultat est atteint dans des conditions agréables pour l'utilisateur.

2. Jakob Nielsen

Jakob Nielsen est un expert mondialement reconnu dans le domaine de l'ergonomie informatique et de l'utilisabilité des sites web.

Le docteur Nielsen a travaillé pour Bell, l'Université technique du Danemark, IBM, et Sun Microsystems.

Il est le cofondateur, avec Donald Norman du Nielsen Norman Group, société d'expertise en utilisabilité, et dispense des conseils afin d'améliorer le contenu des sites web.

Parmi les préceptes de Jakob Nielsen pour les sites web, on peut citer :

1. Le site web doit « parler » avec l'utilisateur d'une façon qu'il puisse comprendre facilement.
2. Le site web doit offrir à l'utilisateur une compatibilité par rapport à son espace de travail (résolution d'écran, navigateur, etc.).
3. Les éléments graphiques doivent être similaires sur l'ensemble du site web.
4. Le site web doit mettre l'accent sur le contenu et les éléments graphiques ne doivent pas retarder l'accès au contenu.
5. Il faut prévoir les erreurs que fera l'internaute, afficher des messages d'erreurs explicites et une solution pour ne plus les reproduire.
6. Les fonctionnalités proposées par le site web (formulaire, réservation, achat, etc.) doivent toujours être facilement accessibles.

D. Réaliser l'audit

Lors de l'audit de l'ergonomie, il faut dans un premier temps analyser le comportement des utilisateurs, et identifier leur mode de fonctionnement et leurs attentes. Dans un deuxième temps, il faut analyser la structure du site existant, en détaillant son arborescence et le schéma de navigation. La comparaison de ces deux analyses permet de mettre en évidence les points discordants.

1. Analyse du comportement des utilisateurs

L'analyse du comportement des internautes repose sur l'étude des statistiques de fréquentation, sur l'étude des résultats de l'*eye-tracking* ou de *mouse-tracking*, et sur les tests utilisateurs. Ces informations permettent d'identifier les habitudes des internautes et leurs comportements.

a. Analyse des statistiques avec Google Analytics

Au préalable, il faut équiper le site web d'un outil de statistique. Cela consiste, la plupart du temps, à insérer quelques lignes de code dans les pages du site web. Il existe sur Internet une multitude d'outils de statistique, gratuits ou payants. La plupart sont généralistes, mais certains proposent des services particuliers qui répondent à des problématiques précises.

Google Analytics est un acteur majeur dans l'analyse d'audiences web. La mise en place de cet outil gratuit et extrêmement complet est très simple.

Pour installer Google Analytics, il faut se rendre sur : http://www.google.com/intl/fr/analytics/

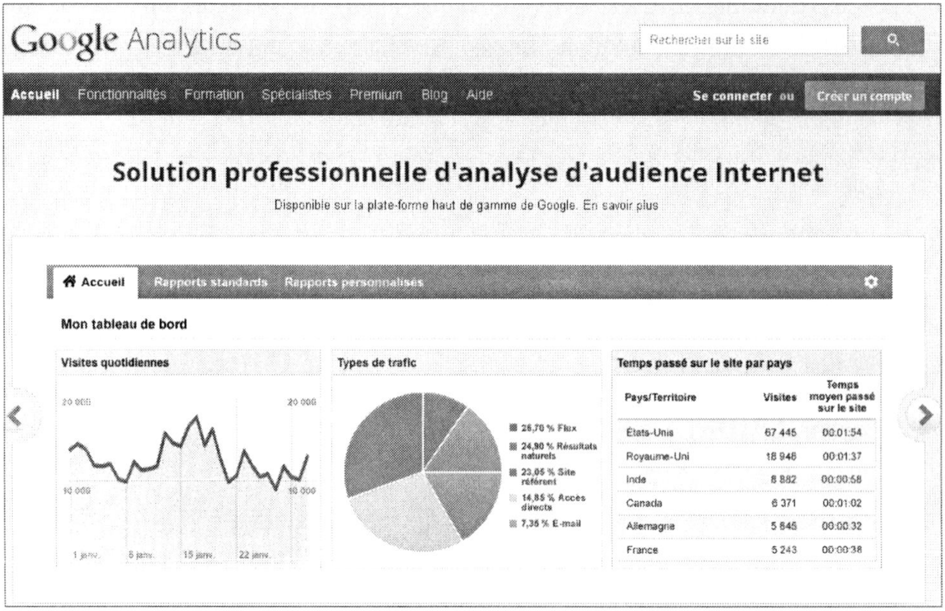

Source : http://www.google.com/intl/fr/analytics/

Pour consulter les statistiques du site web, il faut se rendre sur http://www.google.com/intl/fr/analytics/ et renseigner son adresse e-mail et son mot de passe.

La première page est la page du tableau de bord, qui présente l'ensemble des informations collectées.

Taux de rebond

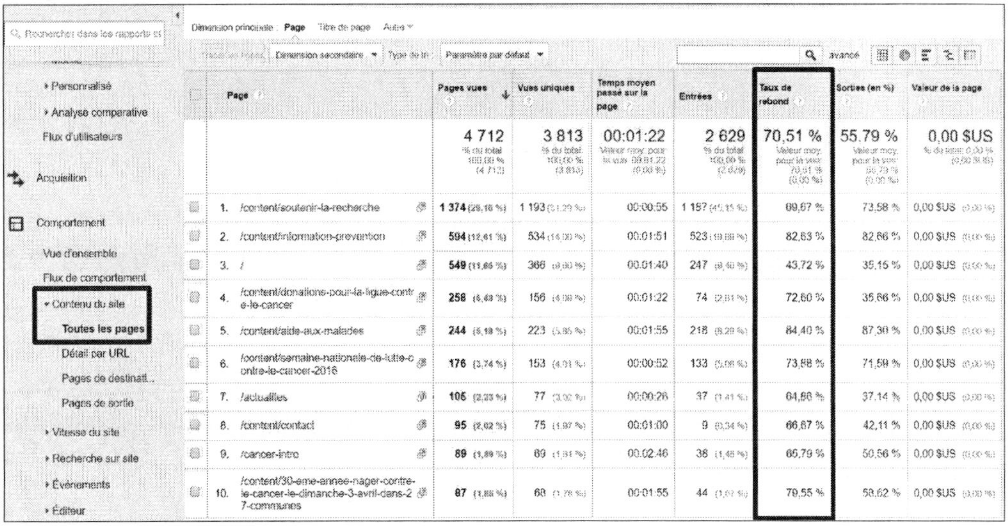

Il s'agit du nombre de visiteurs qui n'ont visité qu'une seule page du site puis sont repartis ailleurs. Cet indicateur est à surveiller de très près. Plus il est bas, plus votre site est ergonomique. En règle générale, si ce taux est élevé, cela signifie que l'internaute n'a pas trouvé intéressant de parcourir les autres pages du site. D'autres raisons peuvent expliquer un mauvais taux de rebond :

- L'information trouvée sur la page ne correspondait pas à l'intitulé du lien cliqué pour arriver sur celle-ci.
- L'affichage de la page est trop long, l'internaute est parti avant la fin de l'affichage de celle-ci.
- La page ne propose pas de lien de qualité pour inciter la lecture de plus de contenu.
- La mise en page ou le design de la page n'incite pas à la lecture.
- Des liens vers des contenus externes s'ouvrent dans la même fenêtre et poussent le visiteur hors du site.

Il est important de chercher la cause de cette fuite. Une analyse des mots-clés saisis dans les moteurs de recherche par l'internaute avant d'arriver sur la page permet, par exemple, de comprendre que le contenu n'est pas en adéquation avec les mots-clés recherchés.

Temps moyen passé sur les pages

Page	Pages vues	Vues uniques	Temps moyen passé sur la page	Entrées	Taux de rebond	Sorties (en %)	Valeur de la page
	5 550 % du total: 100,00 % (5 550)	4 449 % du total: 100,00 % (4 449)	00:01:22 Valeur moy. pour la vue: 00:01:22 (0,00 %)	3 199 % du total: 100,00 % (3 199)	72,58 % Valeur moy. pour la vue: 72,58 % (0,00 %)	57,64 % Valeur moy pour la vue: 57,64 % (0,00 %)	0,00 $US % du total: 0,00 % (0,00 $US)
1. /content/soutenir-la-recherche	1 471 (26,50 %)	1 283 (28,84 %)	00:00:55	1 281 (40,04 %)	70,49 %	73,96 %	0,00 $US (0,00 %)
2. /content/information-prevention	927 (16,70 %)	839 (18,86 %)	00:01:39	828 (25,88 %)	82,63 %	84,68 %	0,00 $US (0,00 %)
3. /	748 (13,48 %)	496 (11,15 %)	00:01:22	360 (11,25 %)	57,50 %	40,64 %	0,00 $US (0,00 %)
4. /content/donations-pour-la-ligue-contre-le-cancer	310 (5,59 %)	195 (4,38 %)	00:01:19	104 (3,25 %)	75,00 %	40,32 %	0,00 $US (0,00 %)
5. /content/aide-aux-malades	305 (5,50 %)	276 (6,20 %)	00:01:44	273 (8,53 %)	84,62 %	87,21 %	0,00 $US (0,00 %)
6. /cancer-intro	122 (2,20 %)	91 (2,05 %)	00:02:25	58 (1,81 %)	59,32 %	50,00 %	0,00 $US (0,00 %)
7. /content/contact	114 (2,05 %)	87 (1,96 %)	00:00:56	8 (0,25 %)	87,50 %	40,35 %	0,00 $US (0,00 %)
8. /actualites	104 (1,87 %)	81 (1,82 %)	00:00:33	39 (1,22 %)	58,97 %	38,46 %	0,00 $US (0,00 %)
9. /content/semaine-nationale-de-lutte-contre-le-cancer-2016	100 (1,80 %)	86 (1,93 %)	00:00:45	69 (2,16 %)	71,01 %	67,00 %	0,00 $US (0,00 %)
10. /content/30-eme-annee-nager-contre-le-cancer-le-dimanche-3-avril-dans-32-communes	80 (1,44 %)	53 (1,19 %)	00:01:52	24 (0,75 %)	50,00 %	48,75 %	0,00 $US (0,00 %)

Cette information vient en complément du taux de rebond. Couplée à celui-ci, elle peut apporter un début d'explication :

- Si le temps passé est court et que le taux de rebond est élevé, il s'agit là du pire scénario, cela signifie que le visiteur est arrivé et que la lecture rapide de la page (moins d'une seconde) lui a suffi à comprendre qu'il s'était trompé de site. Il faut travailler sur la pertinence mot-clé/contenu.
- Si le temps est court et que le taux de rebond est faible, l'internaute cherche une information sur le site mais ne la trouve pas. Il surfe sur le site comme il feuillette un catalogue. Il faut améliorer la visibilité des mots-clés à l'intérieur du contenu.
- Si le temps passé est long et que le taux de rebond est élevé, le visiteur prend le temps de lire la page mais il n'est pas incité à poursuivre sur le site. Il faut alors travailler la mise en avant d'autres contenus du site dans la page (liens dans l'article par exemple) et améliorer la crédibilité du site.
- Si le temps passé est long et que le taux de rebond est faible, le visiteur apprécie le contenu et le site dans sa globalité. C'est l'équation idéale, le site est optimisé.

Sorties

Cette information permet également d'affiner l'étude du taux de rebond. Contrairement au taux de rebond, la mesure indique les sorties du site par la page concernée.

Ce qui peux signifier, par exemple, si :

- Le taux de rebond est élevé et le taux de sortie aussi : les internautes arrivent sur cette page et s'en vont du site. La page n'est pas celle recherchée, est rédhibitoire ou peine à s'afficher. Cette page est essentiellement accédée par une source externe (liens, moteur de recherche). En règle générale le temps moyen passé sur la page est court.
- Le taux de rebond est élevé et le taux de sortie est bas. Cela signifie que la page est certes accédée par une source externe mais est également consultée depuis les autres pages du site. Ce qui peut signifier que le contenu de la page incite à continuer le surf sur les autres pages du site. Le temps moyen passé sur la page équivaut à un temps de lecture du contenu.

Pages vues

Analyser le nombre de vues de chaque page permet tout d'abord de cibler l'intérêt des internautes pour tel ou tel contenu. Si deux pages complémentaires qui traitent de la même thématique ont des vues très différentes, il faut retravailler les liens entre elles pour compenser la perte de trafic. Il faut également travailler le rapprochement ou la mise en avant des contenus connexes.

En règle générale, les pages les plus vues sont celles qui sont accessibles depuis des entrées extérieures (liens, moteur de recherche, réseaux sociaux).

Il faut également analyser le temps passé sur les pages les moins vues ; cela permet d'identifier les pages appréciées (temps moyen et taux de rebond) mais qui ne sont pas mises en avant.

Tableaux de bord

L'analyse des données collectées par Google Analytics est riche d'enseignements. Il est nécessaire de mettre en place les actions nécessaires pour agir sur les indicateurs cibles et les suivre de près.

Le meilleur moyen est de créer un tableau de bord personnalisé avec les données ergonomiques (taux de rebond, temps moyen, sorties, vues) et d'automatiser l'envoi.

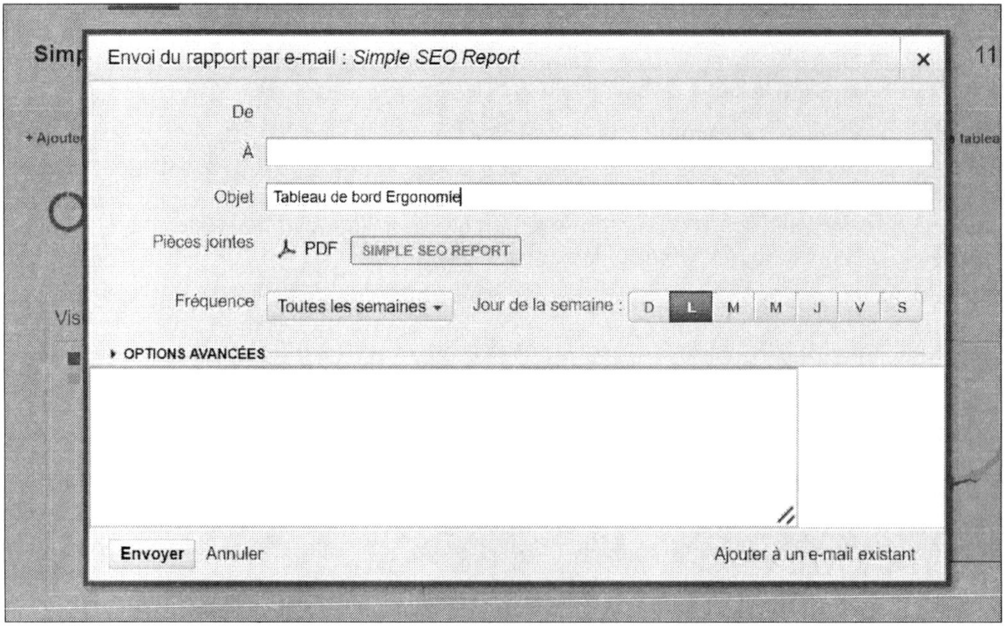

b. Oculométrie (eye-tracking)

La meilleure façon d'optimiser la navigation de son site web est peut-être d'étudier l'utilisateur lui-même, notamment le chemin parcouru par l'œil devant une page web. C'est ce que propose l'oculométrie ou *eye-tracking*.

L'eye-tracking a d'abord été développé à des fins médicales et militaires. Grâce aux évolutions technologiques, un pilote de chasse peut aujourd'hui accrocher une cible rien qu'en la regardant.

Des microcaméras sont installées devant les deux yeux de l'utilisateur. Elles enregistrent les mouvements des yeux et la durée de fixation lorsque la personne fixe une page web. Ces informations sont interprétées par un logiciel spécifique qui reporte les mouvements de l'œil sur la page web, définissant ainsi des chemins de lecture.

L'eye-tracking permet de mettre en évidence trois types de lecture :

- La lecture assidue : l'internaute est attentif et intéressé par le contenu de la page web. Il lit tous les textes, regarde toutes les illustrations. Ce cas de figure correspond à la page que l'internaute cherchait. Celle-ci est riche et traite uniquement du sujet qu'il souhaite consulter.
- La lecture distraite : l'internaute lit les menus principaux et les titres des paragraphes. Son regard parcourt la page rapidement. Dans ce cas de figure, l'internaute est en recherche d'information. Il cherche dans la page les éléments qui lui permettront de qualifier la pertinence de cette page par rapport à sa recherche.

- La lecture fuyante : l'internaute parcourt très rapidement la page. Son parcours visuel est plutôt vertical. Dans ce cas de figure, les premiers éléments de la page ne l'ont pas convaincu de la qualité de la suite. Il descend en bas de la page rapidement et clique sur un autre lien tout aussi rapidement.

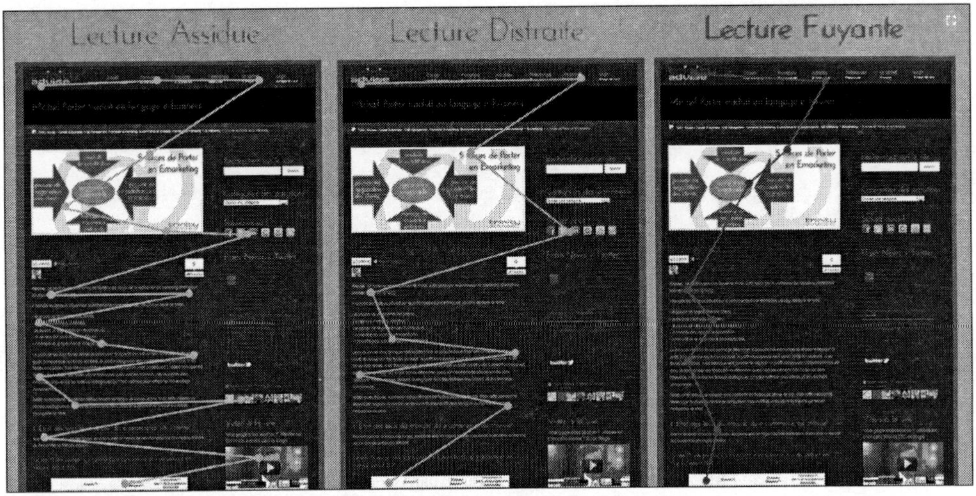

source : http://trinity-advise.com/

Les résultats d'une étude eye-tracking sont extrêmement riches et permettent notamment d'optimiser le positionnement de publicités incitatives à l'achat. L'eye-tracking a pour le moment une vocation plutôt e-marketing.

La complexité de la mise en œuvre et le coût élevé d'une campagne d'eye-tracking expliquent certainement sa faible utilisation.

Un bon article, bien détaillé, est consultable à l'adresse suivante :
http://trinity-advise.com/eye-tracking-ergonomie-web-explications-oculometrie-e-marketing/

c. Mouvement de la souris (mouse-tracking)

Le *mouse-tracking* consiste à enregistrer tous les clics effectués par les internautes sur une ou plusieurs pages web spécifiques. L'ensemble de ces clics permet de repérer sur la page les éléments recherchés par les internautes et de définir les zones les plus intéressantes de la page.

Beaucoup plus aisé à mettre en place que l'eye-tracking, le mouse-tracking est une analyse indispensable à tout audit de l'ergonomie. L'interprétation des résultats permet d'étayer une refonte de site web en s'appuyant sur les éléments les plus et les moins cliqués.

La mise en place d'un outil de mouse-tracking est assez simple. Il existe de nombreuses solutions gratuites ou payantes, parmi lesquelles :

- http://www.crazyegg.com/
- https://heatmap.me/

- http://www.labsmedia.com/clickheat/index.html
- https://www.clicktale.com/
- http://met.picnet.com.au/
- https://mouseflow.com/
- http://www.google.com/analytics/

Lorsque le script est installé, il suffit de retourner sur son espace personnel pour consulter les résultats de cette campagne de mouse-tracking.

Les clics enregistrés peuvent être représentés sous plusieurs formes :

- La carte de chaleur (Heatmap). Cette représentation permet rapidement de visionner dans la page les liens populaires. Plus un lien est brillant, plus il est populaire.
- Les zones chaudes (Scrollmap). Basée sur le temps passé sur les zones de la page, cette représentation découpe la page en différentes zones colorées. Une gradation allant du blanc au bleu permet rapidement de repérer les zones chaudes ou froides de la page.
- Les points de clics (Confetti). Il s'agit de la représentation visuelle de chaque clic. Tous les points de clics sont représentés.
- Les marqueurs (Overlay). Chaque lien présent dans la page présente un petit marqueur. Celui-ci donne le taux de clic de chaque lien (en pourcentage).

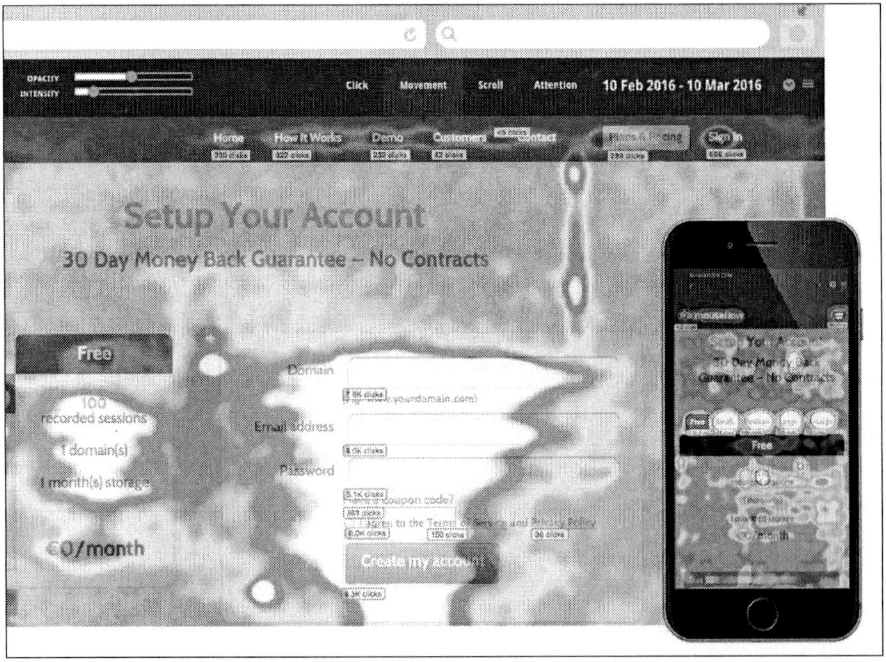

Source : www.mouseflow.com

d. Les tests utilisateurs

Faire tester les utilisateurs finaux est certainement la meilleure manière de coller à leurs attentes. De par leur coût élevé et leur complexité de mise en œuvre, les tests sont trop peu souvent pratiqués.

La théorie des cinq utilisateurs de Jakob Nielsen

Jakob Nielsen, grand gourou de l'ergonomie Internet, a mis en avant sa fameuse théorie des cinq utilisateurs, dans laquelle il affirme qu'avec cinq utilisateurs, on soulève 85 % des problèmes d'utilisabilité d'un site web. Ainsi, après trois tests de cinq utilisateurs, ce sont 100 % des problèmes qui sont mis en évidence.

D'après Jakob Nielsen, la courbe des problèmes d'utilisabilité est la suivante :

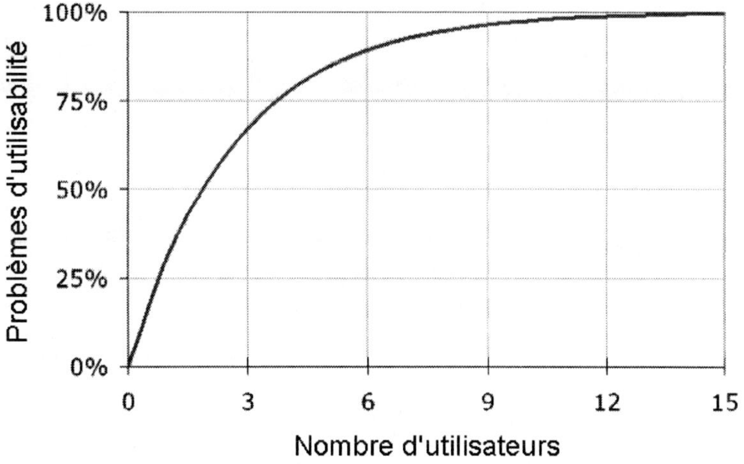

Source : http://www.useit.com/alertbox/20000319.html

Les groupes d'utilisateurs

Un groupe d'utilisateurs (idéalement issu de la cible visée) est constitué afin de tester le site web.

Chaque utilisateur réalise les tests selon des scénarios prédéfinis. Chaque test est enregistré individuellement.

Après les tests, l'interprétation des résultats permet aux ergonomes experts de prodiguer des recommandations précises étayées par les vidéos.

Les tests sont souvent réalisés chez un prestataire, dans des salles spécialement équipées. Le prestataire fournit également les utilisateurs, qu'il puise dans un vivier de candidats.

Les outils en ligne

Différents outils en ligne permettent de soumettre les sites web aux tests utilisateurs. Certains posent des questions au testeur et enregistre le temps passé pour trouver la réponse, d'autres enregistrent les clics ou demandent aux testeurs de décrire sous forme de mots-clés ce qu'ils ont retenu de la page web après cinq secondes de visionnage. Il existe également des outils de capture vidéo qui enregistrent les « chemins » des testeurs.

Ces solutions, basées principalement sur des principes communautaires, peuvent proposer des services gratuits.

Voici quelques outils en ligne :

Testapic

Source : http://www.testapic.com

Evalyzer

Source : http://www.evalyzer.com

Userzoom

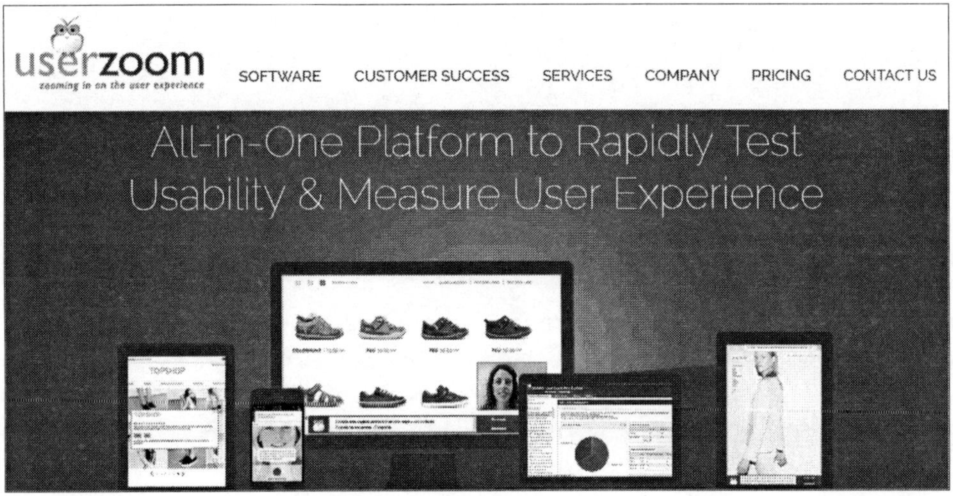

Source : http://www.userzoom.com

Loop11

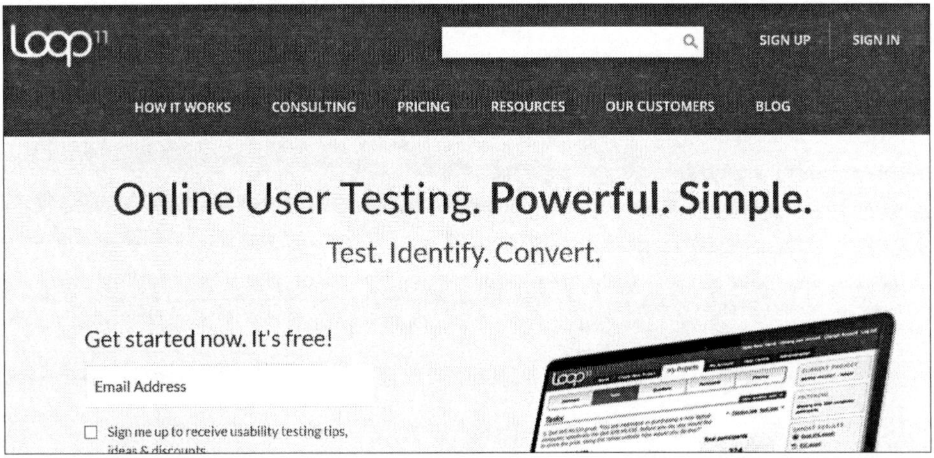

Source : http://www.loop11.com

Keynote

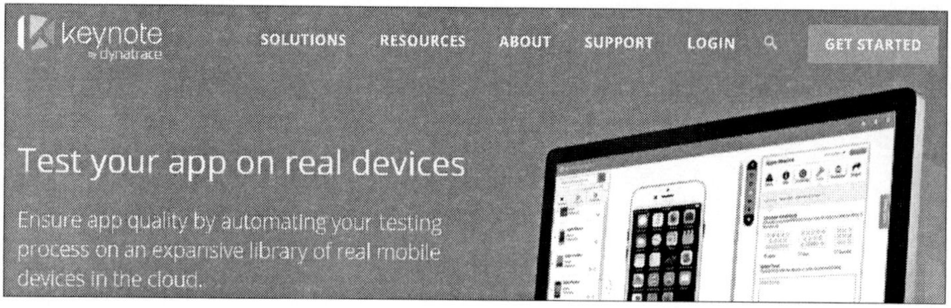

Source : http://www.keynote.com

Les tests A/B en ligne (A/B Testing)

Le test consiste à créer des versions différentes de la page originale en modifiant autant d'éléments qu'on le souhaite (contenu, aspect général, présentation...).

Les tests sont réalisés à l'aide d'un logiciel qui s'assurera que les deux pages reçoivent un nombre de visiteurs identique et qui en analysera les résultats. Ainsi, les visiteurs sont scindés en deux groupes et on leur affiche à chacun une version de page différente. Il suffit ensuite de suivre le parcours des deux groupes de visiteurs en temps réel, et d'en tirer des conclusions sur les modifications les plus porteuses.

Il est ainsi possible de tester les boutons, les images, les textes, les couleurs, les formulaires, etc.

Unbounce

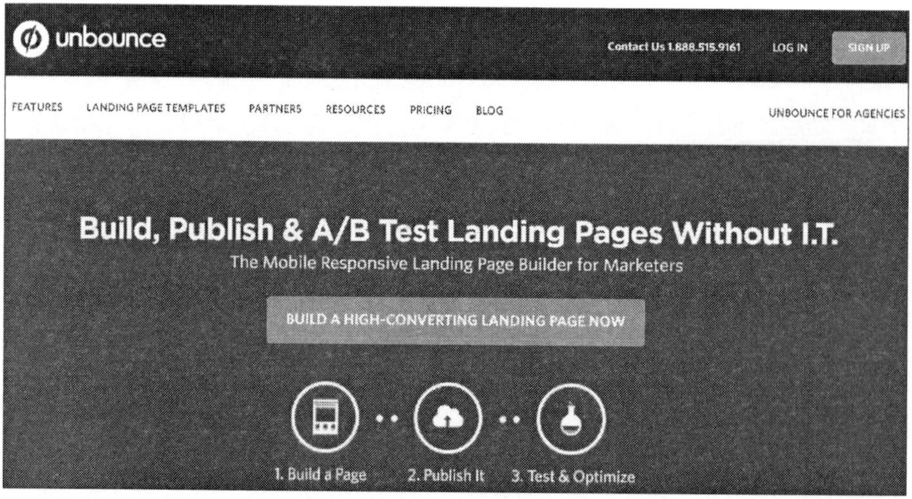

Source : http://www.unbounce.com

VWO

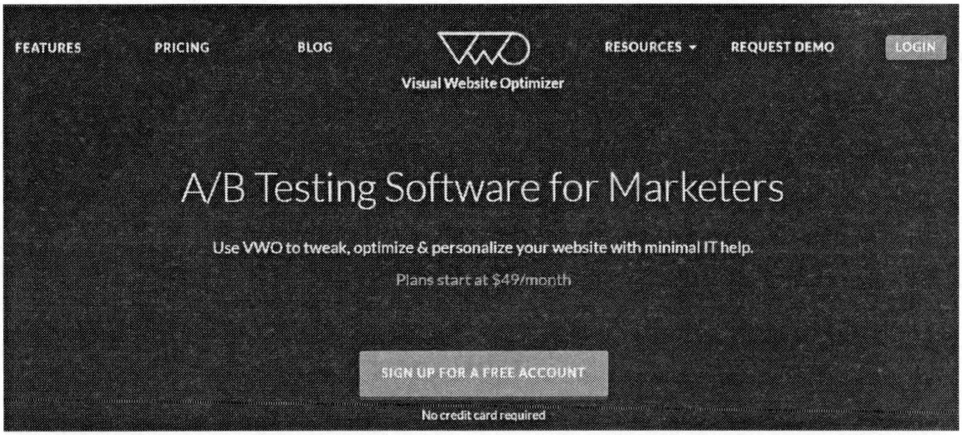

Source : https://vwo.com/

Five second test

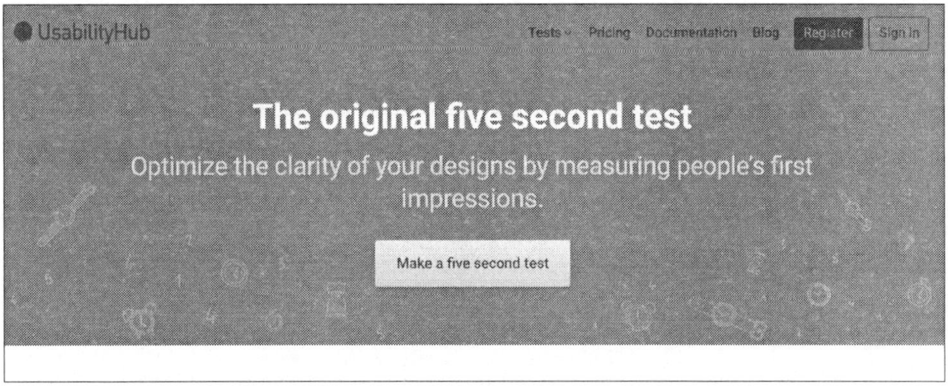

Source : https://fivesecondtest.com/

A/Bingo

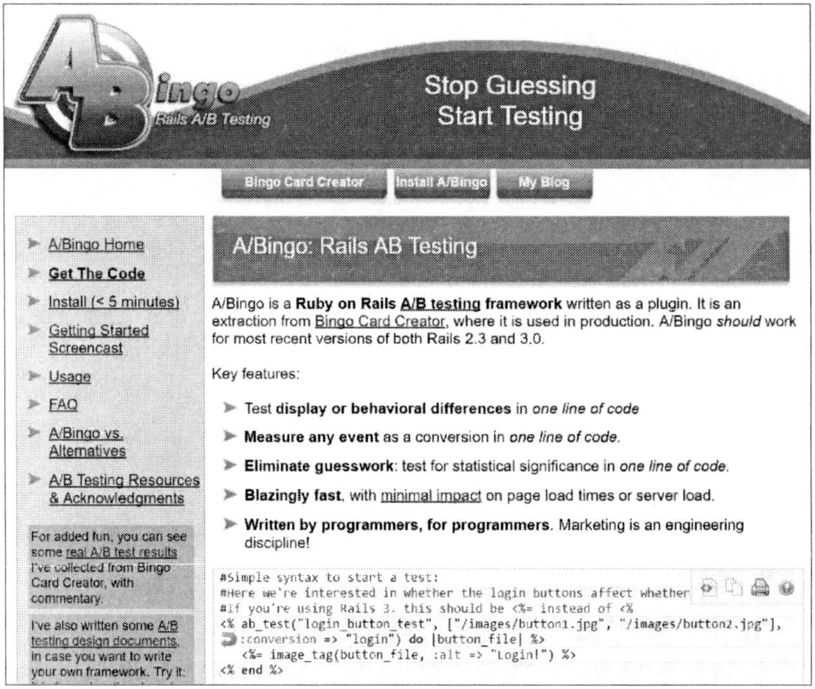

Source : https://www.bingocardcreator.com

Google Analytics Experiments

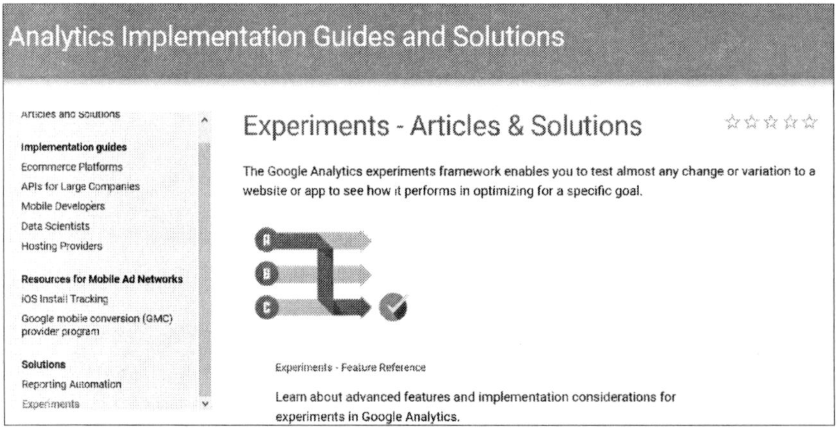

Source : https://developers.google.com/analytics/solutions/experiments

2. Analyse de la structure existante

Du mauvais rubriquage qui complique l'accès au contenu aux incohérences de navigation, les anomalies ergonomiques sont mises en évidence lors de l'analyse de la structure du site web. Cette étude de la structure existante permet d'élaborer une nouvelle arborescence et un nouveau chemin de navigation.

a. Arborescence du site web

Il convient dans un premier temps de représenter graphiquement toute l'arborescence du site en utilisant un logiciel de type Microsoft Visio.

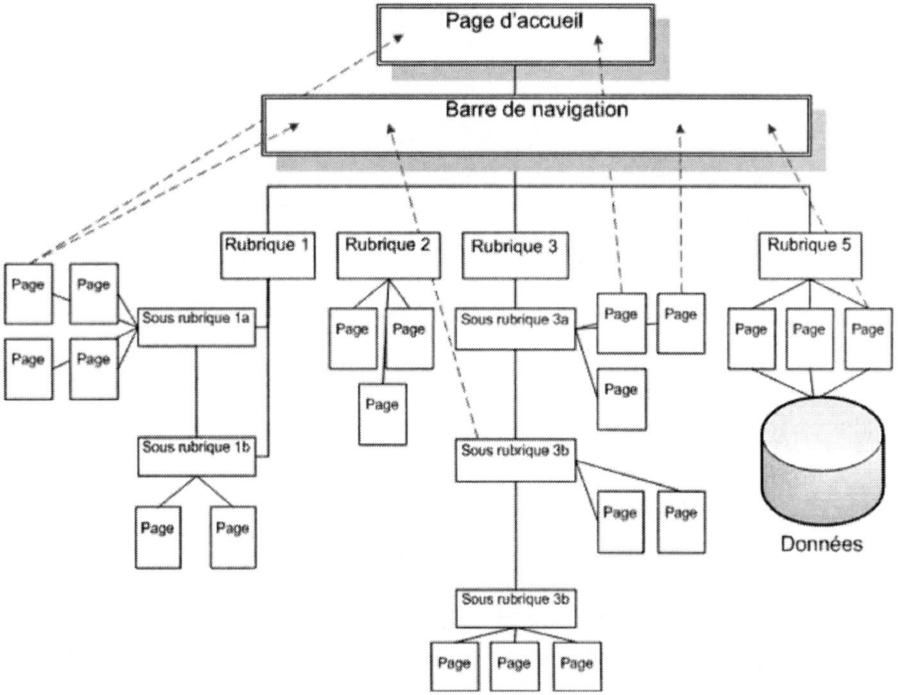

La représentation peut également être réalisée avec un logiciel de cartes heuristiques (XMIND par exemple).

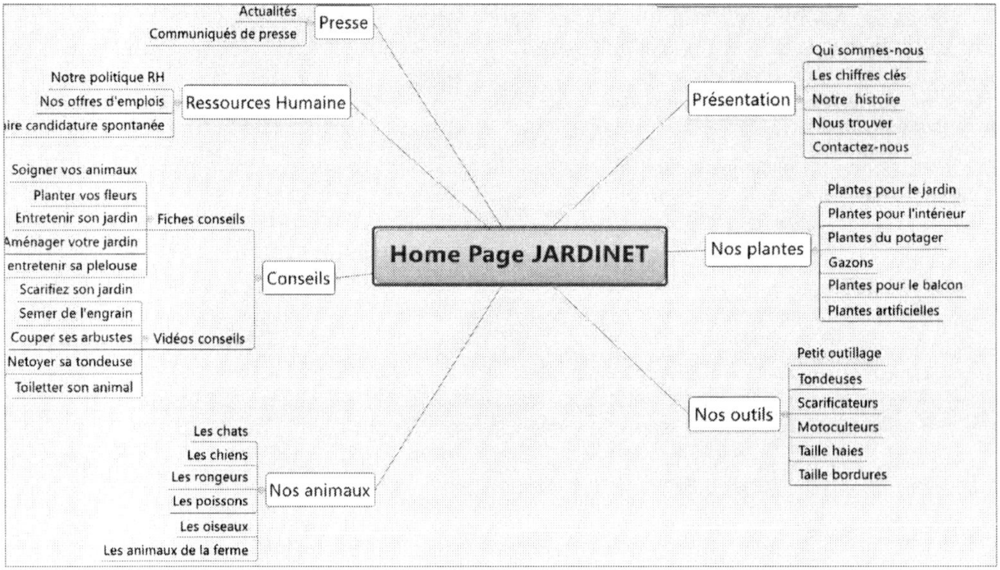

Ensuite, il faut raisonner avec une logique utilisateur et se demander si le chemin d'accès à tel ou tel contenu est le mieux adapté. Il est fréquent de constater que deux informations traitant de la même thématique sont très éloignées l'une de l'autre ou que des pages sont redondantes.

De cette analyse, il faut déduire des préconisations pour le rubriquage et refaire une représentation graphique de l'architecture cible.

b. Navigation

Accéder rapidement à l'information recherchée est certainement la base de l'ergonomie d'un site web. Ce dernier doit présenter plusieurs chemins de navigation. Les chemins de navigation sont les différentes voies proposées à l'internaute pour accéder au contenu qu'il recherche. L'analyse des différents chemins permet rapidement de mettre en exergue les temps d'accès et fait ressortir les anomalies.

Il faut identifier toutes les navigations proposées par le site web et les répertorier dans un tableau.

Contenu	Accessible depuis				
	Accueil	Menu haut	Menu gauche	Liens dans les pages	Visible en permanence
Formulaire contact	Non	Oui	Oui	Non	Non
Liste produit	Oui	Oui	Non	Oui	Oui
Rapport annuel	Non	Non	Non	Oui	Non
Etc.					

Avec une telle mise en forme, on se rend tout de suite compte si la navigation vers un contenu stratégique est optimisée.

3. Points clés

a. Page d'accueil

Le logo et le nom de l'entreprise sont les premiers éléments qui rassurent l'internaute lorsqu'il arrive sur un site. Le logo et le nom de l'entreprise doivent être positionnés en haut à gauche.

Si le nom de l'entreprise n'est pas encore une référence, l'internaute cherchera l'accroche du site pour savoir sur quel site il est arrivé. La signature doit donc être concise mais très explicite sur le métier de l'entreprise.

La page d'accueil est en quelque sorte l'équivalent de la vitrine d'un magasin. On y expose ce qu'il a de meilleur, et son but principal est d'inciter l'internaute à consulter les autres pages du site ; à ce titre, la page d'accueil a une structure différente de celle des pages intérieures ; elle doit être différenciée et identifiée comme telle.

Lorsque l'internaute arrive sur la page d'accueil, après être rassuré par le logo, le nom et la signature, il recherche tout de suite des liens vers les contenus riches. Les liens de la page d'accueil doivent être rapidement identifiables.

Il n'y a pas de problème pour faire pointer un lien directement vers un document PDF ou une vidéo. En revanche, l'internaute doit savoir en amont sous quel format lui sera restituée l'information.

Nul besoin de charger la page d'accueil de plusieurs zones animées. Un nombre trop élevé d'animations entraîne un sentiment de fouillis fatigant qui incite à quitter la page rapidement.

La page d'accueil est l'endroit par excellence où la publicité est la plus porteuse. Il faut toutefois veiller à ne pas cannibaliser toute la page au détriment de la navigation ou de l'information.

Les éléments fréquemment modifiés (communiqués, actualités...) doivent être datés. Cette information rassure les internautes qui peuvent y voir un site bien entretenu, et donc crédible à leurs yeux.

http://www.saint-christophe-assurances.fr

b. Structure du site

Il est fréquent de constater que le rubriquage d'un site suit l'organigramme de l'entreprise. Le rubriquage suit alors une logique organisationnelle. L'internaute qui ne connaît pas l'entreprise ne s'y retrouvera pas et aura beaucoup de mal à trouver l'information qu'il cherche.

Il faut garder à l'esprit que le contenu à forte valeur ajoutée doit être accessible très rapidement.

Lorsqu'il arrive sur le site web, l'internaute apprend rapidement la logique de navigation de celui-ci. Si celle-ci change d'une rubrique à l'autre, il est déboussolé, se perd et quitte le site.

Dans la mesure du possible, il faut regrouper les contenus qui traitent de la même thématique. Il faut mettre des liens hypertextes dans les paragraphes.

L'intitulé des rubriques doit être clair et dans une expression compréhensible par les internautes. Il ne doit être ni trop large ni trop restrictif mais adapté à ses contenus.

Être obligé de remonter dans les arborescences pour passer d'une rubrique à l'autre n'est pas très agréable. L'accès aux rubriques doit constamment être réalisable depuis n'importe quelle page.

Il arrive quelquefois que le contenu soit directement publié sur la page d'accueil du site ou dans des pages "fourre-tout" et n'appartienne à aucune rubrique. Tout contenu publié doit avoir une rubrique de destination. Elle sera mise en avant sur la page d'accueil ou dans des zones spécifiques. C'est comme cela que l'internaute l'attend.

Il existe des sites dans lesquels on se repère facilement et l'on passe d'une page à l'autre, d'une rubrique à l'autre, avec une certaine facilité. Bref, on s'y sent bien. Si tel est le cas, alors le site est ergonomique et son créateur peut en être fier.

c. Structure des pages

Pour un confort visuel, le site Internet doit occuper toute la page du navigateur.

Lorsque l'on déduit de la page la zone de menu et éventuellement la zone droite du site, la partie centrale, qui est celle dédiée au contenu, doit avoir une largeur suffisante pour que la lecture soit agréable.

Toutes les pages du site, hormis les pages spéciales (Contact, Plan du site...) doivent être calquées sur le même modèle.

Lorsqu'il cherche un contenu spécifique et qu'il ne le trouve pas dans le menu, l'internaute balaie la page d'accueil de chaque rubrique. Cette page têtière de rubrique doit permettre un balayage rapide. L'internaute doit pouvoir lister rapidement tout le contenu qu'elle contient.

La navigation principale se situe dans la zone gauche de la page. Il est possible également d'ajouter une zone de navigation sur la droite de la page. Cette zone droite doit contenir dans ce cas des liens pour action (Ajouter au panier, Contact, En savoir plus, etc.).

Les pages du site web doivent être découpées en zones. Même si ces zones ne sont pas clairement cloisonnées par des éléments graphiques, l'internaute doit pouvoir les deviner. Ce cloisonnement doit être identifiable, simple et intuitif.

L'internaute s'habitue rapidement à la similarité des blocs d'information. Il est utile de toujours les disposer au même endroit ou sous la même forme. Ils doivent rapidement être repérables.

Lorsque l'internaute arrive sur une page Internet, son œil est attiré par des éléments présents dans la page. En balayant la page à travers ces éléments, il va se faire une idée du contenu de celle-ci. Il est nécessaire que ce soient les éléments importants de la page qui captent le regard.

La ligne de flottaison est la partie visible du site sans faire défiler la page. Tous les éléments importants doivent être au-dessus de cette ligne.

d. Navigation

La page d'accueil sert de point de repère lorsque l'internaute est perdu, il doit pouvoir y retourner simplement. Souvent, ce retour vers la page d'accueil se fait par un clic sur le logo.

Si des liens mènent vers des pages en construction, ni la page ni le lien ne doivent être accessibles en ligne.

Lorsqu'un lien emmène l'internaute sur un autre site web, il est conseillé de le lui indiquer avant qu'il ne clique, dans l'intitulé du lien par exemple, à l'aide d'une formulation du type « aller sur le site ».

Comme pour les liens externes, le téléchargement d'objets doit être indiqué dans l'intitulé du lien, par exemple, « télécharger le dossier au format PDF ».

Le plan du site permet à l'internaute d'accéder directement au contenu sans utiliser le chemin de navigation traditionnel. Il est nécessaire.

Le fil d'Ariane est obligatoire ; un internaute égaré dans un site quitte celui-ci rapidement.

Un lien hypertexte est très clairement identifié lorsqu'il est souligné. Un changement de couleur ou un soulignement au survol sont tolérés.

Le moteur de recherche doit être visible en permanence. C'est une solution refuge pour l'internaute.

Les menus de navigation doivent être visibles dans la page. Ils doivent être clairement identifiables comme tels.

Les éléments de navigation secondaire (En savoir plus, À lire aussi, etc.) doivent être séparés visuellement du contenu.

Source : http://www.saint-christophe-assurances.fr

e. Couleurs et visuels

Les images doivent être utilisées pour accompagner un texte et seulement si elles apportent une information complémentaire. Pour cela, elles doivent être de taille modeste et se fondre dans la page. Il faut mieux éviter toute décoration qui les rendrait trop présentes.

Les séparateurs graphiques (encadrés, aplats, filets, etc.) peuvent être utilisés pour faciliter la compréhension de la page de manière efficace mais discrète.

On peut séparer les paragraphes ou les colonnes avec des éléments graphiques.

Une photo de taille 600 x 400 pixels qui pèse 1 Mo aura le même poids si on la recadre à 300 x 200 pixels. Toutes les images doivent impérativement être optimisées pour fluidifier l'affichage de la page.

Il est préférable de recadrer directement la photo avec un logiciel graphique. Lorsque le recadrage est effectué dans le code de la page, celui-ci déforme la photo.

Toutes les photos du site doivent être de bonne qualité. Une photo pixélisée, par exemple, discrédite le site.

Avant d'insérer un visuel dans une page, il faut se poser la question de sa pertinence. Si le visuel n'apporte rien d'autre qu'une certaine satisfaction à son auteur, il est préférable de ne pas le mettre.

Lorsqu'un code couleur est présent dès la page d'accueil, celui-ci doit être repris scrupuleusement sur l'ensemble du site web.

Il est préférable de reprendre les couleurs dominantes de la charte graphique de l'entreprise, d'autant plus si elle communique beaucoup sur d'autres supports (affiche, publicité, plaquette...).

Généralement utilisées pour mettre en avant une publicité, les images animées doivent être utilisées avec parcimonie. Une seule par page, et si celle-ci sert à attirer l'œil vers une publicité, c'est le grand maximum.

Le confort visuel doit être une priorité. Il existe des sites qui sont très agréables à regarder, pour lesquels un graphiste a passé du temps sur l'harmonie des couleurs. Et d'autres qui agressent, qui sont visuellement de mauvais goût.

E. Grille d'audit

La grille d'audit permet de passer au crible le site web à auditer. Face à celui-ci, il faut apporter une réponse aux questions posées : 1 (oui) lorsque la page web répond parfaitement, 0,5 (partiel) lorsque la page web ne répond que partiellement et 0 (non) lorsque celle-ci ne répond pas du tout à la question posée.

N°	Question	Catégorie	Oui (1) Partiel (0,5) Non (0)
1	Le logo et le nom de l'entreprise sont-ils bien en vue ?	Page d'accueil	
2	Un texte signature présente-t-il l'activité de l'entreprise ?	Page d'accueil	
3	La page d'accueil est-elle différente des autres pages du site ?	Page d'accueil	
4	Les liens de la page d'accueil sont-ils rapidement identifiables ?	Page d'accueil	
5	Les liens qui pointent vers un document PDF ou vidéo sont-ils signalés ?	Page d'accueil	
6	Un accès aux principales fonctions du site est-il proposé sur la page d'accueil ?	Page d'accueil	
7	Les zones animées sont-elles discrètes ?	Page d'accueil	
8	Les résumés des communiqués de presse ou informations sont-ils explicites ?	Page d'accueil	
9	Les publicités sont-elles discrètes ?	Page d'accueil	
10	Les dernières mises à jour de contenus sont-elles facilement repérables ?	Page d'accueil	
11	Le site est-il organisé selon l'attente de l'internaute et non celle de l'organisation de l'entreprise ?	Structure du site	
12	Les contenus à forte valeur ajoutée sont-ils remontés dans des zones dédiées (focus, en savoir plus, menu) ?	Structure du site	
13	Les niveaux d'arborescence (+1, +2, +3) sont-ils présentés de la même manière (structure) ?	Structure du site	
14	Y a-t-il un regroupement des contenus par thématique ?	Structure du site	
15	L'intitulé des rubriques est-il suffisamment clair pour comprendre le regroupement de contenu ?	Structure du site	
16	La catégorisation des rubriques est-elle logique ?	Structure du site	

N°	Question	Catégorie	Oui (1) Partiel (0,5) Non (0)
17	Y a-t-il des passerelles entre les rubriques ?	Structure du site	
18	Le rubriquage semble-t-il intuitif ?	Structure du site	
19	Le contenu principal est-il accessible en trois clics ?	Structure du site	
20	Tous les contenus sont-ils rattachés à une rubrique ?	Structure du site	
21	La structure des pages est-elle optimale en largeur ?	Structure des pages	
22	La zone centrale est-elle assez large ?	Structure des pages	
23	La structure, la nomenclature et le graphisme sont-ils cohérents entre les pages ?	Structure des pages	
24	Toutes les pages têtières de rubrique proposent-elles un aperçu de ce qu'elles contiennent ?	Structure des pages	
25	Les pages têtières sont-elles adaptées pour une lecture rapide de la page web ?	Structure des pages	
26	La colonne de gauche remplit-elle sa fonction de zone de navigation locale et la colonne de droite celle de zone d'action ?	Structure des pages	
27	Le zoning (zone identitaire, zone d'action, zone de navigation, zone de contenu, etc.) est-il simple et intuitif ?	Structure des pages	
28	Les blocs d'information de même nature sont-ils traités visuellement de la même manière ?	Structure des pages	
29	L'élément qui attire le plus le regard (taille, couleur, impact visuel) correspond-il à l'objectif principal de la page ?	Structure des pages	
30	Les éléments clés sont-ils au dessus de la ligne de flottaison ?	Structure des pages	
31	Existe-t-il une possibilité de retour à la page d'accueil sur toutes les pages ?	Navigation	
32	Les pages en construction sont-elles absentes du site ?	Navigation	
33	Les liens externes sont-ils bien identifiés ?	Navigation	
34	Les téléchargements sont-ils bien identifiés ?	Navigation	

N°	Question	Catégorie	Oui (1) Partiel (0,5) Non (0)
35	Existe-t-il un plan du site ?	Navigation	
36	Le chemin parcouru est-il bien indiqué (fil d'Ariane) ?	Navigation	
37	Est-ce que les liens sont soulignés, bien identifiables ?	Navigation	
38	Le moteur de recherche est-il présent sur toutes les pages ?	Navigation	
39	La navigation principale est-elle bien identifiée ?	Navigation	
40	La navigation secondaire et les autres espaces de navigation sont-ils facilement repérables ?	Navigation	
41	Le nombre d'effets visuels est-il raisonnable et utilisé à bon escient (ombre portée, dégradé, contour, photo d'arrière-plan...) ?	Couleurs et visuels	
42	Les images séparant les paragraphes sont-elles discrètes ?	Couleurs et visuels	
43	Le temps d'affichage des images est-il acceptable ?	Couleurs et visuels	
44	Les visuels sont-ils de bonne proportion (pas déformés) ?	Couleurs et visuels	
45	L'utilisation de visuels est-elle pertinente ?	Couleurs et visuels	
46	Les photos sont-elles de bonne qualité (pas pixélisées) ?	Couleurs et visuels	
47	Les codes couleurs sont-ils respectés partout ?	Couleurs et visuels	
48	Le code couleur a-t-il un rapport avec la communication de l'entreprise ?	Couleurs et visuels	
49	L'harmonie des couleurs est-elle agréable à regarder ?	Couleurs et visuels	
50	L'usage d'images animées est-il minimal ?	Couleurs et visuels	

F. Pour aller plus loin

La méthodologie proposée convient à la plupart des sites web et permet de se faire une première approche de l'ergonomie d'un site web. Lorsque le sujet est très stratégique ou qu'une étude beaucoup plus approfondie est nécessaire, il convient de recourir aux services de professionnels spécialisés dans l'ergonomie Internet (web-ergonomie).

L'ergonome web est le spécialiste de l'ergonomie des sites web. Il peut être travailleur indépendant, dans une agence web ou directement intégré dans l'entreprise.

Il peut intervenir en amont des projets web, lors de la phase de conception fonctionnelle, ou en aval, en réalisant des audits et en soumettant des préconisations pour améliorer l'existant.

Une fiche descriptive du métier d'ergonome web est disponible à l'adresse :
http://www.metiers.internet.gouv.fr/metier/ergonome-web

Plusieurs sites de qualité sont consultables sur Internet. En voici quelques-uns parmi les plus intéressants :

- http://www.nngroup.com : le site web de Jakob Nielsen en personne. Une bible de la web-ergonomie (en anglais).
- http://ergonomie-web.studiovitamine.com : bonne référence pour tout comprendre sur l'ergonomie web.
- http://forum.alsacreations.com/forum.php : très bon forum pour échanger sur les bonnes pratiques.
- http://www.ergolab.net : plein de bons conseils

Chapitre 2 : Auditer les fonctionnalités du site web

A. L'audit des fonctionnalités

Un site web efficace ne doit pas être élaboré comme une brochure ; il ne peut plus aujourd'hui se contenter d'une présentation de l'entreprise et de son offre. L'objectif du site web est de concrétiser un contact avec le prospect ou le client. L'internaute doit pouvoir interagir.

Réussir à capter suffisamment l'attention de l'internaute au point qu'il souhaite entrer en contact avec le propriétaire (achat en ligne, envoi d'un formulaire, abonnement à une newsletter, devis en ligne, prise de rendez-vous, etc.) est l'objectif de tous les sites web. Il est dommageable qu'un mauvais fonctionnement technique ou une négligence organisationnelle du créateur du site vienne compromettre ce premier contact.

Le principal objectif de l'audit des fonctionnalités est de recenser les fonctionnalités du site web et de détailler leur fonctionnement. Après avoir effectué scrupuleusement cet exercice, l'auditeur va immédiatement se rendre compte des dysfonctionnements éventuellement détectés.

B. Quand réaliser un audit des fonctionnalités ?

Un audit des fonctionnalités est généralement indispensable lorsque le site laisse deviner un dysfonctionnement dans la relation avec l'internaute. Il est donc conseillé de réaliser un audit des fonctionnalités dès l'apparition des symptômes suivants :

- Absence de réception de messages depuis le site web, si les formulaires de contact n'arrivent plus et qu'il n'y a rien d'anormal dans la fréquentation du site.
- Plaintes de visiteurs regrettant l'absence de réponses à leurs questions envoyées par e-mail.
- Analyse des statistiques qui révèle un écart anormal entre la page d'un formulaire et la page affichant un message de confirmation de l'envoi du formulaire.
- Analyse des statistiques du site web qui révèle une sous-consommation du moteur de recherche et des pages de résultats.
- Analyse des statistiques qui révèle un taux de rebond élevé sur les pages de résultats, de téléchargement, de FAQ (foire aux questions), de formulaire de contact ou du plan d'accès.
- Analyse des statistiques qui révèle un taux de perte de clients élevé en cours de commande.
- Nombre élevé de réclamations, notamment matérialisé par une surcharge téléphonique ou e-mail du service support client.

- Faible taux d'inscription ou de consultation pour la newsletter, les flux RSS ou le partage sur les réseaux sociaux.
- Faible taux de fidélisation.
- Problèmes techniques signalés sur un serveur ou une base de données.

C. Réaliser l'audit

1. Inventaire des fonctionnalités

Pour réaliser un audit des fonctionnalités, il convient dans un premier temps de faire un inventaire de celles présentes sur le site. Une fois cette liste dressée, on peut tout de suite la comparer avec la liste des fonctionnalités requises.

On peut classer les fonctionnalités en trois catégories :

- Les fonctionnalités de base : véritables incontournables que tous les sites web doivent posséder.
- Les fonctionnalités e-business : spécifiques aux sites d'e-commerce, ces fonctionnalités servent surtout à rassurer le client et à s'inscrire dans une démarche de prévention de la fraude sur Internet.
- Les fonctionnalités collaboratives : ces fonctionnalités permettent à l'internaute de commenter et de partager sur les réseaux sociaux les contenus du site qu'il trouve intéressants.

a. Fonctionnalités de base

Moteur de recherche

Placer un moteur de recherche interne sur son site permet à l'internaute d'accéder directement et rapidement à l'information. Un moteur de recherche est indispensable si le site propose beaucoup de contenus, et conseillé pour les autres. Il est indispensable de suivre ces bonnes pratiques :

- La recherche par défaut doit être intuitive. Le moteur de recherche doit se présenter sous la forme d'une zone de recherche (champs texte) et d'un bouton **Rechercher**.
- La page de résultat doit présenter des extraits des textes contenant les termes recherchés, qui sont alors surlignés dans le texte.
- La zone de saisie doit être assez longue pour afficher la requête saisie par l'internaute (environ 20 caractères).
- La zone de recherche est située en haut à droite de la page. Il s'agit désormais d'un positionnement courant.
- La zone de recherche doit être affichée en permanence, c'est-à-dire accessible depuis n'importe quelle page du site web.
- La zone de recherche doit être clairement reconnaissable ; pas besoin de la dissimuler dans le graphisme.

- Une fonctionnalité de recherche avancée est proposée à l'internaute si le site web contient beaucoup de contenus.
- Si aucun résultat n'est trouvé, le message doit être "sympathique" et inciter l'utilisateur à affiner sa recherche.
- Les résultats de la recherche sont clairs, utiles et classés par pertinence (par exemple, pondération sur le nombre de fois où le terme est présent dans la page ou pondération sur les titres des pages).
- La page de résultats de recherche indique clairement le nombre de résultats trouvés. La page doit proposer une pagination pour accéder aux autres résultats. Idéalement, le nombre de résultats par page peut être configuré par l'utilisateur.
- La page de résultats de recherche n'affiche pas les pages en doublon.
- La page de résultats affiche des informations complémentaires utiles, telles que la taille du document, la date à laquelle le document a été créé et le type de fichier (Word, PDF, etc.).

Source : www.lefigaro.fr

Formulaire de contact

Le formulaire de contact est un incontournable. Un site web sans formulaire de contact n'est pas très utile. C'est la première porte d'entrée pour relier l'internaute au propriétaire du site. Il est impératif de ne demander que les informations nécessaires pour un premier contact. Un formulaire trop intrusif qui demande beaucoup de renseignements est repoussant.

Quelques bonnes pratiques permettent d'optimiser son utilisation :

- Mémoriser la saisie : dans la mesure du possible, il faut garder en mémoire temporaire la saisie d'un internaute. Si sur un premier écran, celui-ci réserve un avion pour le 15 septembre à destination de Calvi, lorsqu'il décide ensuite de réserver une chambre d'hôtel, il faut lui proposer par défaut une date proche de celle dont le vol est réservé et un hôtel à ou proche de Calvi. Le site possède déjà l'information, puisque le client l'a fournie autant l'utiliser pour faciliter l'expérience utilisateur.
- Les zones de saisie active : lorsque l'on arrive sur la page de Google, qui ne présente qu'une zone de texte à renseigner pour la recherche, le curseur est déjà positionné dans cette zone de saisie, nous n'y faisons plus attention tellement c'est naturel. L'internaute y gagne un précieux clic. Cette bonne pratique est à reprendre sur les pages du site web dont le contenu principal est un formulaire.
- Les champs obligatoires : si des champs du formulaire sont obligatoires, il faut le stipuler. En règle générale, un astérisque est positionné à côté des champs concernés et une légende en bas de page précise que ces champs sont obligatoires.
- La vérification des champs de saisie : il y a deux possibilités pour vérifier si les champs ont bien été renseignés. La première, coté serveur, transmets le formulaire à un script qui vérifie le contenu de celui-ci. Si la saisie est incomplète ou erronée, il renvoie une page d'erreur au visiteur, lui demandant une nouvelle saisie. La deuxième, coté client, s'effectue en JavaScript. Lorsque le visiteur passe au champ de saisie suivant, on vérifie si le précédent est conforme aux attentes. Si ce n'est pas le cas, un message d'erreur informe le visiteur de son erreur et le focus est redonné au champ erroné. Cette deuxième méthode est de loin la meilleure puisque l'utilisateur n'a pas à attendre la saisie de tout le formulaire pour savoir si celui-ci est valide. Si une interrogation de bases de données est nécessaire pour valider le contenu d'un champ (vérification de disponibilité d'un nom d'utilisateur par exemple), la technologie AJAX est tout à fait appropriée.
- La touche ↵ : la validation d'un formulaire se fait généralement en cliquant sur le bouton **ENVOYER**. Toutefois, les internautes apprécient de pouvoir valider ce formulaire en appuyant sur la touche ↵ de leur clavier.
- Les listes déroulantes : si la liste déroulante ne présente pas plus de six choix, il est préférable d'opter pour les boutons radios. Ces derniers ne nécessitent qu'un seul clic, contre deux pour la liste déroulante.
- La fonction "mailto" : il existe deux raisons pour ne pas utiliser la fonction mailto pour l'envoi d'un e-mail depuis le site web. La première est que l'adresse e-mail du destinataire étant affichée dans le code de la page, il y a de fortes chances pour qu'elle soit récupérée par des utilisateurs peu scrupuleux qui l'utiliseront pour envoyer des spams. La deuxième est que cette fonction n'est pas compatible avec toutes les technologies. Il est conseillé de lui préférer un formulaire de saisie, qui est transmis au destinataire côté serveur.
- La confirmation d'envoi de mail : lorsque le visiteur envoie un e-mail via le site web, il est impératif qu'il reçoive une confirmation dès que son e-mail a bien été envoyé. Cette confirmation peut prendre la forme d'une page sur le site web ou de l'envoi d'un e-mail. L'envoi par e-mail permet également de vérifier la validité de l'adresse e-mail fournie.

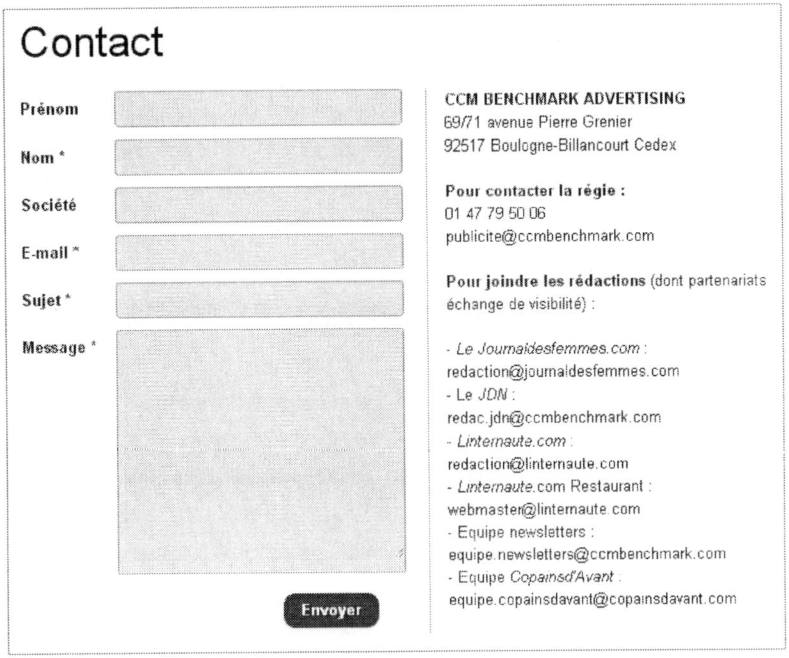

Source : http://www.ccmbenchmark.com

Téléchargements

La fonction de téléchargement permet à tout internaute consultant un site de télécharger un document. Une fois téléchargé, le document sera enregistré sur l'ordinateur de l'internaute.

En règle générale, sont proposés au téléchargement des documents dont la consultation est plus aisée sous forme papier qu'à l'écran. Il peut s'agir par exemple de documents texte volumineux (brochure technique, rapport annuel, livre blanc, compte rendu...) qui ont souvent vocation à être conservés ou archivés.

Lorsque le site propose des documents en téléchargement, il doit veiller, avant que le téléchargement ne commence, à fournir à l'internaute les informations suivantes :

- L'extension du fichier (.PDF, .ZIP, .MP3, .MP4, etc.). Il est préférable de proposer au téléchargement des fichiers aux formats portables qui ne nécessitent pas l'achat ou l'installation de logiciels spécifiques. Il ne faut jamais proposer de fichiers exécutables (.EXE) qui s'installent sur le poste de l'internaute et peuvent être classifiés potentiellement dangereux par les antivirus. Il faut également éviter de proposer des fichiers « .doc, .xls, .ppt », tout le monde n'utilise pas la suite Office de Microsoft.
- Le poids du fichier (Ko, Mo, etc.). Cela permet à l'internaute d'estimer lui-même le temps de téléchargement. Même si l'on parle de plus en plus de fibre, les débits sont encore disparates.

- La langue du document à télécharger. S'il est dans une langue différente de celle sélectionnée par l'internaute, c'est préférable de la savoir avant le téléchargement.
- Un lien de téléchargement. C'est à l'internaute de provoquer le début de téléchargement en cliquant sur un lien ou sur un bouton. Le téléchargement ne doit jamais être automatique.

Source : https://invest.bnpparibas.com

Plan d'accès

Le plan d'accès est nécessaire à partir du moment où le site web est la vitrine d'une activité commerciale qui aspire à recevoir sa clientèle dans ses locaux.

Le plan d'accès doit donc permettre à l'internaute de localiser facilement l'entreprise et de planifier son itinéraire. La page doit être imprimable et être composée :

- du nom de l'entreprise ;
- de l'adresse exacte ;
- des coordonnées téléphoniques ;
- d'un plan de situation, avec possibilité de zoom avant et arrière ;
- d'un calcul de l'itinéraire depuis un point de départ renseigné par l'internaute ou depuis la géolocalisation de celui-ci.

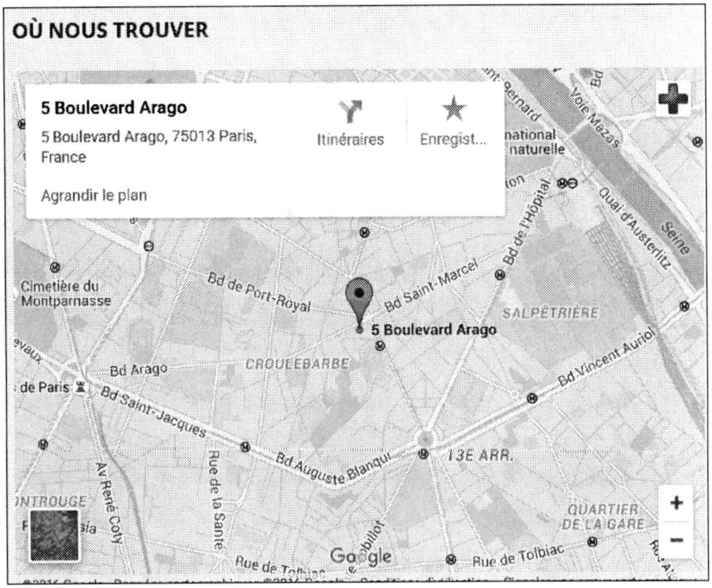

Source : http://www.marcantoineparis.com

Impression des pages

Même si la tendance est au tout numérique, force est de constater que beaucoup d'utilisateurs impriment les pages web pour les lire ultérieurement ou partager l'information avec d'autres personnes.

Par défaut, lorsque l'on demande une impression, c'est le navigateur utilisé qui va gérer la mise en page. Cette tâche est compliquée par le fait qu'il faut imprimer l'ensemble des éléments constituant la page à proprement parler (menus de gauche, de droite, fonds de page, publicités, etc.).

Par défaut, lorsqu'on demande l'impression, c'est le navigateur qui gère la mise en page de l'impression. Nous nous retrouvons donc avec des pages qui impriment le bas de page, d'autres le menu de droite ou de gauche, mais rarement nous n'avons que le contenu qui nous intéresse.

Il est important que le site web gère par lui-même la fonctionnalité "imprimer la page". Cette opportunité lui permet de pouvoir paramétrer l'impression et de supprimer les éléments superflus. Ainsi la page à imprimer doit comporter :

- Le corps de la page présentant le contenu avec une mise en page optimisée pour limiter le nombre de feuilles papier.
- Uniquement les images, pas les animations.
- Le fil d'Ariane, qui permet de repositionner la page dans l'arborescence du site web.
- L'adresse de la page web (URL) imprimée, afin de pouvoir la consulter en ligne si nécessaire.

- Une mention "droit d'auteur" et "droits d'utilisation".
- La date du document.

LE FIGARO·fr LES INSOLITES

Le Club des parlementaires pour le vélo à l'Élysée pour faire pédaler les politiques

Par Marc de Boni Mis à jour le 09/02/2016 à 17:06 Publié le 09/02/2016 à 16:55

LE SCAN POLITIQUE - Un groupe d'élus cyclophiles sont venus plaider auprès du conseiller spécial de l'Élysée Bernard Poignant pour une meilleure prise en compte du deux-roues et ont défendu son usage au sein de la classe politique.

C'est une opération de lobbying bien menée dont les élus ne rougissent pas. Ce mardi, les services de l'Élysée recevaient pour la première fois le club des parlementaires pour le vélo [1] pour une réunion de travail sur un sujet aux enjeux plus conséquents qu'il n'y paraît. Emmenés par le député et vice-président de l'Assemblée Denis Baupin (EELV) [2] et son collègue socialiste Alexis Bachelay, un groupe d'élus a rencontré Bernard Poignant, le conseiller spécial de François Hollande. Ils ont pu faire entendre leurs requêtes destinées à favoriser l'usage de la bicyclette dans l'espace public, mais aussi plaider pour un usage plus régulier du vélo au sein de la classe politique. En effet, depuis le départ de Christiane Taubira sur son vélo jaune, le 27 janvier dernier, ça ne pédale guère au sein du gouvernement. **«Nous voudrions qu'un ministre se fasse porteur de la cause»**, explique au Scan Alexis Bachelay.

Source : www.lefigaro.fr

b. Fonctionnalités e-business

Les sites marchands doivent proposer d'autres fonctionnalités qui leur sont spécifiques. L'objectif de ces fonctionnalités est d'anticiper les éventuels litiges.

Les principaux motifs des litiges rencontrés par les sites marchands sont :

- l'écart entre les qualités annoncées et la perception de celles-ci par les clients qui reçoivent les marchandises à domicile,
- la difficulté par le client d'accéder au support client ou de contacter le commerçant pour obtenir rapidement une réponse satisfaisante à une question ou une préoccupation,
- les conditions générales de vente du commerçant qui ne sont pas affichées, confuses ou difficilement accessibles par l'internaute.

Ces litiges peuvent être minimisés si certaines informations sont accessibles et en évidence sur le site web. Il est conseillé de :

- Fournir une description précise des produits et services proposés, et autant de renseignements que disponible.
- Ajouter des images, le cas échéant. Il faut les rendre accessibles dans la meilleure qualité possible en prenant soin de bien contrôler leur poids pour ne pas pénaliser le temps d'affichage.

- Afficher bien en évidence le numéro de téléphone du service client et l'adresse e-mail. Les clients doivent avoir un moyen facile de vous contacter par téléphone quand ils ont une question. L'adresse e-mail seule ne suffit pas à rassurer le client. Le téléphone signifie souvent qu'il existe, de l'autre coté du fil, une « vraie » personne.
  - Afficher le numéro de téléphone du service client sur la page d'accueil. Offrir un numéro non surtaxé, idéalement en numéro vert.
  - Afficher également l'adresse e-mail du service client sur la page d'accueil. Il est préférable de proposer à l'internaute plusieurs adresses e-mail distinctes pour chacun de ses besoins (produit, expédition, facturation, retour, etc.).
- Répondre instantanément aux e-mails envoyés pour informer l'internaute que son e-mail a été envoyé et qu'une réponse lui sera adressée prochainement. Cet envoi, souvent automatique, permet d'accuser réception de sa demande de renseignements. Il est impératif de répondre dans les délais annoncés.
- Communiquer ouvertement sur la politique de retour de marchandise en cas de non-satisfaction. Cette politique de satisfaction client rassure lors du processus d'achat. Les conditions de retour doivent être accessibles très facilement et en permanence.
- Afficher les conditions générales de vente est une obligation légale. Il est important que le client en prenne connaissance avant la phase de paiement. Ces conditions sont à accepter par le client, acceptation matérialisée par un clic de sa part sur un bouton "J'ai lu et j'accepte les conditions générales de vente". L'accord est obligatoire pour continuer le processus d'achat. Ces conditions doivent pouvoir être imprimées ou être envoyées par e-mail.
- Afficher un récapitulatif de la commande et des conditions avant de procéder au paiement. Une fois les articles sélectionnés, il est important d'afficher un récapitulatif des articles commandés, des prix et des conditions de vente. Une acceptation de la part du client garantit qu'il n'y a pas d'incompréhension et donc qu'il n'y aura pas de litige.
- Afficher de façon transparente les conditions de livraison. Il est frustrant de découvrir à la fin du processus d'achat que les frais de livraison sont exorbitants. Les conditions de livraison doivent être facilement accessibles depuis n'importe quelle page du site web.
  - Afficher toutes les options de livraison et les délais estimatifs.
  - Afficher les frais de livraison.
  - Proposer un système de suivi de livraison au client et une information par e-mail des retards de livraison.
- Afficher une transparence totale sur le processus de facturation. Les clients doivent obtenir les informations suivantes :
  - La date de débit de leur achat.
  - L'intitulé du débiteur sur leur relevé de compte.
  - La préconisation de conserver une copie de la transaction.
  - Une copie de la facture incluse dans le courriel de confirmation de commande.
  - La devise de la transaction.

- Afficher les restrictions à l'exportation. Si le site web ne peut pas livrer l'ensemble des pays du monde, il faut préciser la liste des pays avec lesquels la transaction est possible, ou ceux vers lesquels elle n'est pas possible.
- Afficher les mentions CNIL obligatoires, à savoir une référence à la loi Informatique et Libertés, une information sur le droit d'accès, de modification et de suppression des données personnelles. De plus, l'internaute doit matérialiser son acceptation d'utilisation de ses données personnelles en cochant une case par exemple.
- Proposer une transaction sécurisée à travers des certificats SSL, signalés au client par l'apparition d'un cadenas dans son navigateur.
- Rassurer le client en affichant la politique de sécurité des données collectées et en donnant des gages sur les technologies et le recours à des prestataires experts en sécurisation de données.

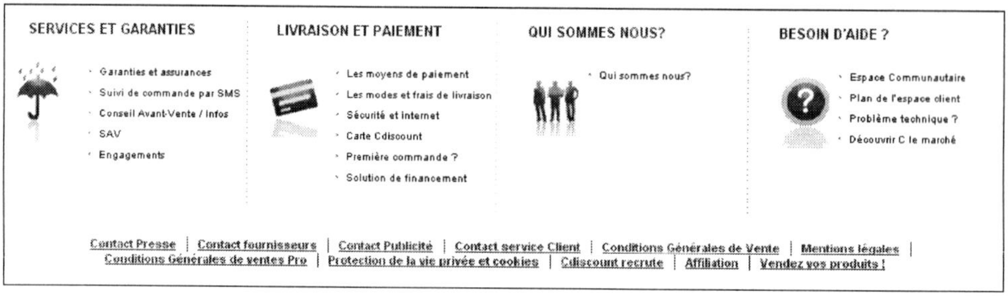

Source : www.cdiscount.com

c. Fonctionnalités collaboratives

Avec la popularité des sites web de type 2.0, il est devenu courant pour les entreprises de proposer une gamme de fonctions interactives sur les sites web, telles que des vidéos, des podcasts et de nombreuses façons de partager le contenu. Beaucoup de ces caractéristiques sont faciles à mettre en œuvre sur un site web et la plupart des plateformes de conception les proposent en standard avec leurs sites web.

Améliorer l'interactivité du site de l'entreprise peut aider à augmenter les taux de conversion et à améliorer la fidélité des internautes.

Inscription à la newsletter

La collecte des adresses e-mail de prospects est essentielle pour le marketing direct. La plupart des sites proposent un système automatisé d'abonnement ou de désabonnement à leur liste de diffusion via leur site web. Le prérequis évident est que le site web soit capable de produire régulièrement une newsletter de qualité.

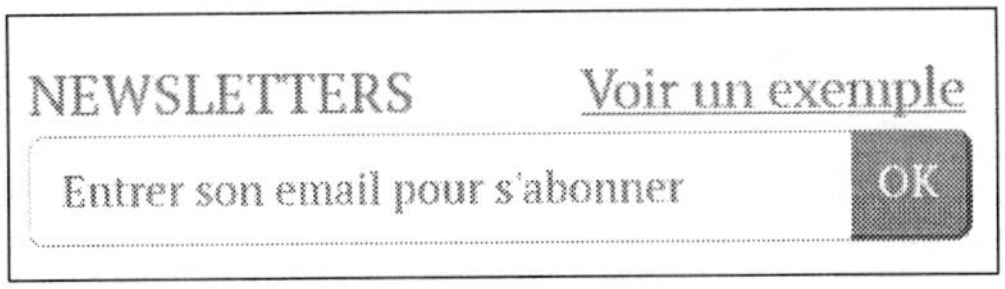

Source : www.journaldunet.com

Commentaires sur les articles

Cette fonctionnalité, très développée sur les blogs, permet à l'internaute de commenter un article directement dans la page, mais aussi de produire du contenu qui viendra enrichir l'article initial et éventuellement ouvrir une discussion avec d'autres internautes.

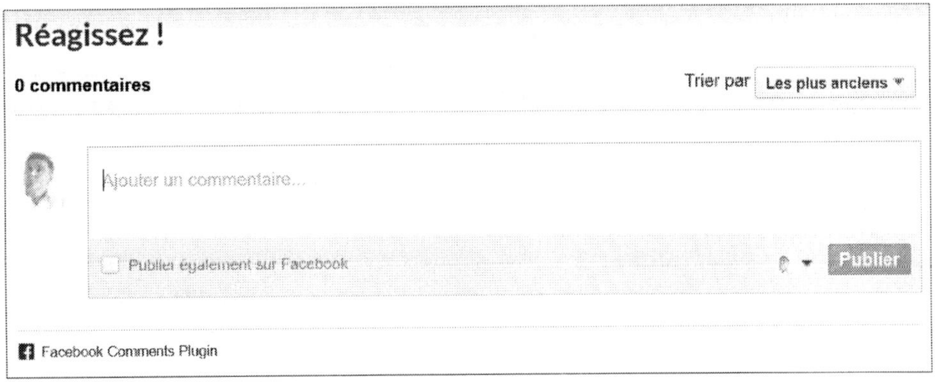

Source : www.capital.fr

Mise en avant des messages les plus récents

Aussi très utilisé sur les blogs et les sites d'informations, un bloc, généralement sur le côté de la page ou sur la page d'accueil, met en avant les derniers messages les plus récents. Cela permet rapidement de suivre les messages et de susciter l'envie de réagir à un commentaire et d'entrer dans la discussion. Cette fonctionnalité est très concurrencée par les réseaux sociaux. Chaque article est systématiquement envoyé également par Twitter, mais il est bon de la conserver. Un internaute arrivé sur une page par un réseau social sera tenté de continuer sa lecture sur un titre mis en avant, et pourquoi pas être convaincu de concrétiser un abonnement payant.

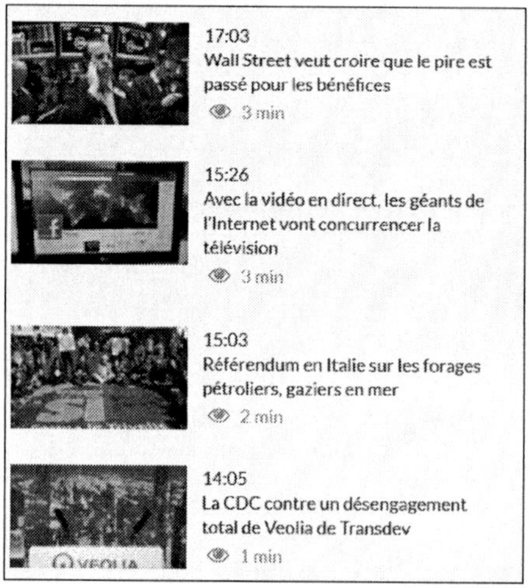

Source : www.capital.fr

Affichage des articles liés

Afficher à côté d'un article la liste des articles associés à la même thématique permet d'améliorer le lectorat du site web et surtout de conserver l'internaute. Plus l'internaute reste sur le site, plus il l'apprécie et plus il est captif pour le passage à l'acte (abonnement, contact, devis en ligne, etc.). Cela est relativement facile à mettre en œuvre et peut être automatisé.

Source : www.capital.fr

Flux RSS

Le format RSS (*Rich Site Summary*) est un format couramment utilisé pour le partage de contenu sur le Web. Offrir en flux RSS du contenu, c'est s'assurer une compatibilité parfaite avec les nouveaux modes de communication. Les internautes s'abonnent aux flux RSS pour suivre l'information d'un site web ou une thématique particulière, et partager ensuite avec leurs communautés ce flux RSS.

Beaucoup d'utilisateurs agrègent des flux RSS pour se tenir informés ou pour faire de la veille. Lorsqu'un site a plusieurs thématiques dans plusieurs pays, il est agréable de pouvoir capter uniquement ce qui nous intéresse.

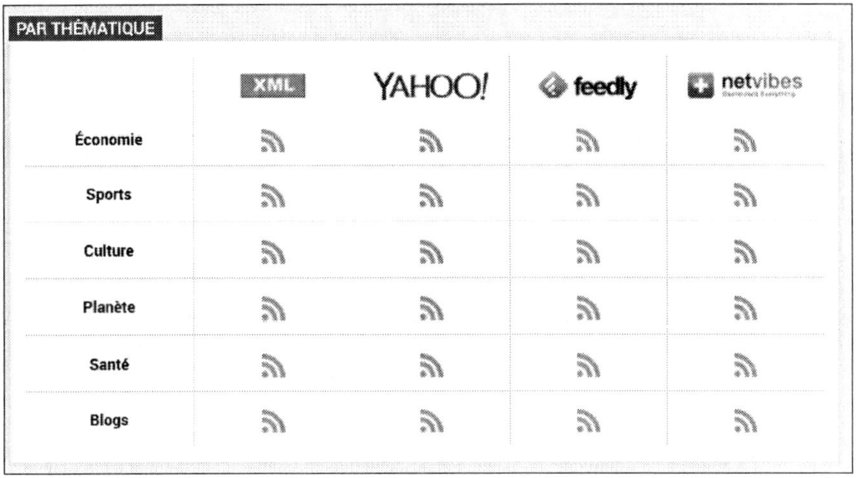

Source : http://www.france24.com

Envoi par e-mail

Lorsqu'un internaute trouve un article intéressant sur le Web, il a envie de le partager. Si le site web propose la fonctionnalité "Envoyer par e-mail", la démarche en est simplifiée et la tentation, plus grande. Cette fonctionnalité est proposée par l'ensemble des sites web qui produisent du contenu de qualité. Cette fonctionnalité, même si nous la retrouvons encore, est en voie de disparition. Les internautes préfèrent appuyer sur un bouton « Partager » que de saisir l'adresse e-mail d'un destinataire et lui faire « un mauvais cadeau » en l'ajoutant à une liste de prospect du site en question.

Partage du contenu

Le partage du contenu est une fonctionnalité devenue incontournable aujourd'hui. À l'heure où le contenu est devenu l'essence même de la communication, Facebook, Twitter, Google+, LinkedIn ou autre sont aujourd'hui les grands acteurs pour partager du contenu. Un internaute qui trouve un article intéressant le partage avec des personnes qui ont les mêmes centres d'intérêt, et chaque membre de la communauté va à son tour le partager avec sa propre communauté et ainsi de suite . Un simple clic sur un bouton de partage permet de s'assurer que sa communauté aura l'information en temps réel et pourra la partager également à son tour.

Cette facilité de partage contribue à la promotion du site web.

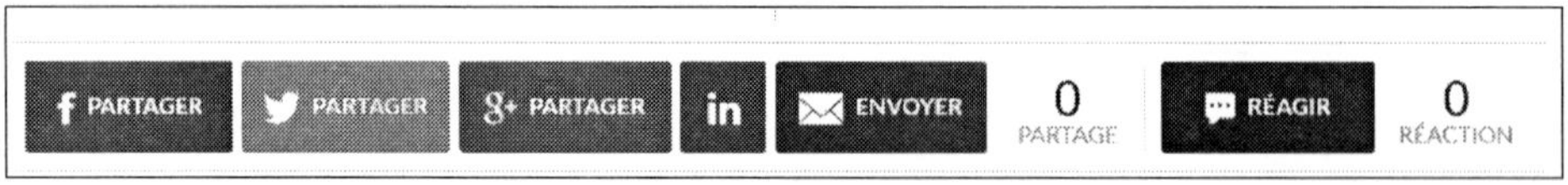

Source : www.capital.fr

Enquêtes et sondages

Il est fréquent de trouver sur les grands sites web des enquêtes ou des sondages. Cette fonctionnalité permet au site web de connaître l'avis de l'internaute sur une question précise. En règle générale, il s'agit de répondre à une seule question en un clic et de façon anonyme. Cela permet au site web de collecter des avis qui deviendront de nouveaux contenus présentés sous forme d'étude. C'est une façon astucieuse de créer du contenu qui sera partagé sur les réseaux sociaux.

Cette fonctionnalité n'est pas indispensable. Si elle doit être mise en place, il est important qu'elle ne soit ni intrusive, ni obligatoire. Le sondage doit poser une question, pas plus.

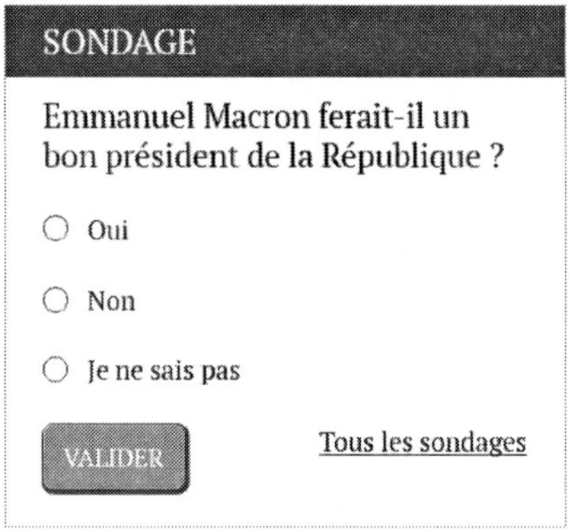

Source : www.journaldunet.com

2. Spécifications fonctionnelles détaillées

Si l'on veut comprendre ce qui se passe, il est important de bien détailler une fonctionnalité. Il s'agit en règle générale de rédiger un document qui décrit et schématise chaque fonctionnalité. Ce document stipule également les acteurs, les actions, les erreurs, etc. Plus l'étude est poussée, plus tous les scénarios seront détaillés. Si ce document n'existe pas, il va falloir le créer.

Que le site web interagisse avec l'internaute (utiliser un moteur de recherche, envoyer un e-mail, s'abonner à la newsletter, afficher du contenu dynamique) ou avec le système d'information ou les équipes de l'entreprise (publier du contenu, recevoir un e-mail, gérer le paiement en ligne, gérer l'administration), on décrit les fonctionnalités sous forme de tableau et sous forme de diagramme.

a. Description de la fonctionnalité

Pour chaque fonctionnalité, il faut réaliser un tableau récapitulatif qui met en avant les points suivants :

- La référence de la fonctionnalité : celle-ci n'est pas obligatoire mais permet de se repérer dès que le site présente un nombre important de fonctionnalités.
- L'intitulé de la fonctionnalité : concise et explicite, cette description doit commencer par un verbe à l'infinitif pour marquer la notion d'action.
- Les acteurs concernés par cette fonctionnalité, que ce soient des personnes physiques ou des serveurs.
- La description : à quoi sert la fonctionnalité.
- Le déclenchement : action qui actionne la fonctionnalité.
- Les prérequis : conditions nécessaires pour accéder à la fonctionnalité.
- Le résultat : résultat concret renvoyé par la fonctionnalité. Il doit être en corrélation avec la description.
- La séquence normale : description des différentes étapes de la fonctionnalité dans un fonctionnement normal de réussite.
- La séquence alternative : description des différentes étapes de la fonctionnalité en cas de non fonctionnement de la séquence normale.
- La priorité : importance de la fonctionnalité dans le site web.
- La fréquence d'utilisation.
- Un espace « Notes » pour apporter quelques précisions complémentaires.

Exemple de tableau :

Référence de la fonctionnalité	**F.01**
Intitulé	Envoyer un e-mail depuis le site web.
Acteurs	L'internaute, le serveur Internet, le serveur de messagerie, le collaborateur de l'entreprise.
Description	L'utilisateur peut envoyer un e-mail à l'entreprise depuis le site web.
Déclenchement	À la demande de l'internaute.
Prérequis	L'utilisateur a cliqué sur le lien **Contact**.
Résultat	L'entreprise reçoit le message de l'internaute.
Séquence normale	1. L'internaute remplit les champs obligatoires du formulaire. 2. Le serveur web traite les informations et teste le serveur de messagerie de destination. 3. La page web affiche à l'internaute que son message a bien été envoyé. 4. Le serveur de messagerie de l'entreprise reçoit un e-mail. 5. Le collaborateur reçoit ce message dans sa boîte mail professionnelle.
Séquence alternative	1. L'internaute remplit les champs obligatoires du formulaire. 2. Le serveur web traite les informations et révèle une anomalie sur le serveur de messagerie de destination. 3. La page web affiche à l'internaute que son message n'a pas pu être envoyé et l'invite à faire une nouvelle tentative ultérieurement. 4. Le message n'est pas envoyé.
Priorité	Haute
Fréquence d'utilisation	Estimée à 150 fois par jour.
Notes	Cette fonctionnalité se retrouve plusieurs fois sur le site web.

b. Description du processus

Le but de la description du processus sous forme de diagramme est d'obtenir une vision globale de chaque processus fonctionnel du site web. Ce diagramme doit détailler les actions effectuées par les acteurs du processus et permettre d'identifier l'enchaînement de ces actions.

L'intérêt de ces diagrammes est d'abord de permettre à l'ensemble des acteurs du projet de se mettre d'accord sur une vision de l'entreprise et de ses processus, mais également de préparer la phase de recette, puisque ces diagrammes serviront de référentiel pour tester les fonctionnalités du nouveau site web.

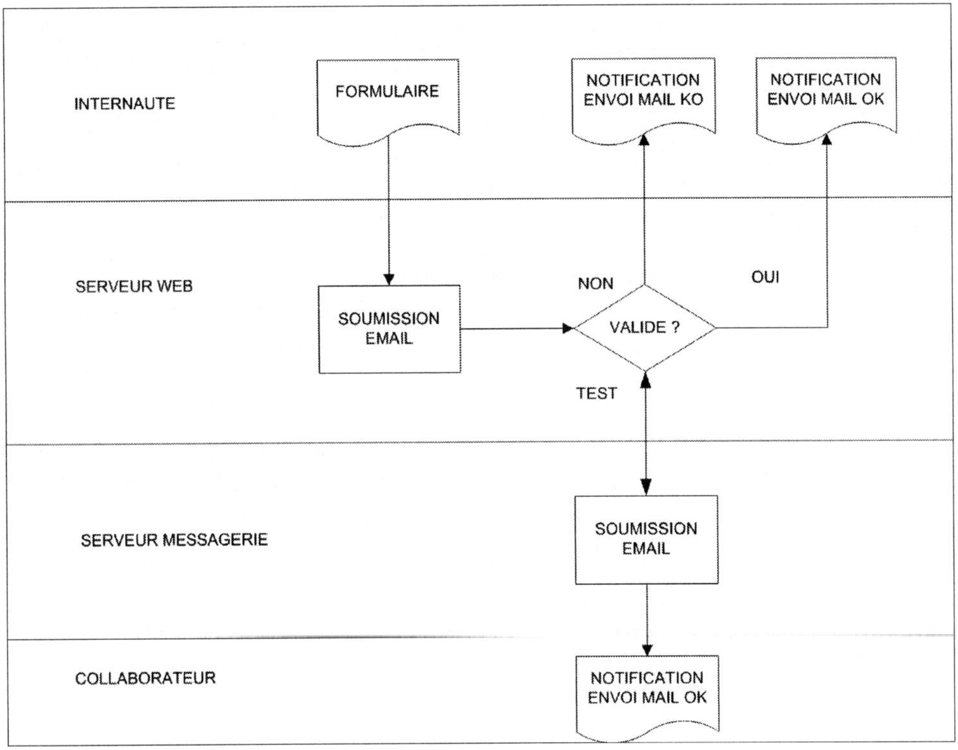

D. Grille d'audit

N°	Question	Catégorie	Oui (1) Partiel (0,5) Non (0)
1	Le site propose-t-il un moteur de recherche ?	Moteur de recherche	
2	Le moteur de recherche est-il positionné en haut à droite de la page principale ?	Moteur de recherche	
3	Le moteur de recherche est-il visible sur l'ensemble des pages web ?	Moteur de recherche	
4	Le moteur de recherche est-il facilement identifiable comme tel ?	Moteur de recherche	

N°	Question	Catégorie	Oui (1) Partiel (0,5) Non (0)
5	La zone de recherche est-elle suffisamment longue (environ 20 caractères) ?	Moteur de recherche	
6	Si la recherche n'a rien donné, le message est-il « sympathique » ?	Moteur de recherche	
7	Les résultats sont-ils classés par ordre de pertinence ?	Moteur de recherche	
8	Les résultats présentent-ils un extrait des contenus de la page dans lequel sont surlignés les termes recherchés ?	Moteur de recherche	
9	Les doublons ont-ils été éliminés de la page de résultat ?	Moteur de recherche	
10	Une recherche avancée est-elle proposée ?	Moteur de recherche	
11	Le site propose-t-il un formulaire de contact ?	Formulaires	
12	Le formulaire de contact est-il facilement accessible ?	Formulaires	
13	Les champs obligatoires sont-ils indiqués ?	Formulaires	
14	La vérification des champs de saisie se fait-elle avant l'envoi du formulaire au serveur ?	Formulaires	
15	La touche ↵ valide-t-elle le formulaire ?	Formulaires	
16	Les renseignements demandés sont-ils en adéquation avec la demande (pas trop de renseignements demandés) ?	Formulaires	
17	Les listes déroulantes sont-elles de taille raisonnable (plus de six choix) ?	Formulaires	
18	Après avoir validé le formulaire, a-t-on un message informant de la bonne prise en compte de l'envoi ?	Formulaires	
19	Le site propose-t-il des documents en téléchargement ?	Téléchargements	
20	L'intitulé des documents est-il explicite ?	Téléchargements	
21	L'extension des documents est-elle précisée ?	Téléchargements	
22	Le format de fichier est-il portable et ne nécessite-t-il pas l'installation de programmes spécifiques ?	Téléchargements	
23	Le poids du document est-il indiqué avant de lancer le téléchargement ?	Téléchargements	

N°	Question	Catégorie	Oui (1) Partiel (0,5) Non (0)
24	Le poids des fichiers est-il raisonnable (moins de 3 Mo) ?	Téléchargements	
25	Le site propose-t-il un plan d'accès ?	Plan d'accès	
26	Les coordonnées complètes de l'entreprise sont-elles indiquées ?	Plan d'accès	
27	Le plan d'accès permet-il de zoomer en avant et en arrière ?	Plan d'accès	
28	Est-il possible de calculer un itinéraire ?	Plan d'accès	
29	Est-il possible d'imprimer le plan d'accès ?	Plan d'accès	
30	La fonctionnalité "imprimer la page" est-elle proposée ?	Impression	
31	La mise en page ne prend-elle en compte que le contenu principal de la page (sans publicité) ?	Impression	
32	L'impression est-elle optimisée pour des pages au format A4 ?	Impression	
33	L'URL de la page est-elle présente sur l'impression ?	Impression	
34	Le descriptif des produits est-il bien détaillé ?	E-business	
35	Les photos des produits sont-elles suffisamment détaillées ?	E-business	
36	Les coordonnées du service client sont-elles facilement accessibles ?	E-business	
37	Les informations sur la politique de retour des marchandises sont-elles facilement accessibles ?	E-business	
38	Les conditions générales de vente sont-elles accessibles avant la finalisation de la commande ?	E-business	
39	Les informations sur la facturation sont-elles facilement accessibles ?	E-business	
40	Les informations sur les modalités et les tarifs de la livraison sont-elles facilement accessibles ?	E-business	
41	Les mentions CNIL sont-elles affichées et en conformité ?	E-business	
42	La transaction est-elle sécurisée (HTTPS) ?	E-business	
43	Les informations sur la sécurité informatique et des données sont-elles facilement accessibles ?	E-business	

N°	Question	Catégorie	Oui (1) Partiel (0,5) Non (0)
44	Le site web propose-t-il une newsletter ?	Collaboratives	
45	L'inscription à la newsletter est-elle facilement accessible ?	Collaboratives	
46	Est-il possible de commenter les articles ?	Collaboratives	
47	Y a-t-il un encart mettant en avant les derniers articles publiés ?	Collaboratives	
48	Les articles en rapport avec l'article lu sont-ils proposés à l'internaute ?	Collaboratives	
49	Le site propose-t-il un flux RSS ?	Collaboratives	
50	Le site offre-t-il la possibilité d'envoyer la page par e-mail ?	Collaboratives	
51	Le site propose-t-il la possibilité de partager la page sur les réseaux sociaux ?	Collaboratives	
52	Le site propose-t-il des enquêtes ou des sondages ?	Collaboratives	
53	Ces enquêtes ou sondages sont-ils discrets et composés d'une seule question ?	Collaboratives	

E. Pour aller plus loin

La méthodologie proposée convient à la plupart des sites web et permet de se faire une première approche de l'utilisation des fonctionnalités du site web. Il est évident que chaque fonctionnalité a un impact non négligeable sur l'organisation de l'entreprise. La gestion des formulaires de contact, par exemple, nécessite d'identifier l'ensemble des étapes du processus et de s'assurer de son bon fonctionnement. Ainsi, pour chaque étape, il faut se poser la question du "qui" et du "comment". Voici, par exemple, les étapes de la fonctionnalité "traitement d'un formulaire de contact" :

- Réception de l'e-mail (quelle boîte e-mail ? quel destinataire ?).
- Envoi d'un accusé de réception à l'internaute.
- Traitement de la demande.
- Envoi de la réponse à l'internaute.
- Archivage de l'historique du traitement de la commande.

Afin d'identifier les points de blocage et de déterminer les améliorations à apporter, il faut ajouter la mesure du temps de traitement. Cette mesure exprimée en minutes permet de calculer le temps nécessaire pour effectuer la fonctionnalité dans son intégralité.

Le document des spécifications fonctionnelles détaillées est extrêmement important. Il est censé être réalisé en amont de la conception du site web, mais est souvent oublié. Un chef de projet fonctionnel (prestataire ou en interne) peut aisément réaliser cette analyse des fonctionnalités et réaliser le tableau et le schéma qui permettront d'optimiser les processus de fonctionnement de ces services proposés à l'internaute.

Chapitre 3 : Auditer la compatibilité de site web

A. L'audit de compatibilité

Médiamétrie publie chaque année une étude sur les usages Internet des français. En 2015, le multi-écran s'est généralisé et le mobile est devenu le principal moyen d'accès.

En novembre 2015, 44,8 millions de français de plus de 15 ans se sont connectés à Internet, soit 86,6 % de la population.

Aujourd'hui, la plupart des Français se connectent via deux (20,3 millions) ou trois écrans (17,3 millions). Le multi-écrans devient ainsi la norme.

Il n'est pas simple dans ses conditions d'avoir un site web qui soit compatible avec tous ces équipements.

L'audit de compatibilité permet de tester l'affichage du site sous différentes configurations mais également de tester le temps nécessaire pour afficher la page web dans son intégralité (disponibilité).

B. Quand réaliser un audit de compatibilité ?

Un audit de compatibilité peut être réalisé à différentes étapes de la vie d'un site web et lorsque diverses situations se présentent :

- Lorsque le site web a été créé il y a plus de 5 ans. Même si cette durée n'est pas tirée d'une théorie toujours exacte, on peut estimer qu'il s'agit de la période à partir de laquelle on peut remettre en question son site web.
- Lorsque de nouveaux équipements bouleversent la façon de se connecter à Internet et reçoivent un certain succès auprès du grand public (arrivée des smartphones, des tablettes...).
- Lorsqu'une nouvelle version des navigateurs est mise en ligne (Internet Explorer, Google Chrome, Firefox, Safari...).
- Lorsqu'une nouvelle version des systèmes d'exploitation est publiée (Windows, iOS, Android).
- Lorsque les statistiques du site web indiquent un changement du mode de connexion des internautes.
- Lorsque plusieurs internautes se plaignent de ne pas pouvoir accéder au site web.
- Lorsque des internautes se plaignent de la lenteur d'affichage du site web ou de son indisponibilité.

Si un internaute ne parvient pas à se connecter à un site web soit à partir de sa tablette, de son smartphone ou de son ordinateur, il ne reviendra pas. C'est au site web de s'adapter et non l'inverse.

C. Notions élémentaires

1. Équipements

L'étude de Médiamétrie nous donne un bon aperçu des équipements utilisés par les internautes français pour surfer sur le Web.

- 50,7 % (soit 26,3 millions) se connectent tous les jours avec leur smartphone.
- 46,9 % (soit 24,2 millions) se connectent avec un ordinateur.
- En décembre 2013, 79 % des connexions Internet se faisaient via les ordinateurs, en décembre 2015, seulement 44 %.
- Pour la première fois, la part des ordinateurs a baissé entre janvier 2015 et janvier 2016.
- 2,5 millions de mobinautes sont apparus entre janvier 2015 et janvier 2016.
- En décembre 2015, 48 % des connexions se font via smartphone et 8 % via tablette.

Avec une disparité selon l'âge des internautes :

- Le mobile concerne principalement les plus jeunes.
- L'ordinateur reste l'équipement le plus populaire pour les 34-49 ans.

En 2015, l'internaute est donc multi-écrans.

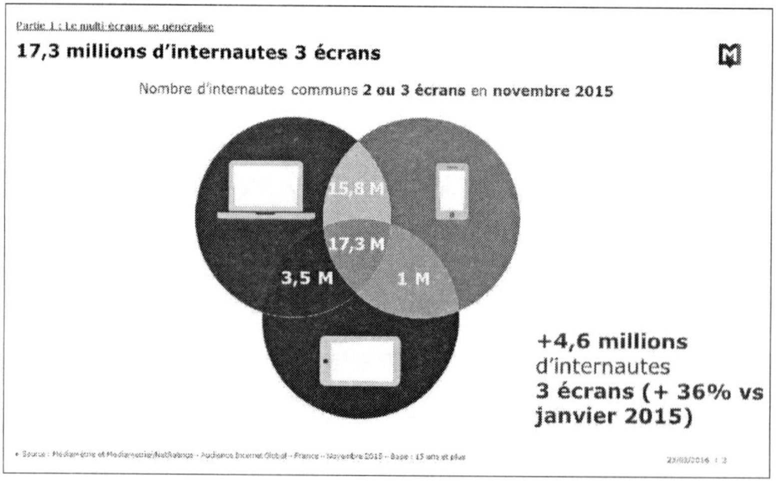

Source : http://www.journaldunet.com

a. Ordinateurs

La déferlante des tablettes concurrence directement le marché des PC. Selon le cabinet d'études Gartner (http://www.gartner.com), le marché français du PC est encore en chute libre, après une baisse de 14,3 % en 2013, puis une légère remontée de 10,75 % en 2014, le marché du PC dans l'hexagone a encore faibli en 2015 de 8,3 % , pour terminer à 8,98 millions d'unités.

Pour l'année 2016, Gartner prévoit un nouveau ralentissement de 10 % du marché français.

b. Tablettes tactiles

D'après l'étude de GFK, il s'est vendu en 2013 largement plus de tablettes tactiles que d'ordinateurs : 6,1 millions pour les tablettes, contre 4,7 millions pour les PC.

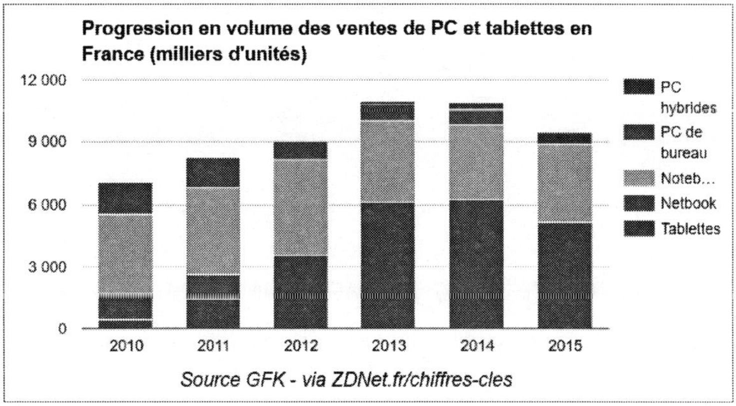

En 2014, les ventes de tablettes étaient encore devant celles du PC même si l'euphorie n'était plus au rendez-vous avec seulement 6,2 millions d'unités vendues, ou 6,5 en y ajoutant les 320.000 tablet PC ou hybrides.

Le marché français a même terminé l'année 2014 (4e trimestre) en repli de 16 % et de 27 % en valeur.

La largeur d'offre et les prix en chute libre ont incité les Français à s'équiper en masse durant l'année 2013. Les ventes ont continué à progresser au début mais dès le deuxième trimestre 2014, la croissance est passée sous les 10 % et a même fini dans le rouge au quatrième (-16 %).

Le marché est arrivé à son plus haut avec 18 millions de tablettes vendues en France. Le marché tend désormais à atteindre une taille naturelle, soit environ 5 millions d'unités par an.

Parmi les éléments de marché, les tablettes font face à la concurrence des smartphones équipés d'un écran large.

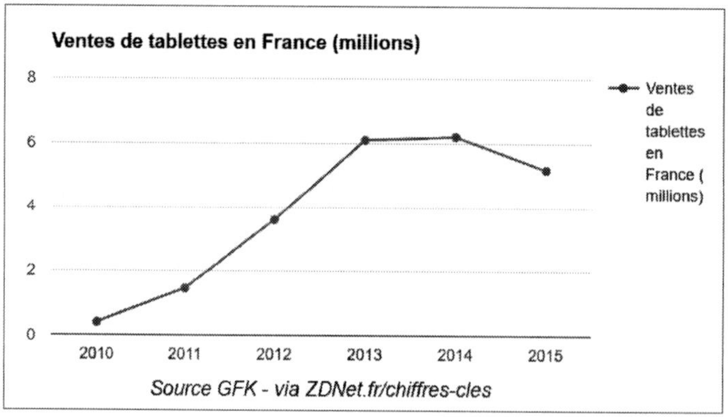

c. Mobiles - Smartphones

Il se vend en France selon GFK plus de smartphones que de téléphones mobiles classiques.

En 2013, 23,6 millions de mobiles ont été achetés par les français, dont 15,8 millions de smartphones. En 2014, la croissance était toujours au rendez-vous avec 18,2 millions de smartphones, pour 23,8 millions de mobiles au total.

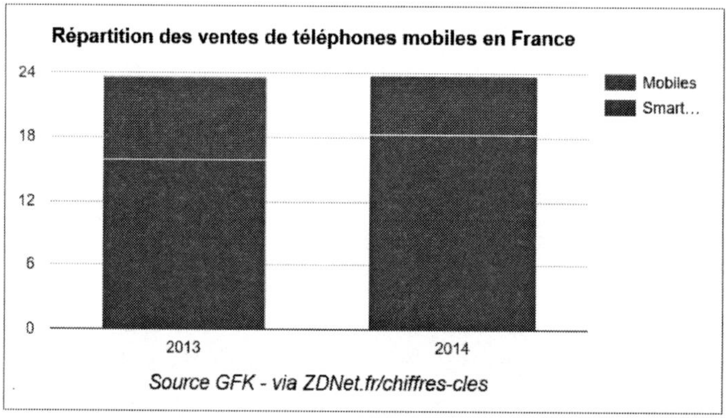

Désormais ce sont ainsi 50 % des Français de 11 ans et plus qui sont équipés d'un smartphone. Ils seront plus nombreux encore à la fin de cette année puisque le cabinet estime que le marché français devrait croître à 20,5 millions d'unités. Mais les smartphones ne sont pas seulement plus nombreux en France. Ils sont aussi plus grands.

En 2014, 21 % des smartphones vendus en France avaient un écran de 5 pouces. C'est 11 points de plus qu'il y a un an. Entre 2013 et 2014, la taille moyenne des écrans est ainsi passée de 4 à 4,4 pouces.

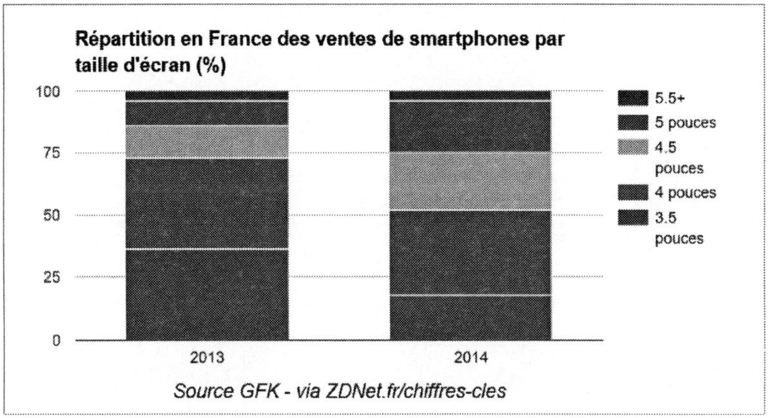

2. Plateformes - systèmes d'exploitation

a. Ordinateurs

Sans réelle surprise, Windows est encore l'acteur tout puissant des systèmes d'exploitation pour les ordinateurs avec plus de 80 % du marché français. Le seul véritable concurrent est Apple avec Mac OS X (15,38 %).

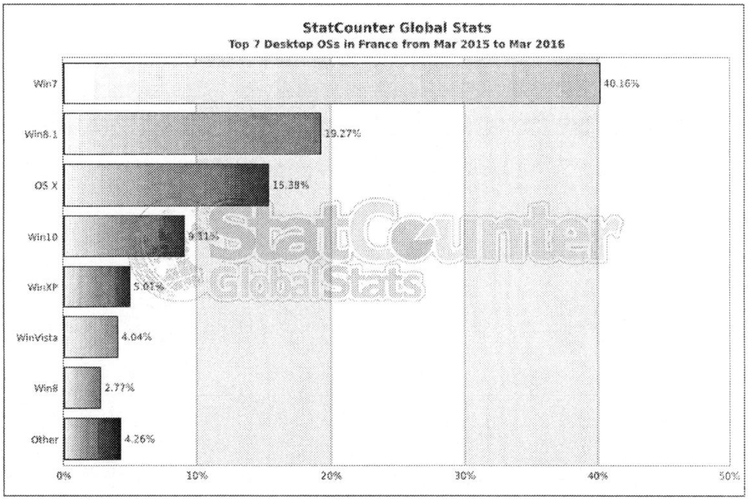

Source : http://gs.statcounter.com

Les chiffres sont quasiment identiques au niveau mondial ; Windows est en quasi monopole avec 8 % du marché mondial des systèmes d'exploitation.

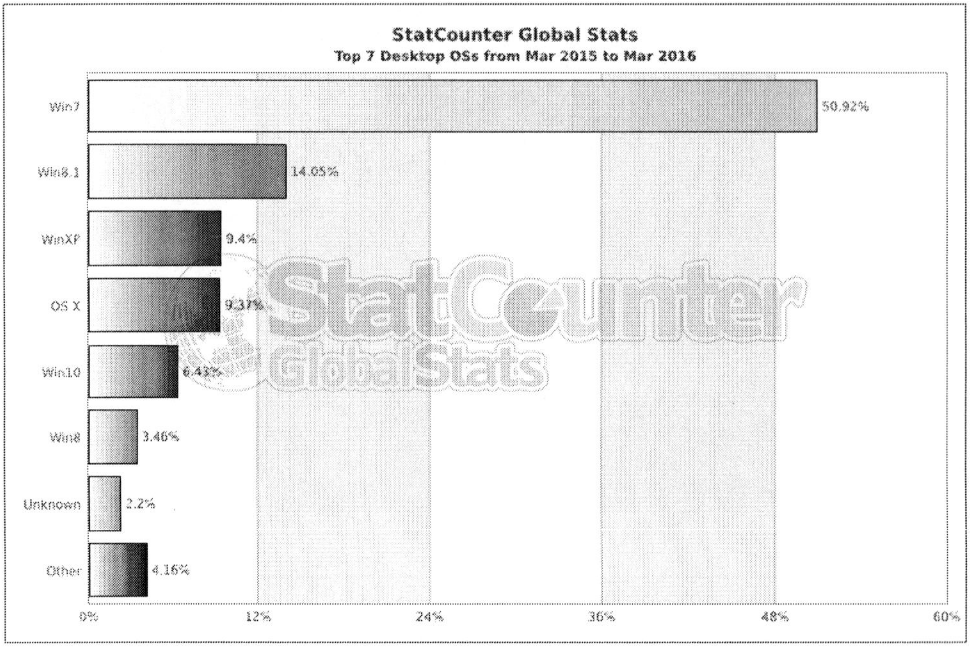

Source : http://gs.statcounter.com

b. Tablettes

Deux grands acteurs mondiaux se partagent le marché : l'IOS des tablettes d'Apple (63,49 % en France, 65,76 % dans le monde) et Android (33,5 % en France, 31,33 % dans le monde).

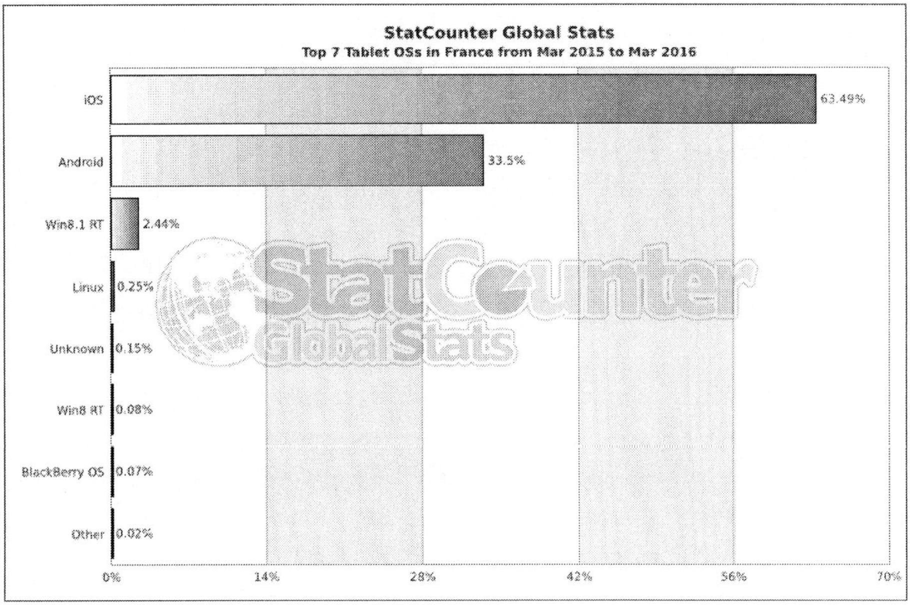
StatCounter Global Stats
Top 7 Tablet OSs in France from Mar 2015 to Mar 2016
iOS
63.49%
Android
33.5%
Win8.1 RT
2.44%
Linux
0.25%
Unknown
0.15%
Win8 RT
0.08%
BlackBerry OS
0.07%
Other
0.02%
0%
14%
28%
42%
56%
70%

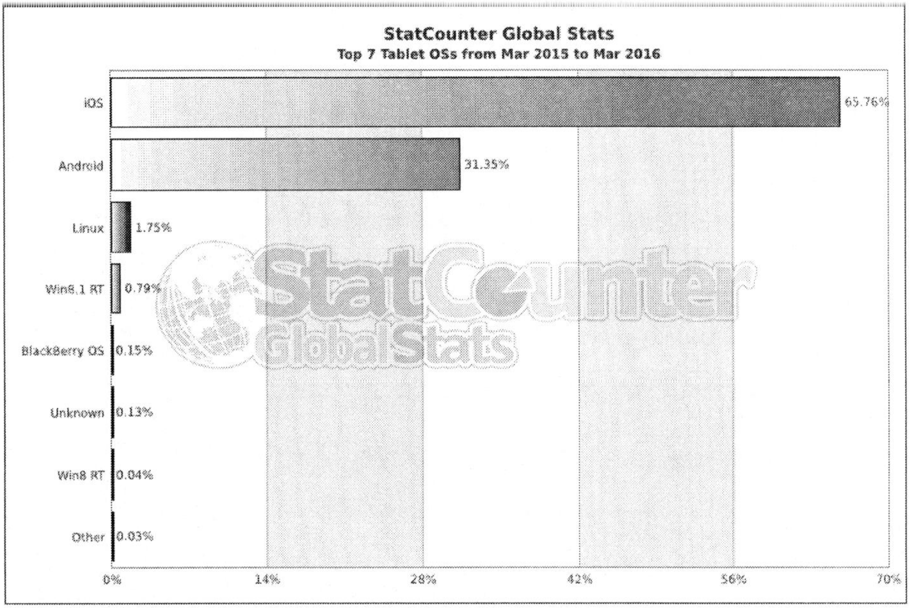
StatCounter Global Stats
Top 7 Tablet OSs from Mar 2015 to Mar 2016
iOS
65.76%
Android
31.35%
Linux
1.75%
Win8.1 RT
0.79%
BlackBerry OS
0.15%
Unknown
0.13%
Win8 RT
0.04%
Other
0.03%
0%
14%
28%
42%
56%
70%

c. Mobiles

Aujourd'hui, les trois quarts des smartphones fonctionnent avec le système d'exploitation Android de Google, ce qui explique pour partie qu'Android soit le système d'exploitation le plus utilisé pour les mobiles (59,2 % pour la France, 65,37 % pour le monde).

Apple n'est pas en reste avec iOS (35,18 % pour la France, 19,61 % pour le monde). Il est intéressant de constater la montée de Windows Phone sur le marché français (4,01 %) au détriment du Blackberry OS (0,46 %).

Pour Nokia, le système Series 40 est quasiment inexistant en France alors qu'il représente 3,39 % du marché mondial.

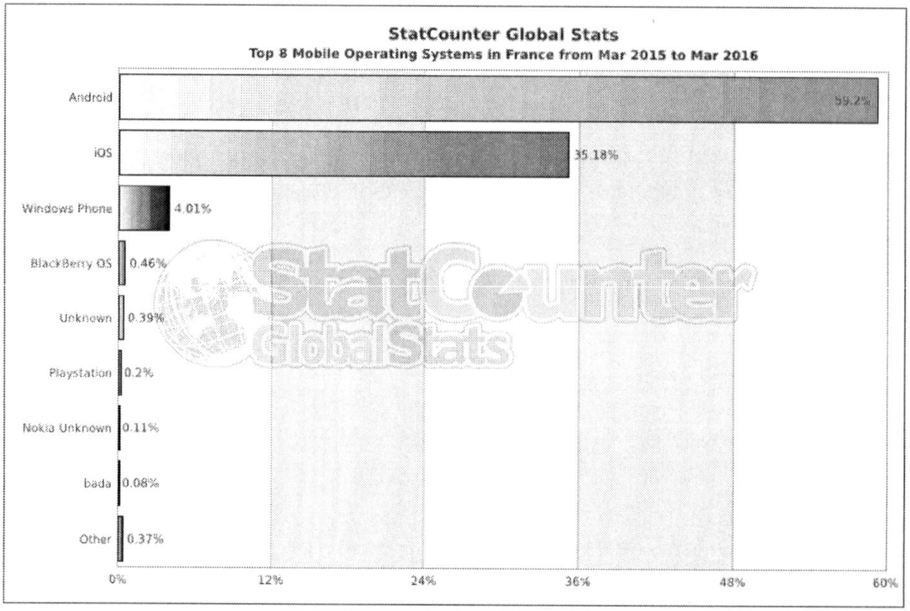

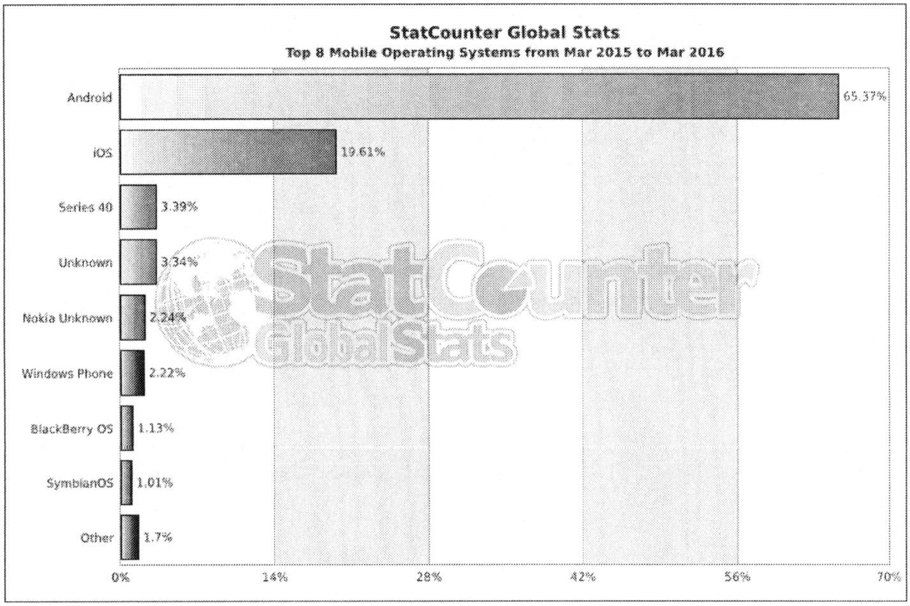

Source : http://gs.statcounter.com

3. Navigateurs

a. Ordinateurs

Google Chrome s'est imposé comme le navigateur web le plus utilisé avec 45,26 % de parts du marché français et 55,76 % au niveau mondial. Cette progression de Google Chrome s'est faite au détriment des navigateurs web historique, Firefox (26,78 % en France, 17,04 % pour le monde) et Internet Explorer (16,16 % en France, 17,66 % pour le monde).

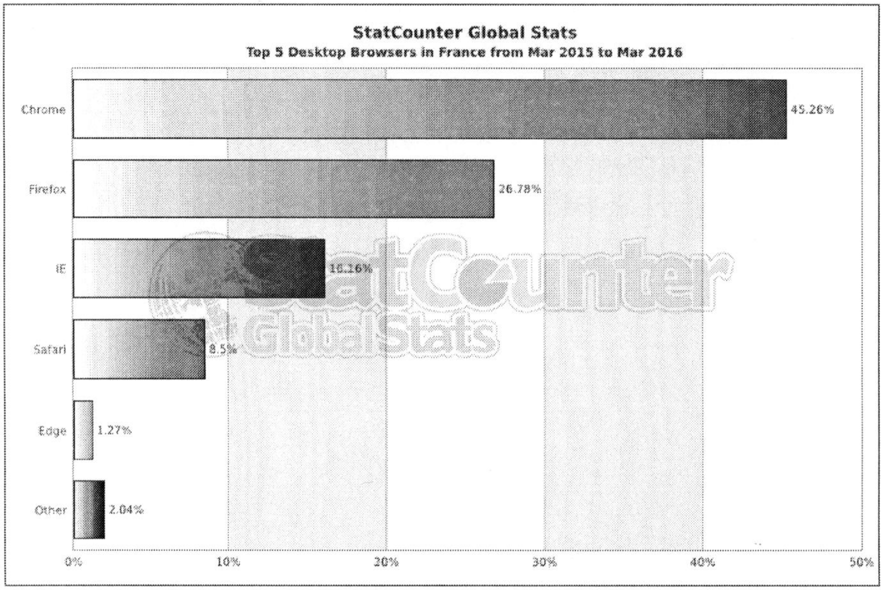

Source : http://gs.statcounter.com

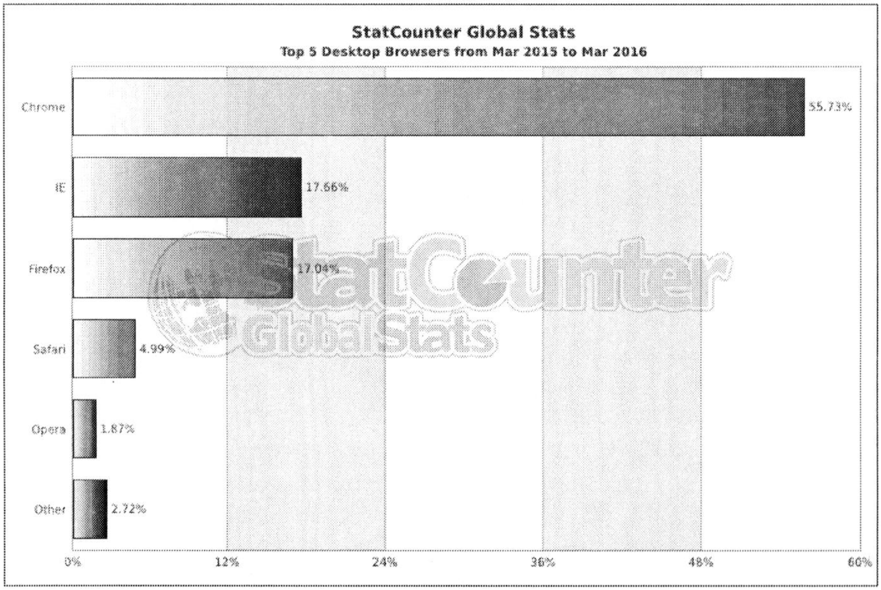

Source : http://gs.statcounter.com

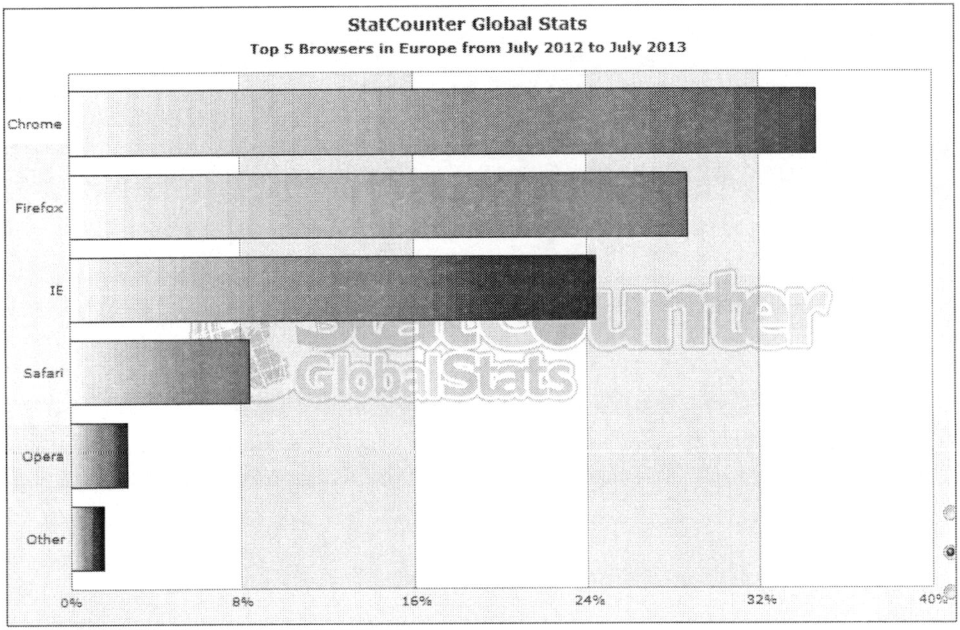

b. Tablettes

Apple domine encore le marché mondial des tablettes, même si les concurrents comblent leur retard rapidement. Le marché des navigateurs web pour tablette suit donc cette logique. Safari est omniprésent en France (59,55 %) et au niveau mondial (60,44 %).

Google Chrome et Android sont les deux autres acteurs majeurs des navigateurs web des tablettes.

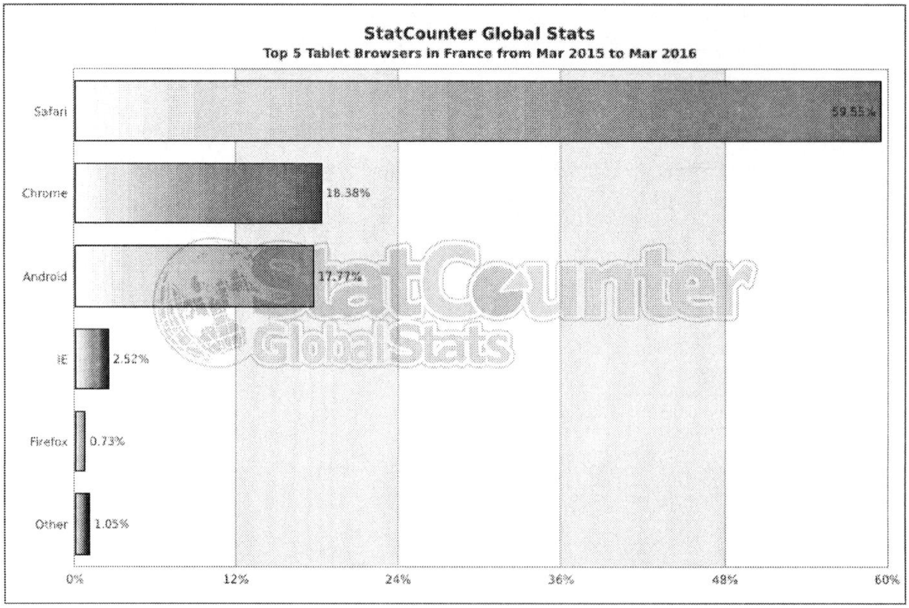

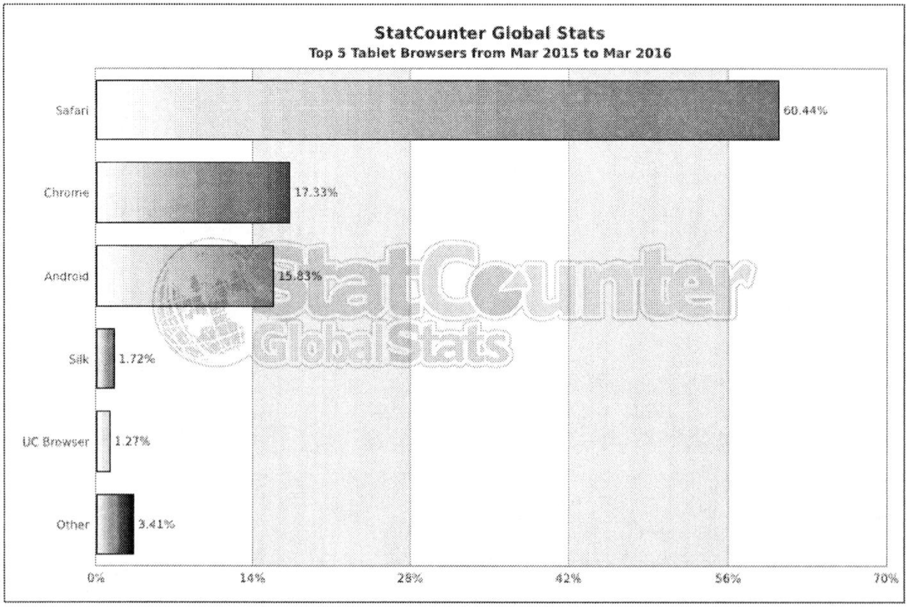

Source : http://gs.statcounter.com

c. Mobiles

En France, le navigateur Chrome fourni avec le système d'exploitation d'Android domine le marché avec 43,21 %, qu'il grignote au navigateur Safari de l'iPhone (34,11 %).

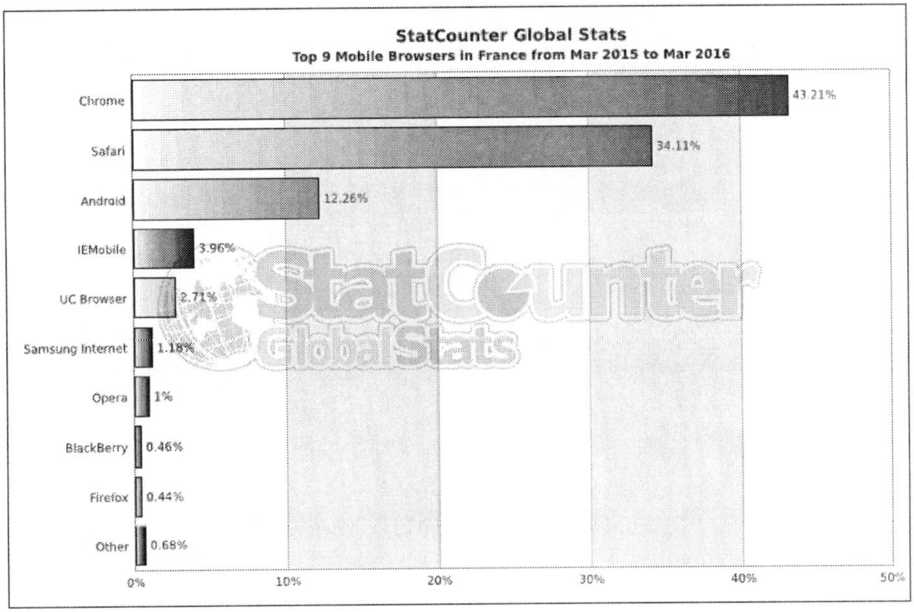

Source : http://gs.statcounter.com

Au niveau mondial, Chrome (34,6 %) grignote encore plus de part de marché à Safari (18,25 %). Il faut également remarquer la montée en puissance du nouveau navigateur web pour Android : UC Browser (16,57 %).

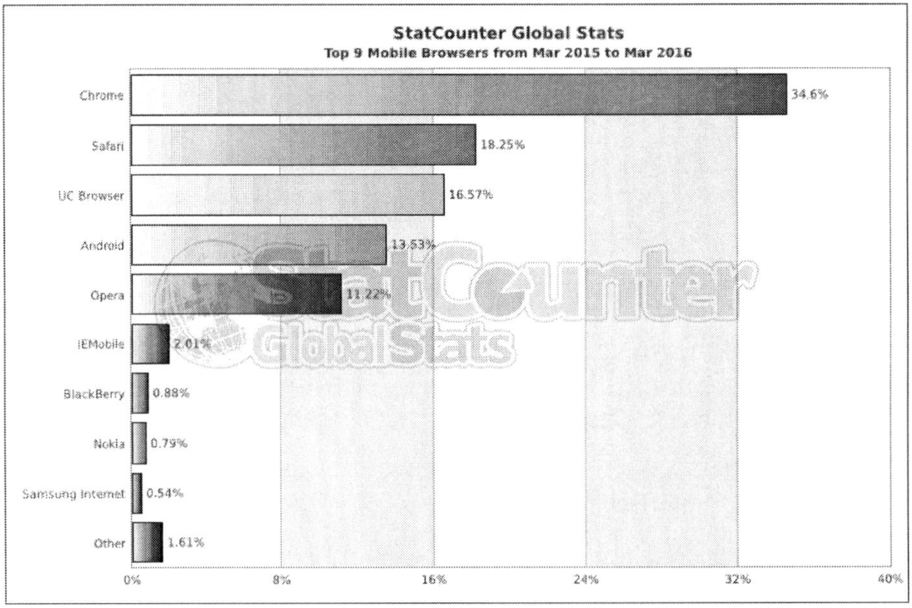

Source : http://gs.statcounter.com

4. Résolutions d'écrans

a. Ordinateurs

La résolution 1024 x 768 pixels qui était la référence normative de résolution d'écran pour les développements de sites web est bel et bien d'un autre temps. Elle ne représente plus que 4,52 % en France (7,91 % au niveau mondial) des écrans du marché. La résolution qui l'a supplantée est le 1366 x 768 pixels (environ 22 % en Europe et 30 % dans le monde). Cette résolution d'écran correspond aux écrans HD en 16:9. Cette résolution est d'ailleurs préconisée par Microsoft pour l'utilisation de Windows 8.

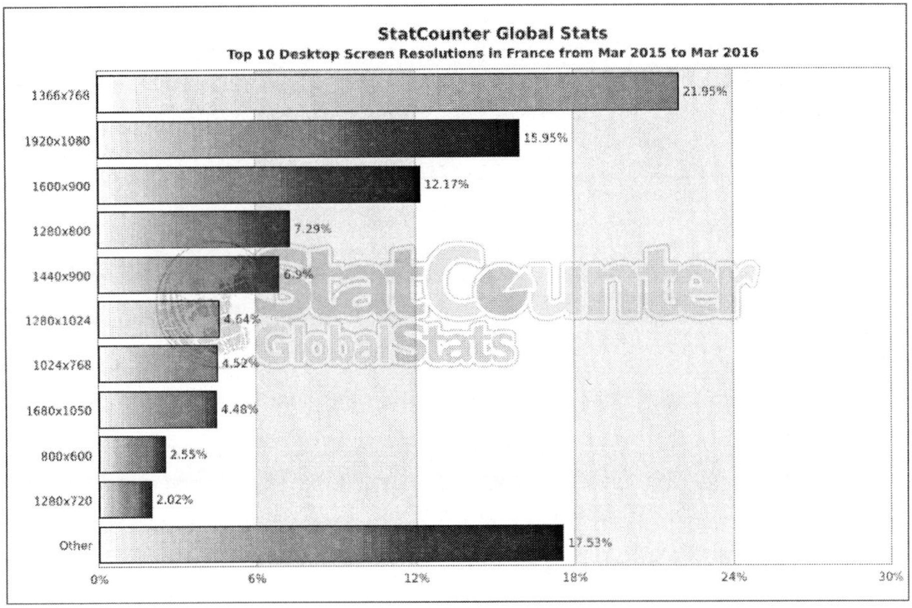

Source : http://gs.statcounter.com

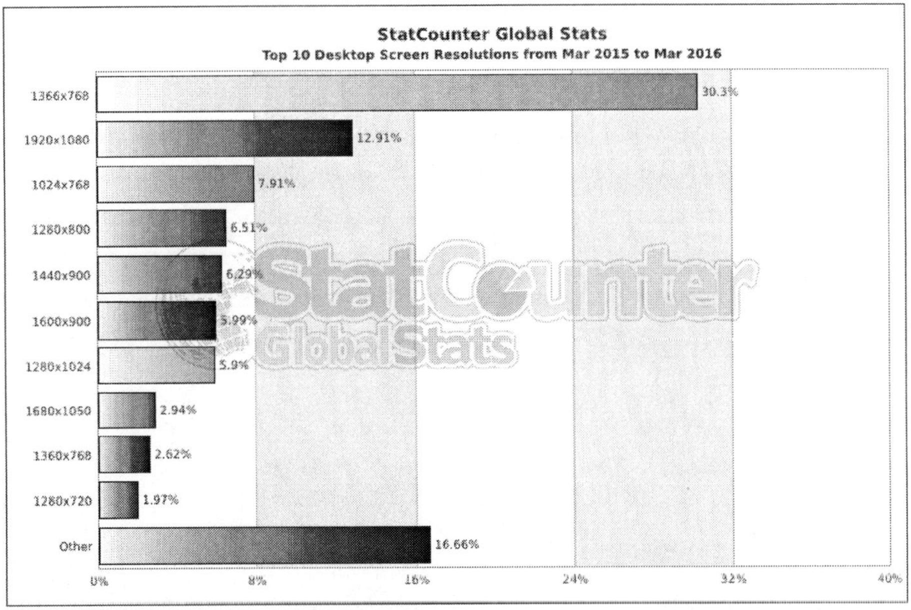

b. Tablettes

La résolution d'écran la plus utilisée par les tablettes est celle de l'Ipad d'Apple (55 % en France, 60,43 % dans le monde). Il faut également remarquer une percée non négligeable du 1280 x 800 (14,76 % en France, 7,29 % au niveau monde). Cette résolution correspond désormais au standard pour beaucoup de tablettes.

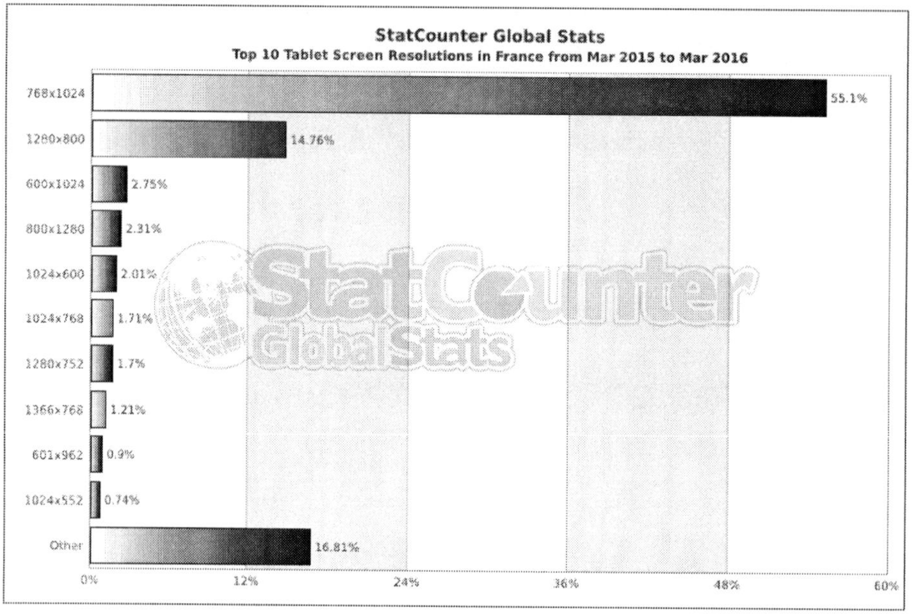

Source : http://gs.statcounter.com

c. Mobiles

La percée fulgurante de la résolution d'écran 360 x 640 (25,11 % en France, 20,7 % au niveau mondial) démontre la part grandissante des smartphones Galaxy de Samsung. La résolution de l'Iphone reste en seconde position en France (14,68 %) mais recule à la troisième place au niveau mondial (8,48 %).

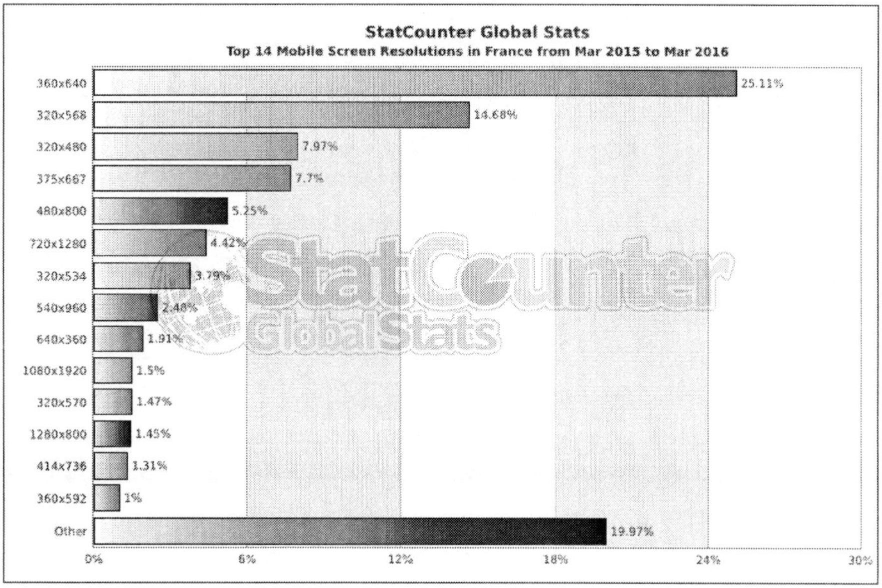

Source : http://gs.statcounter.com

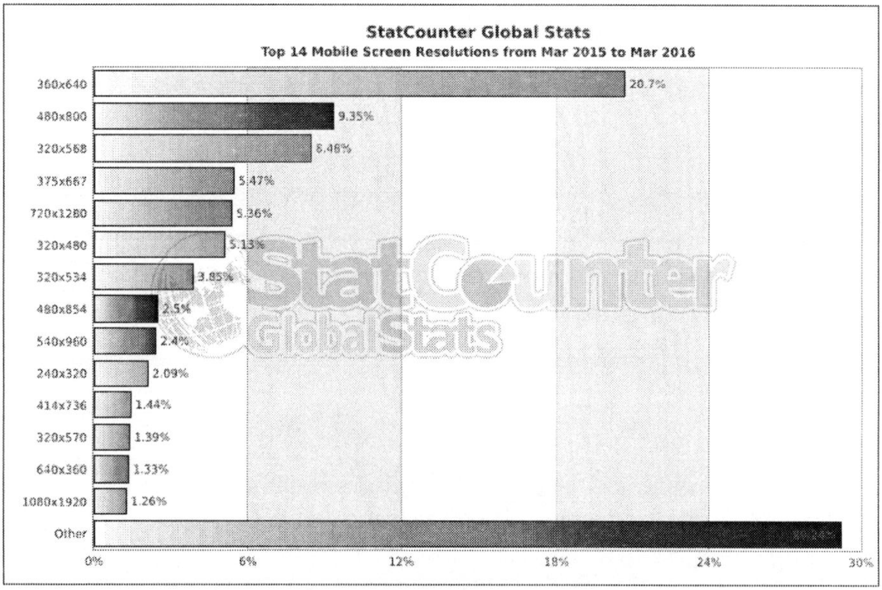

Source : http://gs.statcounter.com

5. Responsive Web Design

Le concept de *Responsive Web Design* permet de concevoir des sites qui s'adaptent automatiquement à la taille de l'écran de l'internaute. L'internaute peut ainsi consulter le même site web à partir de n'importe quel équipement avec le même confort visuel et sans avoir recours au défilement. Cette technique, même si elle peut paraître idéale, comporte aussi quelques inconvénients, notamment en ce qui concerne le temps de chargement du site.

Après avoir été facultative, l'option Responsive Web Design s'impose désormais. Depuis le 21 avril 2015, le célèbre et incontournable moteur de recherche Google pénalise les sites web non Responsive Web Design, autrement dit non compatibles avec les tablettes et les smartphones.

La compatibilité avec les mobiles est donc un nouveau critère pris en compte par l'algorithme de recherche Google. Google veut encourager les sites Responsive Web Design qui proposent aux internautes une expérience web agréable et compatible au support mobile. Ceux-ci vont être mieux positionnés dans les résultats de recherche, principalement sur les recherches effectuées depuis un mobile, au profit des sites non Responsive Web Design qui offrent un contenu illisible sur smartphone.

D. Réaliser l'audit

L'objectif de l'audit est de tester la présentation du site web sous différentes configurations, qu'elles soient matérielles ou logicielles. Plusieurs outils en ligne permettent de simuler cet affichage et de mesurer les temps de réponse du site web.

1. Compatibilité

a. Browsershots

Browsershots (http://browsershots.org) permet de générer des captures d'écran de son site web sous les différents navigateurs et sous différentes versions.

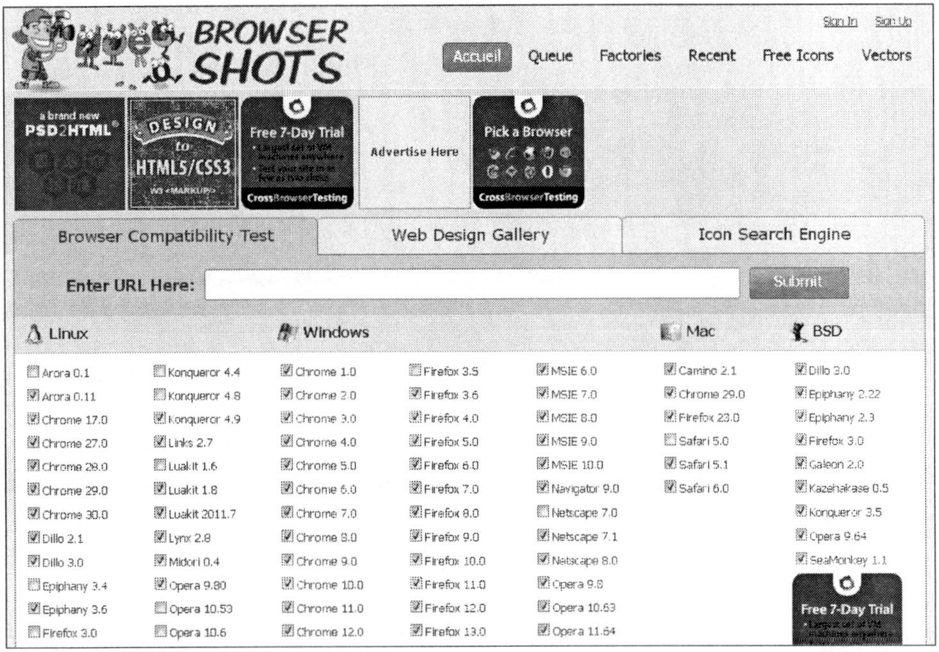

Source : http://browsershots.org/

b. The Responsinator

Cet outil (http://www.responsinator.com) en ligne permet de tester en ligne le rendu d'un site web sous différents smartphones ou tablettes.

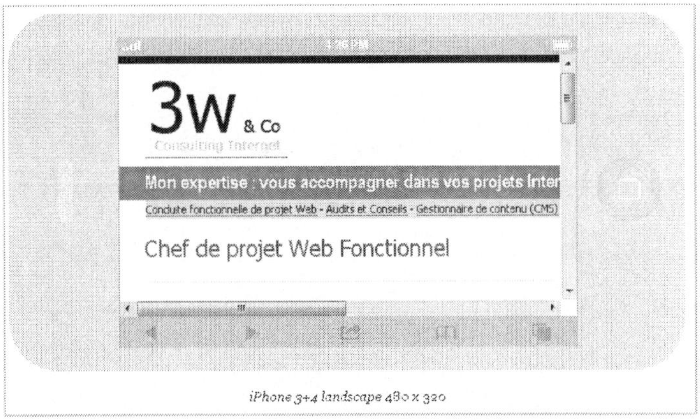

Source : http://www.responsinator.com

c. Karpolan

Cet outil (http://karpolan.com/services/site-viewer/) permet de tester la compatibilité avec plusieurs résolutions PC, tablettes et mobiles.

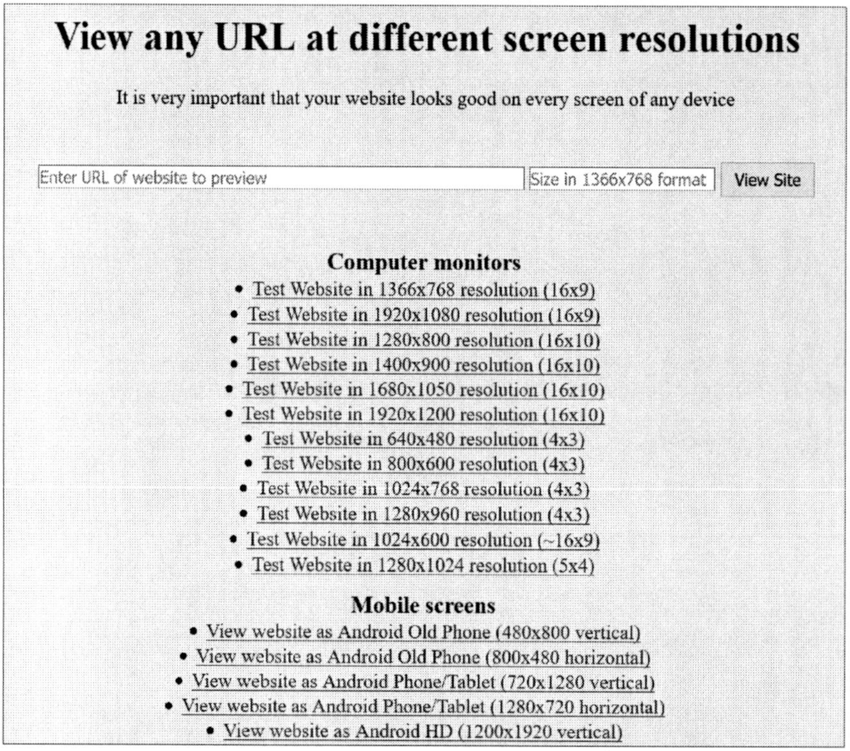

d. ProtoFluid

Cet outil en ligne (http://app.protofluid.com) permet de simuler l'affichage d'un site web sous différentes résolutions, notamment celles de l'iPhone et de l'iPad.

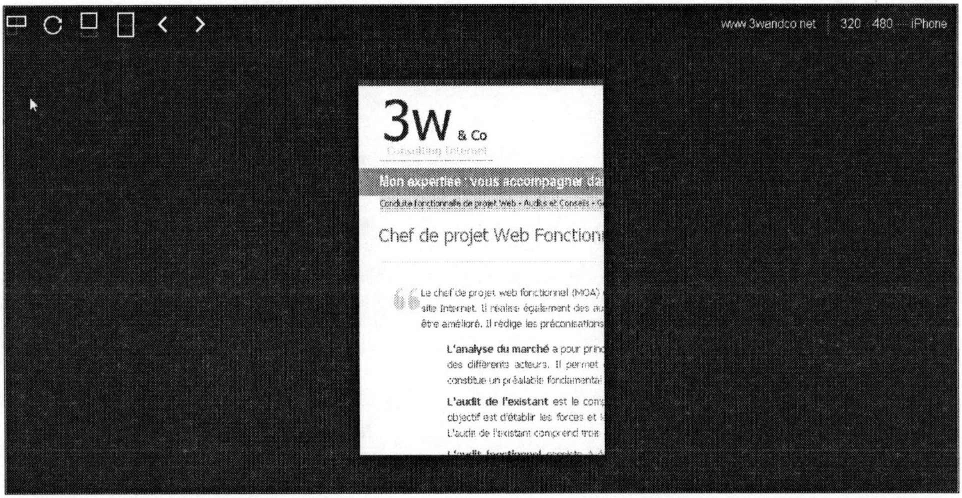

Source : http://app.protofluid.com

e. IE NetRenderer

Cet outil en ligne (http://netrenderer.com) permet de tester un site web avec toutes les versions du navigateur Internet Explorer. L'utilisation est très simple et les résultats assez convaincants.

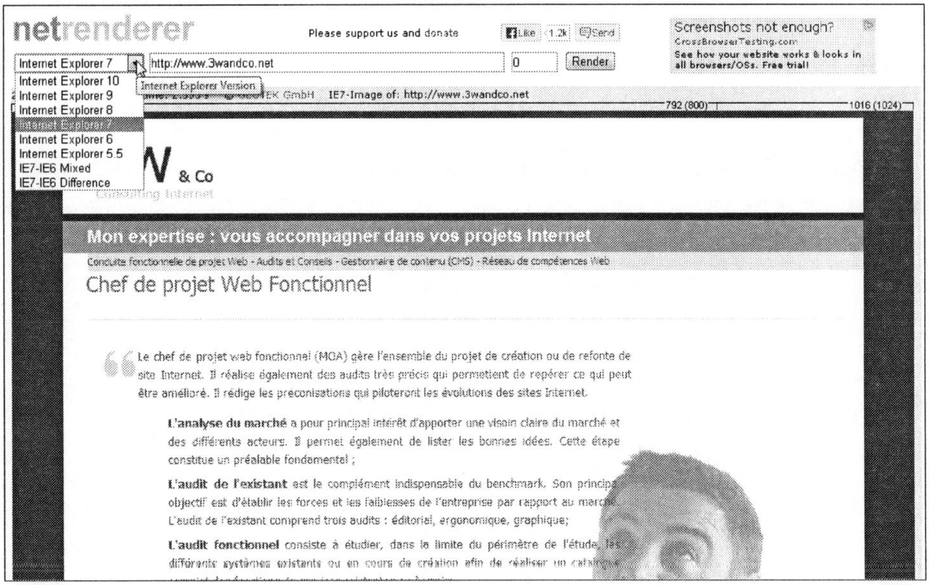

Source : http://netrenderer.com

f. Browser Sandbox

Après avoir ouvert un compte en ligne gratuit, il est possible avec cet outil (http://spoon.net/browsers) d'utiliser tous les navigateurs dans toutes leurs versions et de surfer sur son site afin de voir si l'affichage est compatible.

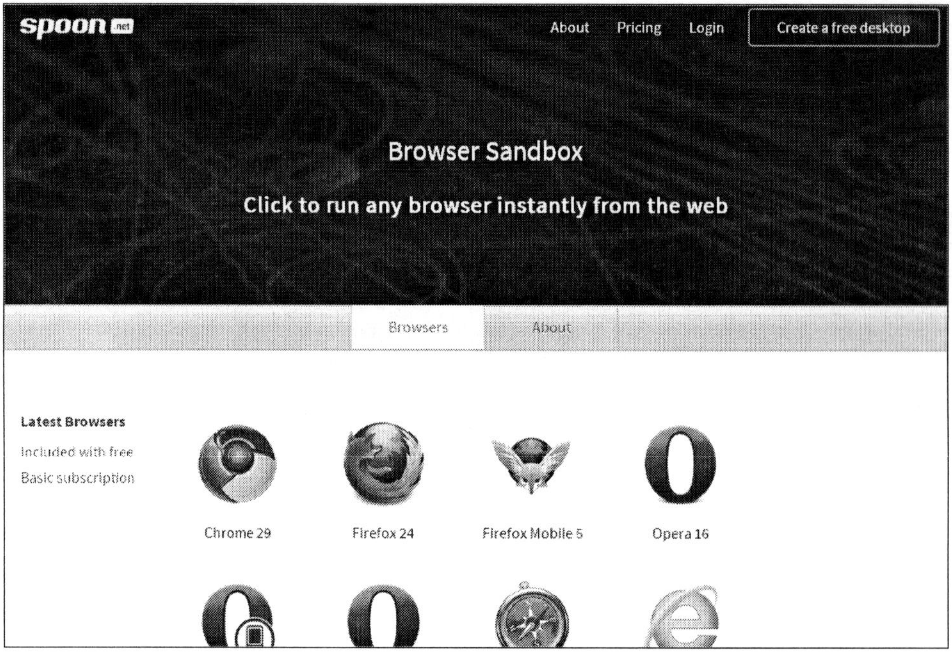

Source : http://spoon.net/browsers

g. Google pour le Responsive Web Design

Après avoir imposé le Responsive Web Design, Google met à disposition un outil permettant de tester la compatibilité des sites web :
https://www.google.com/webmasters/tools/mobile-friendly/

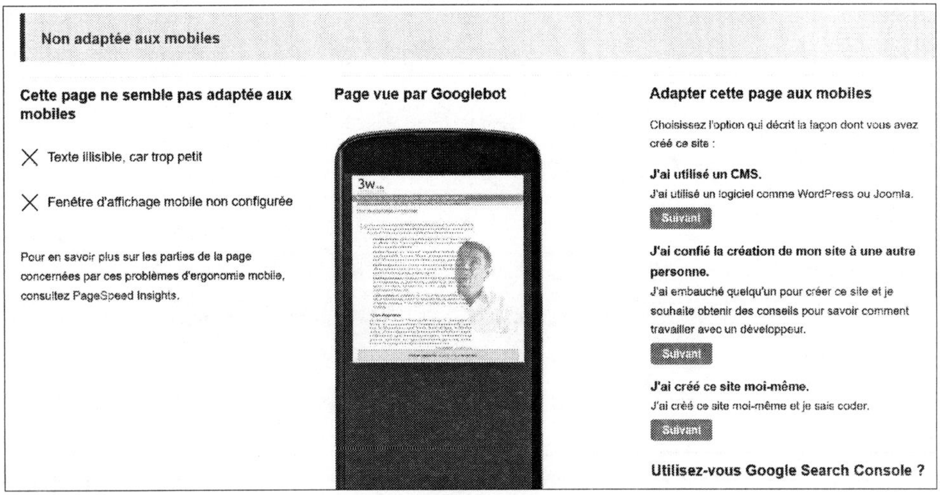

h. Navigateur Firefox

Le navigateur propose une vue « adaptative » des sites web visités (Menu - **Développements - Vue adaptative**).

i. Navigateur Chrome

Le navigateur propose également une vue « adaptative » des sites web visités (Menu ☰ - **Plus d'outils - Outils de développement**).

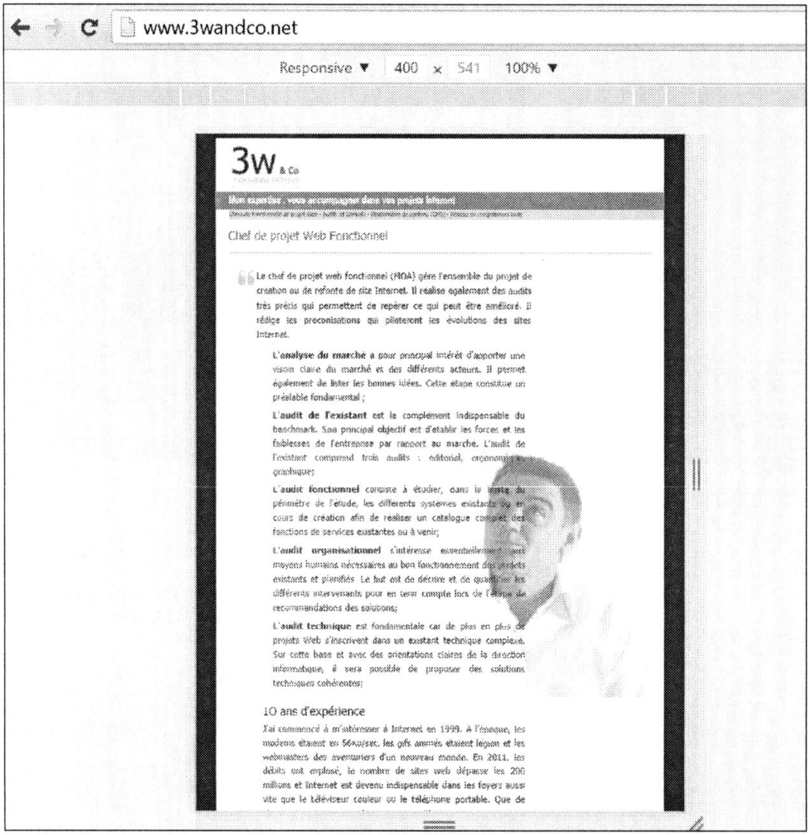

2. Performance et conformité

a. WebPagetest

Cet outil (http://www.webpagetest.org) permet de mesurer le temps d'affichage de chaque élément de la page web.

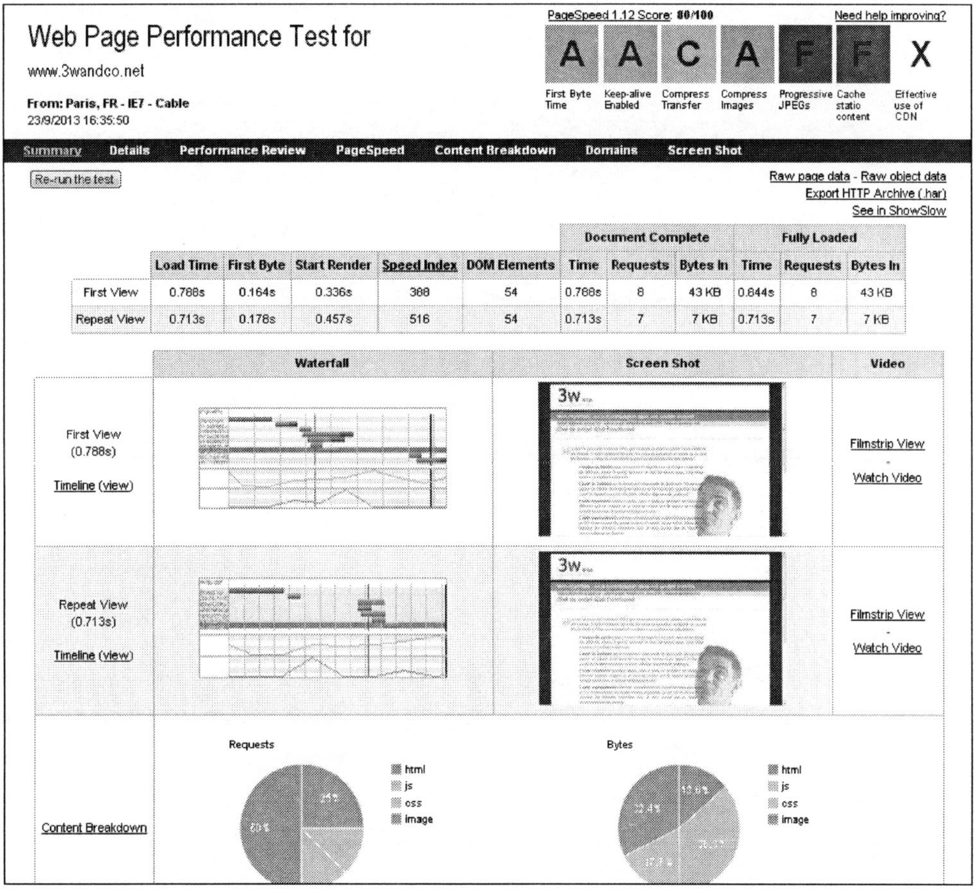

	Load Time	First Byte	Start Render	Speed Index	DOM Elements	Document Complete Time	Requests	Bytes In	Fully Loaded Time	Requests	Bytes In
First View	0.788s	0.164s	0.336s	388	54	0.788s	8	43 KB	0.844s	8	43 KB
Repeat View	0.713s	0.178s	0.457s	516	54	0.713s	7	7 KB	0.713s	7	7 KB

Source : http://www.webpagetest.org

b. Pingdom Website Speed Test

Cet outil en ligne (http://tools.pingdom.com/) permet également de mesurer les délais d'affichage de tous les éléments composant la page web.

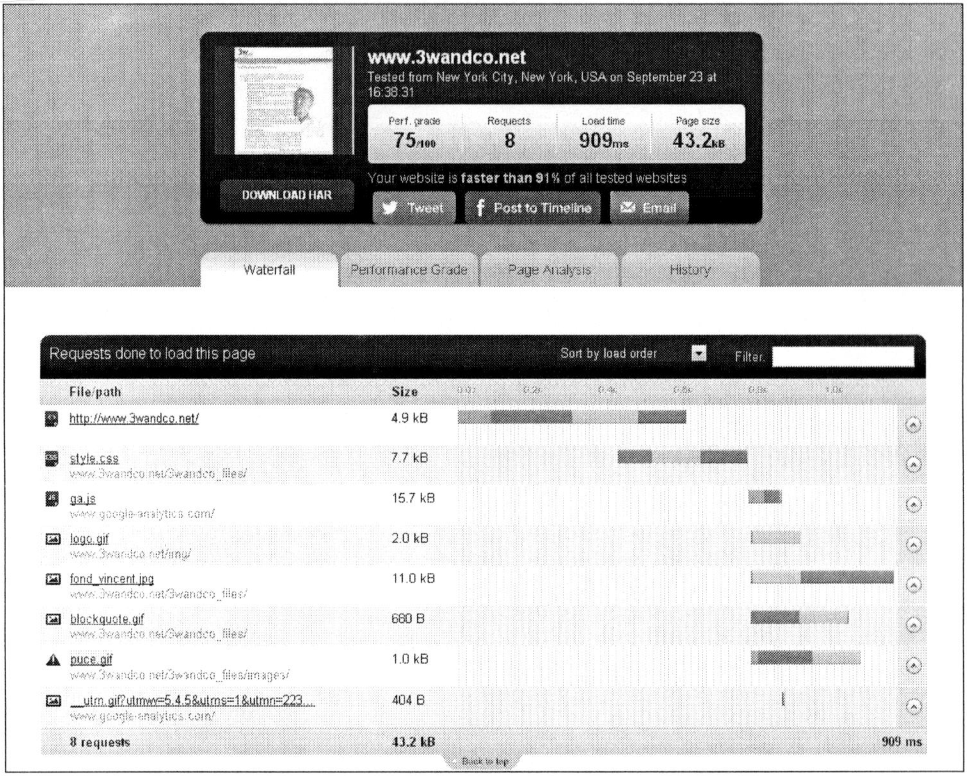

Source : http://tools.pingdom.com/fpt/

c. Google Developers

Cet outil en ligne (http://developers.google.com/speed/pagespeed/insights/) proposé par Google indique les performances du site web sur les ordinateurs et les mobiles. Il suggère en plus quelques corrections à apporter.

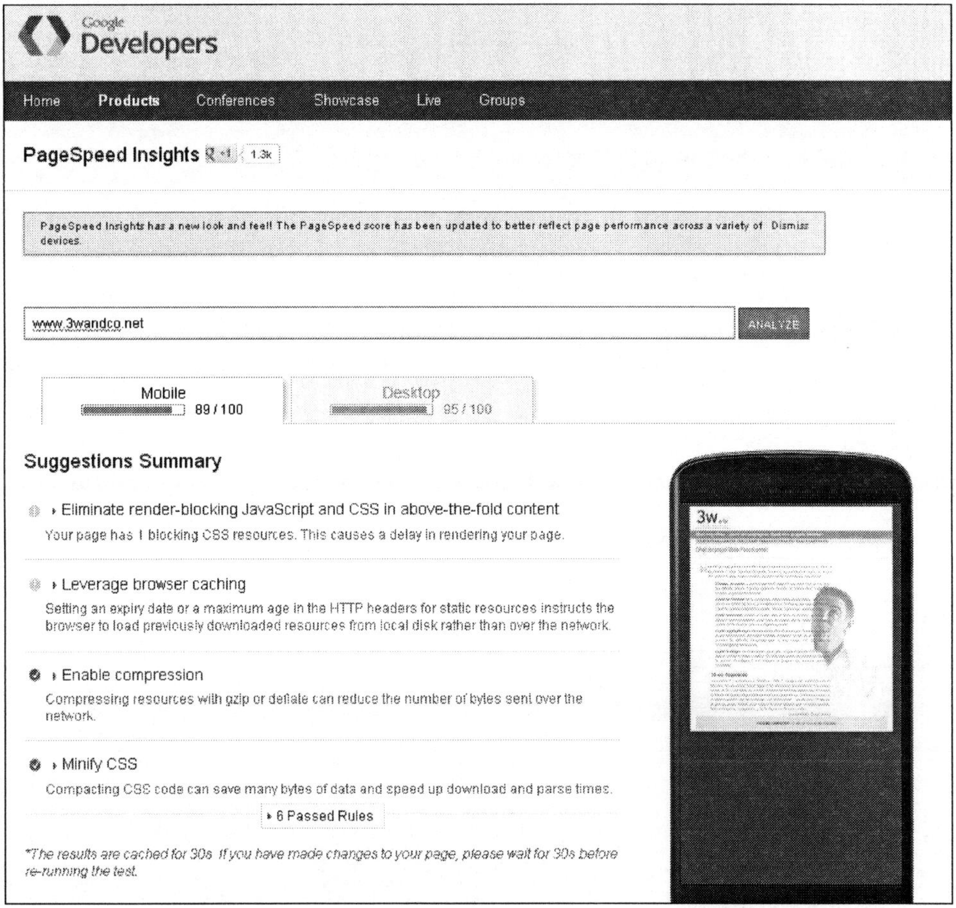

Source : http://developers.google.com/speed/pagespeed/insights/

d. Navigateur Chrome

Le navigateur Chrome permet également de réaliser rapidement un audit des performances d'un site web (Menu ☰ - **Plus d'outils - Outils de développement/audit**).

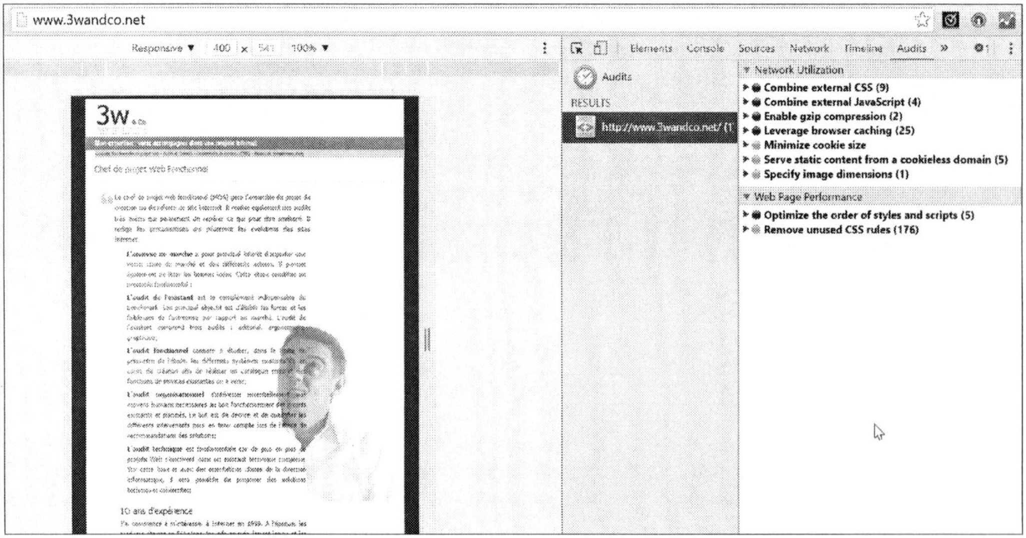

e. Navigateur Firefox

Le navigateur Firefox permet également de réaliser rapidement un audit des performances d'un site web (Menu - **Développement - Outils de développement**).

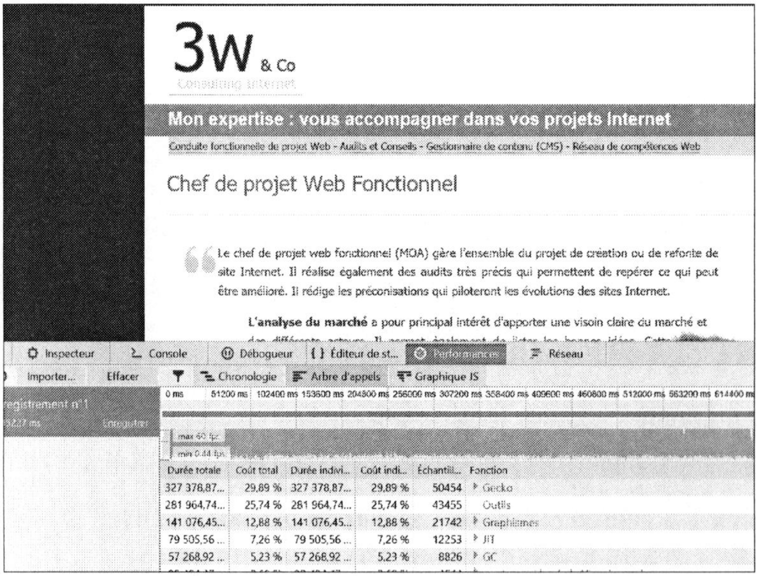

f. The W3C Markup Validation Service

Le célèbre service de validation en ligne du W3C (http://validator.w3.org) permet de vérifier la conformité du code des pages web avec les standards du Web. C'est un outil incontournable.

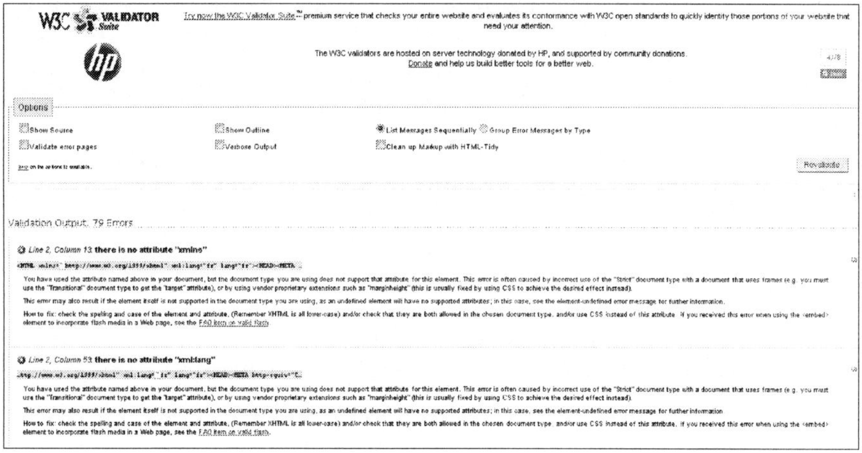

Source : http://validator.w3.org

g. W3C mobileOK Checker

Le service de validation en ligne dédié au mobile proposé par le W3C (http://validator.w3.org/mobile/) est très complet et permet d'identifier les points à optimiser pour améliorer la compatibilité du site web avec les standards du Web mobile.

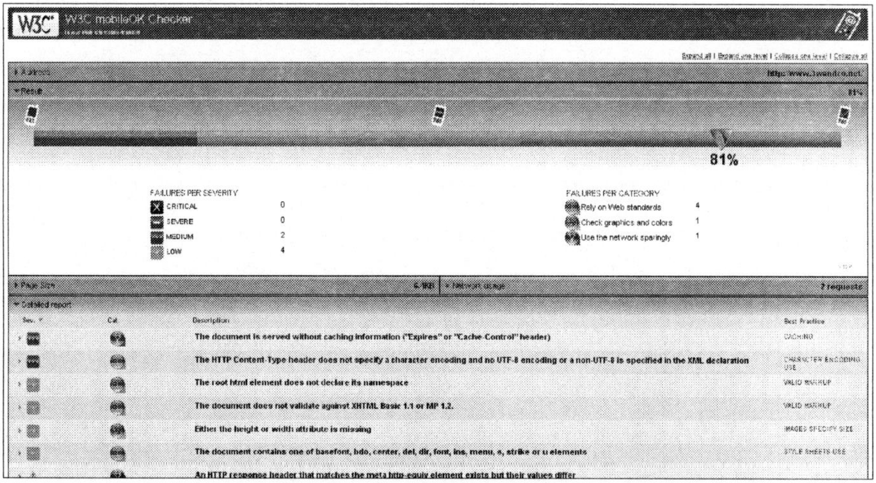

Source : http://validator.w3.org/mobile/

h. The W3C CSS Validation Service

Le service de validation en ligne dédié aux feuilles de style proposé par le W3C (http://jigsaw.w3.org/css-validator/) est aussi très complet et permet, à l'instar des services précédemment cités, d'identifier les points à optimiser pour améliorer la compatibilité en apportant les réponses aux erreurs.

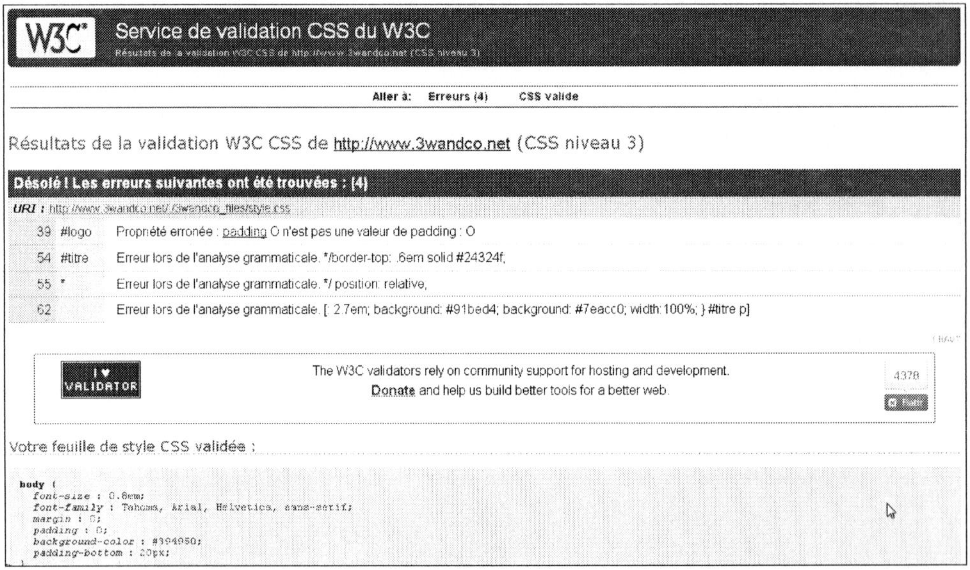

Source : http://jigsaw.w3.org/css-validator/

E. Grille d'audit

N°	Question	Catégorie	Oui (1) Partiel (0,5) Non (0)
1	Le site web s'affiche-t-il bien sous Windows avec Google Chrome ?	Navigateurs	
2	Le site web s'affiche-t-il bien sous Windows avec Internet Explorer (au-delà de la version 7) ?	Navigateurs	
3	Le site web s'affiche-t-il bien sous Windows avec Firefox ?	Navigateurs	
4	Le site web s'affiche-t-il bien sous Windows avec Opera ?	Navigateurs	
5	Le site web s'affiche-t-il bien sous Mac OS X avec Safari ?	Navigateurs	

N°	Question	Catégorie	Oui (1) Partiel (0,5) Non (0)
6	Le site web s'affiche-t-il bien sous Mac OS X avec Google Chrome ?	Navigateurs	
7	Le site web s'affiche-t-il bien sous Mac OS X avec Opera ?	Navigateurs	
8	Le site web s'affiche-t-il bien sous Mac OS X avec Firefox ?	Navigateurs	
9	Le site web est-il compatible avec le système d'exploitation des tablettes iPad d'Apple ?	Navigateurs	
10	Le site web est-il optimisé pour une résolution de 1280 x 768 pixels ?	Résolution	
11	Le site web est-il centré avec une résolution de 1366 x 768 pixels ?	Résolution	
12	Le site web est-il consultable avec une résolution de 360 x 640 pixels (smartphone) ?	Résolution	
13	Le site web est-il consultable avec une résolution de 320 x 568 pixels (tablette) ?	Résolution	
14	Le site web est-il consultable avec une résolution de 768 x 1024 pixels (tablette) ?	Résolution	
15	Le site est-il développé en Responsive Web Design ?	Résolution	
16	Les temps de réponse des pages sont-ils inférieurs à 1 seconde ?	Disponibilité	
17	Les temps de réponse des pages sont-ils inférieurs à 3 secondes ?	Disponibilité	
18	Avec webpagetest.org, toutes les notes sont-elles comprises entre A et C ?	Disponibilité	
19	Le code source des pages web est-il conforme aux normes du W3C ?	W3C	
20	Le code source des pages web est-il conforme aux normes du W3C pour mobile ?	W3C	
21	Le code source des pages web est-il conforme aux normes du W3C pour feuilles de style ?	W3C	

F. Pour aller plus loin

Plusieurs sites de qualité sont consultables sur Internet, parmi lesquels :

- http://forum.alsacreations.com : un forum de spécialistes qui apporte beaucoup de réponses aux problèmes de compatibilité.
- http://www.w3.org : le W3C définit les standards du Web. Il est important d'inclure ses recommandations dans les cahiers des charges.

Chapitre 4 : Auditer les contenus du site web

A. L'audit des contenus

L'audit des contenus consiste à analyser l'ensemble des contenus présentés sur le site web. C'est souvent l'occasion de redécouvrir son site web et la volumétrie qu'il a atteint. Les grandes familles de contenus sont :

- Les pages du site web
- Les actualités et les communiqués de presse
- Les publicités
- Les contenus multimédias : images, vidéos, fichiers PDF, etc.

B. Objectif de l'audit des contenus

L'audit des contenus sert avant tout à bien connaître son site web et à faire un état des lieux afin de détecter les anomalies et les faiblesses des contenus présentés aux internautes. C'est un outil incontournable qui permet notamment de :

- Recenser l'ensemble des contenus. Il n'est pas toujours facile de connaître l'ensemble des contenus d'un site web. Cela est d'autant plus vrai lorsque le site est ancien et que les contenus de celui-ci proviennent de différentes sources ou de différents producteurs.
- Connaître la volumétrie du site web. Le nombre de pages et le poids de celle-ci sont des éléments déterminants pour calibrer l'architecture technique.
- Identifier les éléments pénalisants pour la fluidité du site web. Des éléments trop lourds ou sous des formats inadaptés peinent à s'afficher et allongent les temps d'affichage des pages.
- Identifier les doublons. Lorsque le site présente beaucoup de contenu, il est parfois difficile d'identifier les différents documents ou textes exposés. Des contenus identiques peuvent être présentés à plusieurs endroits, par des producteurs différents.
- Détecter les liens brisés et les éléments introuvables. Lorsqu'une page ou un contenu est supprimé ou déplacé, les liens qui pointent vers cette page ou ce contenu ne sont pas toujours mis à jour. Cela amène les internautes ou les moteurs de recherche sur des pages introuvables, ce qui est frustrant pour le visiteur et ne reflète pas une image de professionnalisme.

- Faire un inventaire des contenus obsolètes. Pour chaque contenu répertorié, l'exercice consiste à le classer dans une des trois catégories : à garder, à modifier, à supprimer. Ce travail est nécessaire si une nouvelle version du site web est envisagée.

C. Quand réaliser un audit des contenus ?

L'audit est un exercice qui demande du temps et de l'investissement. Il doit être réalisé, ou commandité, uniquement si l'on a prévu un plan d'action pour tirer parti des anomalies constatées. Un audit des contenus est une photographie du site web à un instant donné.

L'audit permet soit de résoudre un problème rencontré sur le site web, soit de faire un point sur les contenus proposés, en vue d'une nouvelle version du site. Voici quelques situations qui nécessitent de réaliser un audit des contenus :

- Une nouvelle version du site web : il est nécessaire de bien connaître le site existant pour conceptualiser le futur site web et y inclure les contenus appropriés issus de l'existant.
- Une fusion de plusieurs sites web : il n'est pas rare de devoir recentrer son image Internet en fusionnant le contenu de plusieurs sites web. Avant d'entreprendre toute action, il est indispensable de connaître l'ensemble des contenus.
- Une nouvelle navigation : un inventaire de tous les contenus facilite la réorganisation des contenus dans une nouvelle arborescence.
- Une migration technologique : il est inutile de reprendre les contenus obsolètes sur une architecture neuve. C'est le moment de faire le ménage et d'optimiser l'espace.
- Une fuite des internautes : devant un site web présentant beaucoup de contenus, l'internaute peut rapidement se perdre au point de quitter le site web avec l'impression que le contenu qu'il cherche est inexistant ou impossible à trouver. Le visiteur entre sur une page du site et en ressort immédiatement, sans visiter d'autres pages. Cet aller-retour se rapporte au taux de rebond dans les outils d'analyse de statistiques comme Google Analytics. Un taux de rebond trop élevé peut être révélateur d'un contenu mal ordonné ou pas adapté à la cible.
- Avant la mise en ligne : l'audit éditorial peut permettre de tester les contenus, avant leur mise en ligne. Il est alors possible de corriger les anomalies avant que celles-ci ne soient visibles pour les internautes.

D. Réaliser l'audit

1. L'inventaire du site

Pour commencer l'audit, il faut réaliser un inventaire de tout ce qu'il y a à l'intérieur du site web, les pages du site mais également les images et les fichiers proposés au téléchargement. Cet inventaire est obligatoire si on veut réaliser un audit de qualité.

Réaliser un inventaire peut vite s'avérer fastidieux surtout si la taille du site web est conséquente. Pour faciliter cette tâche, il existe aujourd'hui plusieurs outils en ligne ou sous forme de logiciel.

a. Xenu

Xenu est un logiciel gratuit qui permet de détecter des problèmes sur un site web : contenu dupliqué, balises non renseignées, liens erronés, etc. Le logiciel Xenu est téléchargeable à l'adresse suivante : http://home.snafu.de/tilman/xenulink.html

Après avoir installé et démarré le logiciel, il faut renseigner l'adresse du site web à analyser.

Il est également possible d'analyser un site web installé sur son ordinateur en le sélectionnant dans "local file", et d'exclure des répertoires ou des adresses de pages web.

Après avoir renseigné l'adresse du site web, Xenu le parcourt et restitue un tableau détaillé.

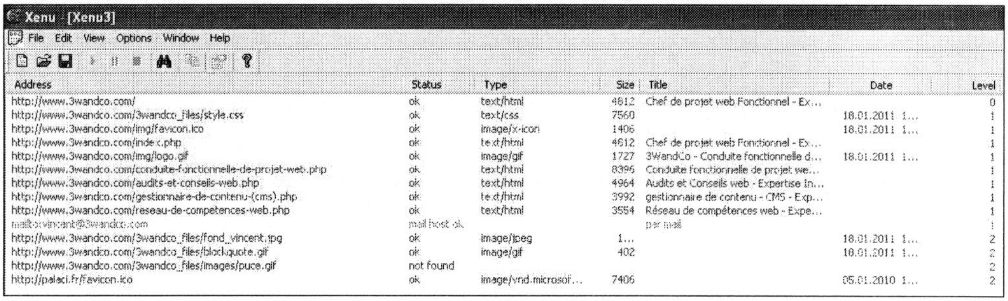

Address	Status	Type	Size	Title	Date	Level
http://www.3wandco.com/	ok	text/html	4812	Chef de projet web Fonctionnel - Ex...		0
http://www.3wandco.com/3wandco_files/style.css	ok	text/css	7560		18.01.2011 1...	1
http://www.3wandco.com/img/favicon.ico	ok	image/x-icon	1406		18.01.2011 1...	1
http://www.3wandco.com/index.php	ok	text/html	4812	Chef de projet web Fonctionnel - Ex...		1
http://www.3wandco.com/img/logo.gif	ok	image/gif	1727	3WandCo - Conduite fonctionnelle d...	18.01.2011 1...	1
http://www.3wandco.com/conduite-fonctionnelle-de-projet-web.php	ok	text/html	8396	Conduite fonctionnelle de projet we...		1
http://www.3wandco.com/audits-et-conseils-web.php	ok	text/html	4964	Audits et Conseils web - Expertise In...		1
http://www.3wandco.com/gestionnaire-de-contenu-(cms).php	ok	text/html	3992	gestionnaire de contenu - CMS - Exp...		1
http://www.3wandco.com/reseau-de-competences-web.php	ok	text/html	3554	Réseau de compétences web - Expe...		1
mailto:vincent@3wandco.com	mail host ok			per mail		1
http://www.3wandco.com/3wandco_files/fond_vincent.jpg	ok	image/jpeg	1...		18.01.2011 1...	2
http://www.3wandco.com/3wandco_files/blockquote.gif	ok	image/gif	402		18.01.2011 1...	2
http://www.3wandco.com/3wandco_files/images/puce.gif	not found					2
http://palaci.fr/favicon.ico	ok	image/vnd.microsof...	7406		05.01.2010 1...	2

Xenu a inventorié l'ensemble des éléments qui constituent le site web. Les anomalies apparaissent en rouge, les autres éléments, valides, en vert.

Plusieurs informations très intéressantes sont directement exploitables :

- **Address** : il s'agit de l'adresse de chaque élément trouvé, page HTML, fichier CSS, images, etc.
- **Status** : le statut de chaque élément, **ok** ou **not found**.
- **Size** : le poids en octets de chaque élément.
- **Title** : le titre renseigné dans la balise <title> de chaque page.
- **Date** : la date de création ou de modification de l'élément.
- **Description** : la description de chaque page, renseignée dans la balise <description>.

b. Créer un tableau

Que l'on ait ou non utilisé un logiciel comme Xenu, il est indispensable de répertorier au sein d'un tableau l'ensemble des contenus du site web.

La méthode idéale est d'observer en détail chaque élément du site, et plus attentivement les pages et leur contenu.

Voici un exemple de tableau ainsi constitué :

Audit - Analyse quantitative - www.3wandCo.com														
	PAGES													
Id	Nom	Adresse	Type	Format	Accès	Responsable	Statut	Date	Modèle	Poids (Ko)	Stats	Etat	Action	Note
0.0	Chef de projet web Fonctionnel	http://www.3wandco.com/index.php	texte	html	Public	marketing	ok	janv.-11		4,8		O	Réviser	
1.0	Audits et Conseils web	http://www.3wandco.com/audits-et-conseils-web.php	texte	html	public	marketing	ok	janv.-11		4,9		O	Réviser	
2.0	Réseau de compétences web	http://www.3wandco.com/reseau-de-competences-web.php	texte	html	public	marketing	ok	janv.-11		4		O	Réviser	
3.0	gestionnaire de contenu -CMS	http://www.3wandco.com/gestionnaire-de-contenu-(cms).php	texte	html	public	marketing	ok	janv.-11		3,5		O	Réviser	
4.0	Réseau de compétences web	http://www.3wandco.com/conduite-fonctionnelle-de-projet-web.php	texte	html	public	marketing	ok	janv.-11		8,3		O	Réviser	
													Réviser	
	FEUILLES DE STYLES													
Id	Nom	Adresse	Type	Format	Accès	Responsable	Statut	Date	Modèle	Poids (Ko)	Stats		Action	Note
0.1		http://www.3wandco.com/3wandco_files/style.css	css	css			ok	janv.-11		7,5		V	Garder	
	IMAGES													
Id	Nom	Adresse	Type	Format	Accès	Responsable	Statut	Date	Modèle	Poids (Ko)	Stats		Action	Note
0.2		http://www.3wandco.com/3wandco_files/fond_vincent.jpg	image	jpg	Public	marketing	ok	janv.-11		10		V	Garder	
0.3		http://www.3wandco.com/img/logo.gif	image	gif	public	marketing	ok	janv.-11		1,7		V	Garder	
0.4		http://www.3wandco.com/3wandco_files/blockquote.gif	image	gif	public	marketing	ok	janv.-11		0,4		V	Garder	
		http://www.3wandco.com/3wandco_files/images/puce.gif	image	gif	public	marketing	Ko	janv.-11				SI	Supprimer	est appel
0.5		http://www.3wandco.com/img/favicon.ico	image	ico	public	marketing	ok	janv.-11		7,4		V	Garder	

Le tableau peut très rapidement atteindre une taille conséquente en fonction de l'importance du site Internet. Des regroupements par rubriques sont alors nécessaires pour en faciliter la lecture.

Pour chaque élément (ligne horizontale) il faut renseigner les informations suivantes (en colonnes) :

- Page ID : le système de numérotation aide à se reporter aux sections particulières et aux pages du site web. La numérotation suit la navigation du site. Ainsi la page d'accueil est le point 0. La première rubrique sera 1.0, sa sous-rubrique 1.1, une page interne 1.1.1, etc. De même, une image présente sur la page d'accueil sera numérotée 0.1.
- Nom de la page : il s'agit du nom affiché dans la barre du navigateur. Ce nom correspond au contenu de la balise <title>. Si celui-ci n'est pas renseigné, il faut laisser la cellule du tableur vide, pour bien mettre en évidence l'absence du titre.
- Adresse de la page : il faut reporter l'adresse de la page, telle qu'elle s'affiche dans la barre de navigation du navigateur. Ce lien doit être cliquable afin de permettre d'accéder directement à cette page si besoin. Il en va de même pour les autres éléments du site (images, fichiers PDF, feuilles de style, etc.).
- Type de contenu : il faut décrire succinctement le type de contenu (texte, texte + image, chiffres, etc.).
- Format du fichier : le format peut être l'extension, par exemple, HTML, ASP, PHP pour les pages, JPG, PNG ou GIF pour les images, FLV ou AVI pour les vidéos, SWF pour les animations Flash, etc.
- Restrictions d'accès : tout particulièrement pour les sites ayant du contenu soumis à identification, il faut préciser si l'accès est public ou privé.
- Responsable : il s'agit du responsable de l'information, c'est-à-dire le service ou la personne qui a créé le contenu et le met à jour.
- Statut : si la page ou l'élément s'affiche entièrement, il est OK sinon il est KO.
- Date de la dernière révision : cette information est très importante puisqu'elle donne un très bon aperçu de l'obsolescence des contenus.
- Modèle de page : si le site est construit autour de plusieurs modèles de page, il est important de rappeler ici le modèle que la page utilise.

- Poids de l'élément : même si celui-ci n'est pas significatif pour les pages, il l'est pour les autres éléments (images, PDF, etc.).
- Statistiques : si elle existe, il est précieux de reporter le nombre de visites de chaque page.
- État : le contenu d'une page peut être Valide, Redondant, Obsolète ou Sans intérêt.
- Action : en fonction du contenu, il faut préciser s'il est conseillé de le garder, de le supprimer ou de le réviser.
- Notes : cette colonne permet de prendre quelques commentaires sur la page ou l'élément concerné.

Cette liste n'est pas exhaustive et doit être adaptée en fonction du site Internet audité.

Pour faciliter la lecture du tableau, il est conseillé de regrouper les pages et les éléments en fonction de leur famille (pages, images, fichiers PDF, etc.). Un deuxième niveau de regroupement peut être fait au sein des pages, en les ordonnant, par exemple, en fonction de leur ordre d'apparition dans les éléments de navigation (menus, visionneuses, galeries d'images...).

Cette tâche peut paraître fastidieuse, mais le résultat final est d'excellente qualité. Toutes les informations contenues dans ce tableau sont d'une très grande richesse.

2. L'appréciation générale

L'internaute, en arrivant sur le site web, va se faire une première impression du site. Il va d'abord se poser la question de savoir si la page donne envie de lire, s'il va trouver rapidement ce qu'il cherche et si ce contenu semble sérieux. L'appréciation générale se forme en quelques secondes.

a. Première impression

D'après une étude de l'université d'Ottawa réalisée en 2006, Il suffit de moins de cinquante millisecondes à l'internaute pour se faire une première impression sur le site web. Sa cohérence visuelle, sa mise en page, le positionnement du logo, celui du moteur de recherche interne et les liens de navigation sont autant d'éléments de réassurance qui donnent de la crédibilité au site web.

La page doit être agréable à regarder. Les zones de texte doivent apparaître clairement et se présenter sous forme de blocs. L'ensemble doit être aéré et harmonieux.

b. Titres des pages

Idéalement, chaque page doit avoir un titre court (qui tient sur une seule ligne), visible (la taille de la police doit être supérieure à celle du reste du texte) et accrocheur (il doit inciter à la lecture de la page). Ce titre est la première information vue par l'internaute. Celui-ci arrive sur la page avec une attente précise. Il doit être rassuré, rien qu'en lisant le titre, sur le fait que la page traitera du sujet qu'il recherche.

c. Premier paragraphe

Le premier paragraphe est très important. L'internaute moderne consulte les sites Internet pour retrouver de l'information rapidement ; il ne vient pas pour lire des pages entières. Le premier paragraphe, idéalement, doit résumer les grandes lignes de ce que le reste de la page propose. Il doit être attractif et contenir des mots-clés appropriés. Il faut adopter le principe de la pyramide inversée.

d. Sous-titres (ou intertitres)

Les sous-titres permettent rapidement de repérer dans la page le contenu ciblé. Ils se situent au début du paragraphe en caractères gras. Ce sont idéalement des mots-clés très explicites qui résument le sujet développé dans le paragraphe.

e. Longueur des paragraphes

Chaque paragraphe ne doit présenter qu'une seule idée principale. Les longs paragraphes doivent être redécoupés. Il suffit souvent de regarder le paragraphe à l'écran et de se demander sincèrement si on a le courage de lire tout le bloc en entier. Les internautes ne lisent en général que la première phrase du paragraphe.

f. Ton

Il est évident que le ton utilisé est différent entre un blog sur la randonnée pédestre et un site de finance de marché. Inverser les deux serait une catastrophe pour l'un comme pour l'autre. À chacun son ton.

Lorsqu'un professionnel parle de son métier, il ne peut s'empêcher d'utiliser un langage souvent propre à son domaine. Il faut éviter le jargon professionnel ou les acronymes et autres abréviations, à moins d'en donner la définition entre parenthèses.

g. Longueur des phrases

L'écriture pour le Web n'est pas identique à l'écriture pour le papier. Il est nécessaire de raccourcir les phrases pour ne parler que de l'essentiel. La structure des phrases et le choix des mots doivent être simples.

h. Visuels

Les visuels qui apparaissent autour du paragraphe doivent être informatifs et apporter un complément qualitatif au contenu. Il faut éviter les visuels humoristiques. L'internaute lit la page en diagonale et ne saura pas toujours percevoir le sens humoristique.

i. Longueur des pages

Une page web doit tenir sur deux écrans verticaux maximum lorsqu'on la fait défiler. Si le contenu doit dépasser ces deux écrans, il est préférable de le découper et de le présenter sur plusieurs pages.

http://www.saint-christophe-assurances.fr

3. La mise en valeur du contenu

Lorsqu'un site web présente une grande quantité de contenu, il est difficile pour l'internaute de s'y retrouver entre les articles, les actualités, les communiqués... Il est important d'adopter une méthodologie éditoriale stricte pour mettre en avant les principaux contenus et les plus récents.

a. Mises à jour

Il est impératif de dater les publications et les mises à jour uniquement si ces dernières sont fréquentes. La date permet de mettre l'accent sur la fraîcheur de l'information.

Il ne faut dater les informations que si leur mise à jour est régulière. Si ce n'est pas le cas, le datage desservira la crédibilité du site web.

Afficher des informations périmées, c'est se garantir que l'internaute ne reviendra pas sur le site web. Les informations anciennes peuvent être regroupées dans une rubrique Archive. En revanche, les informations périmées doivent être supprimées.

b. Regroupement des contenus

Outre le fait d'ordonner les contenus, le regroupement permet à l'internaute de retrouver une information précise plus rapidement.

Les informations anciennes gardent leur intérêt si elle traite d'un sujet particulier et que celui-ci est toujours d'actualité. Par exemple, une information sur Windows XP peut être ancienne et toujours d'actualité tant qu'il y aura des ordinateurs encore équipés de ce système d'exploitation. Ces informations sont à regrouper dans une rubrique Archives.

c. Liens transversaux

On le sait, l'internaute surfe d'une façon transversale. Il rebondit de page en page en suivant les mots-clés qui l'intéressent. Inclure des liens internes sur les mots-clés d'un paragraphe offre un moyen de navigation supplémentaire.

d. Liens de proximité

Suivant le même principe que les liens transversaux, il existe les liens de proximité. Il s'agit de rapprocher les liens des autres pages traitant du même thème du paragraphe en cours de lecture. Généralement, ces liens sont insérés dans un encart intitulé "En savoir plus" ou "Autres sujets en rapport avec le thème".

e. Page d'accueil

Mettre en avant les dernières actualités est un bon moyen de faire vivre sa page d'accueil. Une mise en avant de contenus augmente la crédibilité du site et facilite l'accès direct à l'information.

Pour la mise en avant sur la page d'accueil, les résumés et titres doivent impérativement être suffisamment clairs. Il est malheureusement trop fréquent de constater que le résumé n'est qu'une extraction automatique de la première phrase du document.

f. Flux RSS

Proposer un flux d'actualité au format RSS est incontournable si la publication est riche et fréquente. Les internautes qui s'abonnent aux flux ne sont pas toujours les mêmes que ceux qui visitent le site web. C'est une autre façon de surfer qu'il ne faut pas négliger.

4. La qualité du contenu

De la qualité du contenu dépendent la qualité du site web et la crédibilité de l'entreprise. Il est nécessaire d'y apporter une attention toute particulière et constante dans le temps.

a. Écriture pour le Web

Les textes doivent être au moins deux fois plus courts que les textes imprimés et favoriser la lecture rapide. Les longs blocs de texte sont à proscrire ; il faut être bref.

b. Orthographe et grammaire

Au minimum, il faut passer les pages au correcteur orthographique. Un site avec des fautes d'orthographe est systématiquement discrédité.

Il est possible de vérifier en ligne que le contenu textuel du site web est correct avec :
http://www.bonpatron.com

c. Publicité

La publicité omniprésente est perturbante pour la consultation des pages web. Elle doit rester à sa place et ne doit en aucun cas nuire à la lecture du contenu.

d. Références

Lorsqu'une information est directement liée à une étude ou une actualité économique, il est bien de citer les références et de mettre un lien hypertexte vers le site référent. Le contenu est plus crédible.

e. Responsable éditorial du site

Pour donner plus de crédit au contenu, il est conseillé de signer les publications.

Il doit être possible d'entrer facilement en contact avec le responsable éditorial du site web. En plus de crédibiliser encore plus les publications, cela permet également aux internautes de demander une autorisation de citation ou de reprise de certaines publications.

f. Zones en construction

Le contenu est en ligne ou il n'est pas en ligne. Mais il n'est pas en construction. Lorsque l'internaute clique sur un lien hypertexte c'est pour accéder à un contenu précis. Si celui-ci est en construction, il y a un sentiment de frustration.

g. Titre/contenu

Un titre accrocheur doit être associé à un contenu de qualité. Il est préférable d'adapter la portée du titre au contenu associé.

h. Proportion textes/visuels

Il ne faut pas mettre des visuels pour le plaisir. Leur présence doit avoir un sens et ne pas perturber l'équilibre de la page.

i. Impression

Si le contenu est de qualité, il est fréquent que l'internaute l'imprime pour le consulter ultérieurement. La zone d'impression doit être focalisée sur le contenu.

5. Les contenus multimédias

Tous les sites web proposent des contenus multimédias. Il est important d'apporter la même rigueur à la qualité de ces contenus.

a. Photos et images

Si le visuel n'apporte pas de plus-value au texte, il est préférable de ne pas en mettre.

Il faut trouver le bon équilibre poids/qualité dans l'optimisation en prenant soin de ne pas altérer la qualité du visuel.

b. Pictogrammes

Il est fréquent de rencontrer des pictogrammes qui font office de menus. Même s'ils sont déconseillés, leur signification doit être évidente.

c. Animations (Flash ou visionneuse de type jQuery)

Retarder l'accès au contenu avec une animation doit être justifié. L'internaute ne prend pas le temps de regarder une animation qui ne lui apporte aucune valeur ajoutée.

L'animation doit véhiculer des messages précis. Elle est la bienvenue si sa présence permet de mettre en avant du contenu de qualité et ainsi de faciliter l'accès à ce contenu.

d. Vidéos

L'usage de la vidéo est recommandé lorsque l'intervenant est reconnu et traite d'un sujet précis. Les vidéos facilitant une formation constituent également une bonne valeur ajoutée.

Comme pour les images, il est nécessaire de trouver le bon taux de compression qui garantisse l'optimisation fluidité/qualité.

La vidéo ne doit pas démarrer automatiquement et être de taille raisonnable. Si l'internaute veut l'afficher en plein écran, c'est à lui de le décider.

e. Téléchargements

Lorsque l'on propose un fichier au téléchargement, il faut préciser quel est son format au préalable. Il est très désagréable de découvrir le format une fois que le téléchargement est commencé.

Il est préférable de proposer les documents à télécharger au format PDF, qui est portable : il est lu par l'ensemble des ordinateurs et ce, avec des outils gratuits. Les fichiers nécessitant l'installation d'un logiciel payant sont à proscrire (les fichiers .doc de Microsoft Word par exemple).

6. Le multilinguisme

Un site web s'enrichit dès lors qu'il est capable de proposer du contenu de qualité en différentes langues. Le champ des visiteurs potentiels s'élargit. Il est nécessaire d'appliquer les mêmes critères de qualité pour le contenu multilingue.

a. Accès aux traductions

C'est le premier élément de l'interface utilisateur que cherchera un internaute étranger. Il est important que l'accès au contenu multilingue se fasse depuis n'importe quelle page.

b. Structure du site

Il ne faut pas que l'internaute étranger ait une impression de consulter une version dégradée ou bradée du site. Le site doit avoir exactement la même structure.

c. Traductions

La cohabitation entre textes traduits et textes non traduits est très mal perçue. Une impression de travail à moitié fait discrédite rapidement le site web.

Il n'est pas toujours aisé de proposer des vidéos dans toutes les langues. Si le tournage n'est pas possible en différentes langues, la vidéo peut toutefois être proposée mais il faut alors bien préciser la langue utilisée. Le sous-titrage est également une solution recommandée.

Si les animations ne sont pas traduites, elles ne doivent pas figurer sur les versions multilingues du site.

Dans la mesure du possible, il est préférable de traduire les documents téléchargeables. Toutefois, si des documents non traduits sont proposés, il faut en amont préciser la langue utilisée ; la présence d'un petit drapeau est assez explicite.

Une traduction effectuée en ligne par un traducteur automatique sera faite au mot à mot. Les phrases perdent alors leur sens. Pour un contenu de qualité, il est préférable de recourir aux services d'un professionnel.

d. Fraîcheur des contenus

Si le contenu est statique ou ancien, le site web perd son crédit. Si la production récurrente de contenus en plusieurs langues est impossible, il est préférable de désactiver le multilinguisme du site web.

Tous les contenus périmés doivent être supprimés, dans toutes les langues.

7. Le contenu marchand

Les contenus proposés par les sites marchands sont souvent des articles, avec des photos, des descriptions, des prix. Il y a toutefois quelques incontournables pour proposer un contenu de qualité.

a. Page de présentation

La page de présentation des produits doit être aérée. Cette sensation de rangement ordonné rassurera l'internaute. Au contraire, une présentation négligée ou trop serrée fera s'évanouir tout sentiment de confiance.

Lorsque le site web présente une liste de produits, il est important de présenter, au premier niveau, un résumé de quelques lignes. Celui-ci doit être le plus explicite possible et donner envie de cliquer pour avoir plus de détails.

A priori, l'accès à un descriptif plus détaillé est présent sur tous les sites marchands. Si ce n'est pas le cas, c'est une faute grave. Le descriptif détaillé doit être accessible en un seul clic et l'internaute doit pouvoir revenir sur la page précédente tout aussi simplement.

b. Photos des produits

S'il n'y a pas de photos, le produit ne se vend pas. La photo doit être cadrée sur l'objet. Celui-ci doit être en gros plan et parfaitement visible.

L'internaute doit être rassuré en ce qui concerne l'article qu'il souhaite acheter. Avec la présence de plusieurs photos, il peut regarder l'article sous tous les angles, un peu comme il le ferait dans une boutique réelle.

c. Prix et indisponibilités

Il n'y a rien de plus désagréable que d'attendre la fin du processus d'achat (choix du modèle, couleur, taille) pour connaître le prix d'un article. Celui-ci doit être indiqué clairement dès la première page.

Comme pour le prix, si une rupture de stock est connue pour l'article, il faut la signaler dès la première page.

d. Promotions

L'information doit être signalée dès la page de présentation, ne serait-ce que pour le côté attractif de la chose.

e. Publicités

À trop vouloir mettre en avant leurs publicités, certains sites marchands deviennent complètement inutilisables sans une certaine gymnastique fatigante. Il faut bien séparer les publicités et le contenu. C'est le meilleur moyen pour bien mettre en avant les publicités.

f. Pagination

Lorsque le résultat d'une recherche aboutit sur plusieurs articles, ceux-ci sont présentés sous forme de tableau. Le nombre d'articles par page est défini par le créateur du site web. Une pagination est proposée pour pouvoir consulter les autres pages. Cette pagination doit être accessible en haut et en bas de page, et son utilisation doit être intuitive. Idéalement, il faut proposer à l'internaute le choix du nombre d'articles qu'il souhaite avoir par page de résultats.

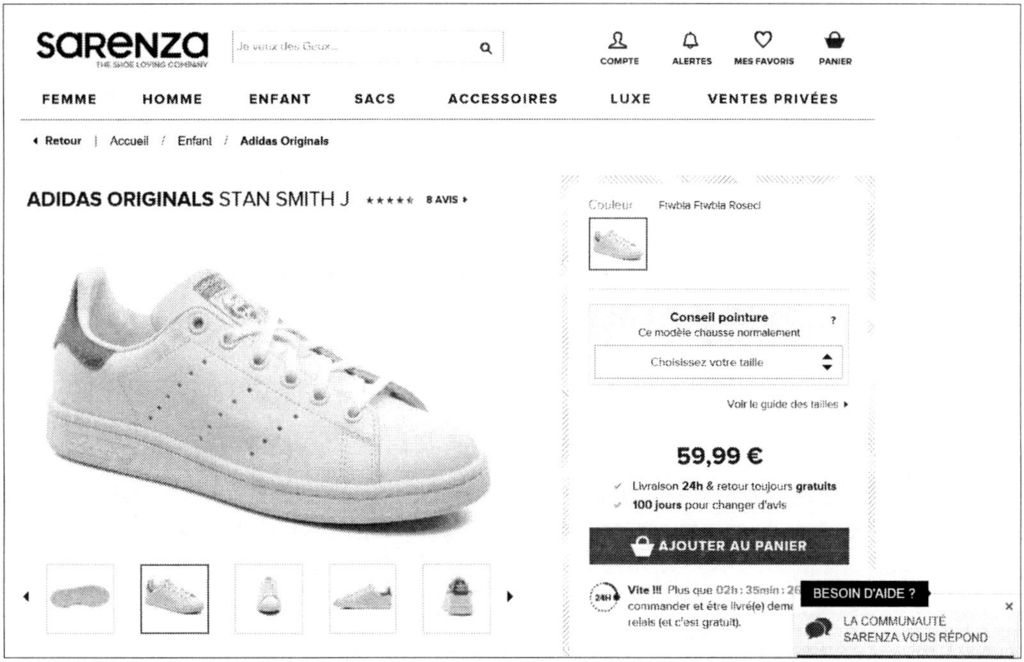

E. Grille d'audit

N°	Question	Catégorie	Oui (1) Partiel (0,5) Non (0)
1	A-t-on une première impression de sérieux et de clarté lorsque l'on arrive sur les pages ?	Général	
2	Les pages semblent-elles aérées ?	Général	
3	Les titres des pages sont-ils en corrélation avec le contenu de ces dernières ?	Général	
4	Le premier paragraphe incite-t-il à lire toute la page ?	Général	
5	Les sous-titres sont-ils des repères facilitant la navigation dans la page ?	Général	
6	La longueur des paragraphes incite-t-elle à la lecture ?	Général	
7	Le ton utilisé est-il en adéquation avec celui attendu ?	Général	
8	La longueur des phrases est-elle acceptable ?	Général	
9	Le langage utilisé est-il simple et compréhensible ?	Général	
10	Les visuels sont-ils en rapport avec le texte de la page ?	Général	
11	La longueur de la page est-elle acceptable ?	Général	
12	Les dernières mises à jour sont-elles signalées et datées ?	Mise en valeur	
13	Les mises à jour sont-elles régulières ?	Mise en valeur	
14	Les contenus périmés sont-ils absents du site web ?	Mise en valeur	
15	Les informations de même nature sont-elles regroupées par type (communiqués, actualités, articles, etc.) ou par dossier ?	Mise en valeur	
16	Existe-t-il une rubrique pour consulter les archives ?	Mise en valeur	
17	Existe-t-il des liens transversaux sur des mots-clés dans les paragraphes ?	Mise en valeur	
18	L'accès à des rubriques traitant du même sujet est-il proposé autour du contenu ?	Mise en valeur	
19	Les dernières actualités ou derniers articles sont-ils mis en avant sur la page d'accueil ?	Mise en valeur	
20	Les titres et résumés présents sur la page d'accueil sont-ils explicites ?	Mise en valeur	

N°	Question	Catégorie	Oui (1) Partiel (0,5) Non (0)
21	Le site propose-t-il un flux RSS ?	Mise en valeur	
22	L'écriture est-elle adaptée au Web ?	Qualité	
23	L'orthographe et la grammaire sont-elles correctes ?	Qualité	
24	La publicité est-elle discrète ?	Qualité	
25	Les informations présentées sont-elles étayées par des références extérieures ?	Qualité	
26	L'identité de l'auteur ou du responsable du site est-elle accessible ?	Qualité	
27	Est-il possible d'entrer en contact avec l'auteur ou le webmaster ?	Qualité	
28	Les zones en construction sont-elles absentes du site web ?	Qualité	
29	Les contenus correspondent-ils à ce qui est annoncé dans le titre ?	Qualité	
30	La proportion textes/visuels est-elle adaptée ?	Qualité	
31	Est-il possible d'imprimer le contenu de la page ?	Qualité	
32	La présence de photos et images apporte-t-elle une plus-value ?	Multimédia	
33	Les photos et les images sont-elles de bonne qualité ?	Multimédia	
34	Les pictogrammes utilisés sont-ils explicites ?	Multimédia	
35	Les animations (Flash ou visionneuse de type jQuery) sont-elles une valeur ajoutée pour le site ?	Multimédia	
36	Les messages de l'animation sont-ils perceptibles ?	Multimédia	
37	Le contenu des vidéos est-il une valeur ajoutée pour l'internaute ?	Multimédia	
38	Les vidéos sont-elles de bonne qualité ?	Multimédia	
39	L'internaute a-t-il le contrôle de la vidéo (taille d'affichage, démarrage automatique)	Multimédia	
40	Le format des fichiers téléchargeables est-il indiqué ?	Multimédia	
41	Tous les fichiers à télécharger sont-ils au format PDF ?	Multimédia	

N°	Question	Catégorie	Oui (1) Partiel (0,5) Non (0)
42	L'accès aux langues étrangères prises en charge est-il mis en avant ?	Multilingue	
43	Tous les textes sont-ils traduits?	Multilingue	
44	Les vidéos sont-elles traduites ?	Multilingue	
45	Les animations sont-elles traduites ?	Multilingue	
46	Les éléments téléchargeables sont-ils traduits ?	Multilingue	
47	Les contenus multimédias (vidéos, téléchargements, etc.) informent-ils de leur langue d'utilisation s'ils ne sont pas traduits ?	Multilingue	
48	La version du site en langue étrangère est-elle structurée comme la version française ?	Multilingue	
49	Les contenus traduits le sont-ils par un professionnel ?	Multilingue	
50	Les contenus sont-ils récents ?	Multilingue	
51	La présentation en tableau des produits est-elle aérée ?	Marchand	
52	Le descriptif/résumé du produit est-il suffisamment détaillé ?	Marchand	
53	A-t-on accès en un clic à une description complète ?	Marchand	
54	Les photos des produits sont-elles suffisamment descriptives ?	Marchand	
55	Le prix de l'article est-il clairement indiqué dès la première page ?	Marchand	
56	Les indisponibilités sont-elles signalées dès la première page ?	Marchand	
57	A-t-on accès à plusieurs photos des produits ?	Marchand	
58	Les promotions sont-elles mises en avant ?	Marchand	
59	Les publicités sont-elles clairement séparées du contenu ?	Marchand	
60	La pagination est-elle bien visible ?	Marchand	

F. Pour aller plus loin

Des professionnels peuvent intervenir ponctuellement sur un sujet spécifique ou dispenser des formations sur l'écriture pour le Web et l'optimisation des contenus multimédias.

Les métiers orientés vers le contenu texte sont : rédacteur web, responsable éditorial, journaliste en ligne, architecte de l'information, documentaliste et webmaster.

Les métiers orientés vers les contenus multimédias sont : webdesigner, chargé de production vidéo, illustrateur 3D, développeur multimédia et webmaster.

Plusieurs ressources sont disponibles sur le Web et permettent de se former à l'écriture pour le Web et d'adapter les bons reflexes.

- http://www.ecrirepourleweb.com : très bon blog qui traite notamment de l'écriture pour le Web et des stratégies de contenus.
- http://www.redaction.be : ce blog partage plus de 44 bons conseils pour bien écrire pour le Web.
- http://acquisitiondetrafic.com/ecrire-pour-le-web : une autre ressource pleine de bons conseils.

Chapitre 5 : Auditer l'accessibilité du site web

A. L'audit d'accessibilité

Les internautes sont différents les uns des autres. Internet doit donc être accessible à tous, y compris les personnes présentant un handicap (physique, auditif, visuel...).

L'accessibilité est justement le fait de rendre son site web accessible à tout un chacun, avec ou sans handicap. Même si entrer dans cette démarche est souvent perçu comme un travail supplémentaire à fournir lors de la création d'un site web, on se rend vite compte qu'il s'agit juste de changer quelques habitudes pour rendre son site accessible et donc consultable par tous.

La loi n° 2005-102 du 11 février 2005 (adoptée en 2009) pour l'égalité des droits et des chances, la participation et la citoyenneté des personnes handicapées, en particulier son article 47, oblige les services de communication publique en ligne de l'État, des collectivités territoriales et des établissements publics accessibles aux personnes handicapées. Les sites web de l'État et des établissements publics qui en dépendent ont jusqu'au 16 mai 2011 pour être en conformité (jusqu'au 16 mai 2012 pour les collectivités territoriales et les établissements publics qui en dépendent).

Aujourd'hui, beaucoup de sites Internet, même des sites grand public, ne sont toujours pas accessibles aux handicapés. C'est malheureusement le même constat que dans la vie de tous les jours, les choses bougent petit à petit pour les personnes handicapées.

Rendre son site accessible n'est pas très compliqué lorsque l'on connaît les bases et lorsque l'on souhaite sincèrement le rendre accessible à tous. L'accessibilité est avant tout un enjeu social.

B. Quand réaliser un audit ?

Lorsque le site web est en cours de création, la notion d'accessibilité doit théoriquement être inscrite au cahier des charges. Il conviendra alors d'effectuer les tests et recettes du site conformément à celui-ci.

L'audit est à effectuer lorsque le site est déjà en ligne depuis un certain temps, et que celui-ci doit (pour des raisons légales ou d'autres raisons) être mis en conformité avec les normes d'accessibilité.

Si aucun audit n'a été effectué mais que tout le monde pense que le site web est accessible, il est néanmoins recommandé d'effectuer un audit avant de s'engager publiquement. En effet, connaître les normes d'accessibilité et faire les développements techniques nécessaires ne sert à rien si la personne qui met à jour le site web au quotidien ne sait pas ou ne prend pas le temps de générer du contenu accessible.

Il est fréquent de constater que le site web est accessible à proprement parler mais que son contenu ne l'est pas, soit parce qu'il a été généré à la va-vite, soit parce qu'un turn-over a fait que les webmasters n'étaient ni sensibilisés, ni formés. Un audit permet de faire un constat à un instant précis et de prendre les bonnes directions pour entamer ou suivre une démarche d'accessibilité de qualité.

C. Notions élémentaires

L'accessibilité d'un site web intervient à plusieurs étapes de la création d'un site web, notamment dans les développements web (rendre la plateforme accessible) et dans la création du contenu (rendre celui-ci accessible).

Il est fréquent de constater que les sites web inaccessibles le sont souvent par le seul fait que la plateforme n'a pas été conçue pour être accessible. La création de contenus accessibles devient très compliquée dans ce cas.

Plusieurs organismes officiels ont donc décidé de définir des directives qui servent de normes internationales en matière d'accessibilité.

1. L'initiative pour l'accessibilité au web (WAI)

Le W3C (*World Wide Web Consortium*) a lancé une initiative pour l'accessibilité au Web (WAI : *Web Accessibility Initiative*) en 1997 qui se donne pour objectif de s'assurer que les nouvelles technologies prennent en charge les questions d'accessibilité, et qui définit des directives qui servent de normes internationales en matière d'accessibilité web.

Les grandes directives du WAI sont :

- les directives pour l'accessibilité des outils de création (ATAG : *Authoring Tool Accessibility Guidelines*), qui concernent les outils de création de sites web ;
- les directives pour l'accessibilité aux contenus web (WCAG : *Web Content Authoring Guidelines*), qui concernent les contenus web et doivent servir de référence pour les développeurs. Cette directive permet de définir également des critères d'évaluation de l'accessibilité ;
- les directives pour l'accessibilité des agents utilisateurs (UAAG : *User Agent Accessibility Guidelines*), qui concernent les navigateurs web et les lecteurs multimédias.

a. Les directives WCAG 1.0

Il s'agit de quatorze directives (publiées le 5 mai 1999) qui décrivent les principes généraux du concept d'accessibilité.

La version 1.0 des directives WAI porte sur les bases de l'accessibilité. Chaque recommandation s'est vue attribuer un ordre de priorité en fonction de son impact sur l'accessibilité.

Ces points de contrôle ont trois niveaux de priorité :

- Priorité 1 : le point DOIT être satisfait.
- Priorité 2 : le point DEVRAIT être satisfait.
- Priorité 3 : le point POURRAIT être satisfait.

La conformité à ces trois niveaux est codée de la manière suivante :

- "A" : respect des points de contrôle de priorité 1.
- "AA" : respect des points de contrôle de priorités 1 et 2.
- "AAA" : respect des points de contrôle de priorités 1, 2 et 3.

b. Les directives WCAG 2.0

Les directives WCAG 2.0 (publiées le 11 décembre 2008) sont venues enrichir les bases définies par les directives WVAG 1.0, qui mettaient plus l'accent sur les contenus HTML. L'approche du WCAG 2.0 se veut plus axée sur les technologies utilisées en tant que telles que sur leur mise en page.

Il s'agit de douze lignes directrices qui sont organisées selon quatre principes : être perceptible, être utilisable, être compréhensible et être robuste. Pour chaque ligne directrice, on retrouve les trois niveaux précédemment abordés :

- **Label A** : tout le monde peut entrer dans le site et accéder à l'intégralité des informations.
- **Label AA** : tout le monde peut entrer dans le site et accéder à l'intégralité des informations de façon agréable. Il s'agit du confort de navigation.
- **Label AAA** : tout le monde peut entrer dans le site et accéder à l'intégralité des informations de façon agréable et efficace. Il s'agit de l'ergonomie de navigation.

2. L'association BrailleNet

BrailleNet est une association française de loi 1901 qui a pour but d'encourager l'accessibilité numérique, notamment à destination des personnes handicapées visuelles.

L'association est membre du W3C depuis mars 2010. Elle a été choisie par le W3C pour coordonner les travaux de traduction en français des directives pour l'accessibilité des contenus web (WCAG).

L'association BrailleNet organise tous les ans le Forum européen de l'accessibilité numérique, colloque dédié au potentiel des nouvelles technologies pour les personnes handicapées.

L'association a créé le label AccessiWeb, qui est également un centre de ressources pour l'accessibilité du Web. Il est inspiré des directives du W3C (WCAG) et est décerné par l'association aux sites respectant au moins un des trois niveaux d'accessibilité (bronze, argent, or).

3. Le label Euracert

Les organismes de labellisation de l'accessibilité du Web, AnySurfer (Belgique), Fundosa Teleservicios (Espagne) et l'association BrailleNet (France) ont lancé le 7 juin 2007 le label européen Euracert dont le but est de donner à tout site labellisé par l'un ou l'autre organisme une reconnaissance dans les trois pays.

Le label Euracert est attribué à un site web en complément du label délivré par un organisme de labellisation de l'accessibilité du Web. Par conséquent, le label Euracert est délivré en France en complément du label AccessiWeb.

Le label se base sur les directives WCAG 1.0 et WCAG 2.0, en les appliquant à l'ensemble des pages d'un site web.

4. Le référentiel général d'accessibilité pour les administrations (RGAA)

L'article 47 de la loi n° 2005-102 du 11 février 2005 pour l'égalité des droits et des chances, la participation et la citoyenneté des personnes handicapées a fait de l'accessibilité une exigence pour tous les services de communication publique en ligne de l'État, des collectivités territoriales et des établissements publics qui en dépendent.

Il stipule que les informations diffusées par ces services doivent être accessibles à tous. Le Référentiel général d'accessibilité pour les administrations (RGAA) permet de rendre progressivement accessible l'ensemble des informations fournies par ces services.

Le décret n° 2009-546 du 14 mai 2009 impose quant à lui une mise en œuvre de l'accessibilité dans un délai de deux ans (à partir de la publication du décret) pour les services de communication publique en ligne de l'État et des établissements publics qui en dépendent, et de trois ans pour les services de communication publique en ligne des collectivités territoriales et des établissements publics qui en dépendent.

La version du WCAG sur laquelle s'appuie le RGAA est la version WCAG 2.0 du 11 décembre 2008.

D. Réaliser l'audit

Si l'on veut faire avancer de façon significative la notion de Web pour tous, tous les sites web devraient a minima être conformes aux points de contrôle de priorité 1 des directives WCAG 1.0 et répondre au niveau AccessiWeb bronze.

Il va de soi que ces deux niveaux retenus sont un minimum requis pour des sites web soucieux de se rendre accessibles mais non soumis aux obligations de la norme RGAA. Pour une certification d'accessibilité optimale, il convient de se référer aux niveaux supérieurs des directives WCAG 1.0 et WCAG 2.0 et des labels AccessiWeb argent et AccessiWeb or, et de faire appel à des professionnels spécialisés et agréés.

1. Les directives WCAG

a. WCAG 1.0

Les directives de priorité 1 du WCAG 1.0 sont les points de contrôle que doivent satisfaire les sites web. On peut considérer qu'il serait bien que tous les sites répondent par une note positive (A à AAA) à l'ensemble des points de contrôle.

Les points et les exemples suivants sont directement issus du site web du W3C :
http://www.w3.org/TR/WCAG10-CORE-TECHS/

En général

Sur l'ensemble du site web, il convient de :

- Fournir un équivalent textuel pour chaque élément non texte (images, GIF animés, animations, applets, cadres, scripts, images utilisées comme puces de liste, espacements, vidéos, etc.).

  Le code HTML doit contenir une balise ALT renseignée, comme par exemple :

```
<A href="routes.html">
     <IMG src="topo.html"
          alt="Current routes at Boulders Climbing Gym">
</A>
```

- Veiller à ce que toutes les informations présentées avec de la couleur (fond, effets, styles...) soient également lisibles en désactivant les couleurs.
- Identifier clairement les changements de la langue naturelle du texte d'un document (langue étrangère, acronymes, légendes...). Lorsque le contenu du texte est présenté à l'utilisateur sous forme de synthèse vocale, en braille, ou en texte affiché visuellement, cela devient incompréhensible.

```
<P>And with a certain <SPAN lang="fr">je ne sais quoi</SPAN>,
   she entered both the room, and his life, forever. <Q>My name
   is Natasha,</Q> she said. <Q lang="it">Piacere,</Q>
   he replied in impeccable Italian, locking the door.
```

- Organiser les documents afin qu'ils puissent être lus sans feuilles de style. En désactivant la feuille de style, il doit être possible de lire la page web et d'y naviguer.

```
P:before {
  content: counter(paragraph) ". " ;
    counter-increment: paragraph
}
```

- Veiller à ce que les équivalents pour le contenu dynamique soient bien mis à jour à chaque modification de ce contenu, qu'il n'y ait pas de décalage entre le contenu généré et le contenu équivalent proposé pour l'accessibilité.
- Éviter les scintillements et autres clignotements intempestifs qui rendent la page difficile à lire.

```
<SCRIPT type="text/tcl">
 ...some Tcl script to show a billboard of sports scores...
</SCRIPT>
<NOSCRIPT>
   <P>Results from yesterday's games:</P>
   <DL>
      <DT>Bulls 91,  Sonics 80.
      <DD><A href="bullsonic.html">Bulls vs. Sonics game
highlights</A>
      ...more scores...
   </DL>
</NOSCRIPT>
```

- Utiliser un langage clair pour le contenu du site (rubriques claires avec titre et description des liens, éviter l'argot et les jurons, éviter les structures de phrases compliquées...).

Les images

Pour les images, il convient de :

- Fournir des liens de type texte pour toutes les zones d'images cliquables.

```
<OBJECT data="navbar1.gif" type="image/gif" usemap="#map1">
   <MAP name="map1">
     <P>Navigate the site.
     [<A href="guide.html" shape="rect"
        coords="0,0,118,28">Access Guide</A>]
     [<A href="shortcut.html" shape="rect"
        coords="118,0,184,28">Go</A>]
     [<A href="search.html" shape="circle"
        coords="184.200,60">Search</A>]
     [<A href="top10.html" shape="poly"
        coords="276,0,276,28,100,200,50,50,276,0">
          Top Ten</A>]
   </MAP>
</OBJECT>
```

- Fournir des images cliquables côté client plutôt que des cartes d'image côté serveur, sauf lorsque les régions ne peuvent être définies avec des formes géométriques disponibles.

Les tableaux

Pour les tableaux, il convient de :

- Identifier clairement, pour les tableaux de données, les têtes des lignes et des colonnes.
- Utiliser, pour les tableaux qui ont deux ou plusieurs niveaux logiques de rangées ou de colonnes, des marqueurs pour associer les cellules de données aux bonnes cellules d'en-tête.

```
<TABLE border="1"
          summary="This table charts the number of
                   cups of coffee consumed by each senator,
                   the type of coffee (decaf or regular),
                   and whether taken with sugar.">
     <CAPTION>Cups of coffee consumed by each senator</CAPTION>
     <TR>
         <TH id="header1">Name</TH>
         <TH id="header2">Cups</TH>
         <TH id="header3" abbr="Type">Type of Coffee</TH>
         <TH id="header4">Sugar?</TH>
     <TR>
         <TD headers="header1">T. Sexton</TD>
         <TD headers="header2">10</TD>
         <TD headers="header3">Espresso</TD>
         <TD headers="header4">No</TD>
     <TR>
         <TD headers="header1">J. Dinnen</TD>
         <TD headers="header2">5</TD>
         <TD headers="header3">Decaf</TD>
         <TD headers="header4">Yes</TD>
  </TABLE>
```

Les cadres

Pour les cadres, il convient de :

- Renseigner un titre à chaque cadre pour faciliter l'identification du cadre et de la navigation.

```
<!DOCTYPE HTML PUBLIC "-//W3C//DTD HTML 4.01 Frameset//EN">
<HTML>
  <HEAD>
    <TITLE>Today's news</TITLE>
  </HEAD>
```

```
<FRAMESET cols="10%,*,10%">

<FRAMESET rows="20%,*">
  <FRAME src="promo.html" name="promo" title="promotions">
  <FRAME src="sitenavbar.html" name="navbar"
     title="Sitewide navigation bar" longdesc="frameset-
desc.html#navbar">
</FRAMESET>

<FRAME src="story.html" name="story" title="Selected story -
main content"
     longdesc="frameset-desc.html#story">

<FRAMESET rows="*,20%">
  <FRAME src="headlines.html" name="index" title="Index of
    other national headlines" longdesc="frameset-
desc.html#headlines">
  <FRAME src="ad.html" name="adspace" title="Advertising">
</FRAMESET>

<NOFRAMES>
  <p><a href="noframes.html">No frames version</a></p>
  <p><a href="frameset-desc.html">Descriptions of
frames.</a></p>
</NOFRAMES>

</FRAMESET>
</HTML>
```

Les scripts

Pour les scripts, il convient de :

- Renseigner les textes alternatifs lorsque des scripts, applets et autres objets sont insérés dans la page.

```
<OBJECT classid="java:Press.class" width="500" height="500">
       As temperature increases, the molecules in the balloon...
</OBJECT>
```

```
<APPLET code="Press.class" width="500" height="500"
          alt="Java applet: how temperature affects pressure">
        As temperature increases, the molecules in the
balloon...
</APPLET>
```

Les éléments multimédias

Il faut fournir une description auditive des informations importantes de la piste visuelle et une information textuelle de la piste auditive d'une présentation multimédia vidéo par exemple.

b. Les directives WCAG 2.0

Principe 1 : Être perceptible

De manière générale, les utilisateurs malvoyants doivent être en mesure de recevoir des informations via l'ouïe ou le toucher. Les utilisateurs malentendants doivent être capables de recevoir des informations via la vue. Les utilisateurs malvoyants doivent être en mesure de recevoir des informations avec un formatage alternatif ou de zoomer les pages web consultées. Les personnes déficientes dans la perception des couleurs doivent être en mesure de lire le contenu sans utiliser les couleurs.

Cela revient à titre d'exemple à :

- utiliser des balises ALT pour les images, des descriptions de textes pour les animations et des alternatives pour les CAPTCHA des formulaires,
- fournir des légendes pour les vidéos, et des transcriptions textuelles pour les documents audio,
- utiliser les balises HTML standard (titre (H1), paragraphe (P), ...) pour les pages web et les tableaux,
- assurer des contrastes appropriés entre les textes et les fonds,
- ne pas utiliser des images pour caler la mise en page. Les feuilles de style permettent de positionner les éléments dans la page,
- bannir la lecture automatique des objets vidéo ou audio mais laisser à l'internaute le soin de déclencher lui-même la lecture.

Principe 2 : Être utilisable

Pour résumer, toutes les fonctionnalités du site web doivent être accessibles au clavier, les utilisateurs doivent disposer de suffisamment de temps pour lire le contenu et plusieurs chemins de navigation sont prévus pour permettre à l'utilisateur de se repérer dans le site et de trouver facilement le contenu recherché.

Cela revient par exemple à :

- utiliser les flèches, la touche ou des raccourcis-clavier pour naviguer dans les pages,
- avertir l'utilisateur d'un rafraîchissement de page ou d'une redirection,

- limiter les textes défilants ou clignotants (trois clignotements par seconde au maximum),
- bannir les lancements de mises à jour automatiques,
- donner des titres explicites aux cadres (cadre de navigation, cadre d'affichage contenu de la page).

Principe 3 : Être compréhensible

Ce principe signifie que le site web, par exemple, ne doit pas ouvrir de pop-up automatiquement, il faut laisser libres les fonctionnalités natives du navigateur, indiquer clairement la langue du document ou du paragraphe, ou informer des erreurs et rédiger des messages d'erreurs clairs en cas de saisie de formulaires.

Il revient par exemple à :

- indiquer clairement dans les balises la langue du document,
- ne pas utiliser l'ouverture automatique de pop-ups;
- laisser le choix à l'utilisateur d'ouvrir ou non les pop-ups,
- ne pas désactiver les fonctionnalités natives du navigateur, comme le retour en arrière,
- informer l'utilisateur lorsqu'un champ de formulaire est validé,
- informer l'utilisateur lorsqu'un champ de formulaire n'est pas validé en lui expliquant clairement ce qu'il doit faire comme nouvelle saisie.

Principe 4 : Être robuste

Les personnes présentant des déficiences utilisent des outils qui leur permettent de naviguer. La grande majorité de ces outils sont basés sur les standards du W3C. Les sites web doivent donc présenter un code de développement lui aussi basé sur ces mêmes standards afin d'assurer la compatibilité « technologique ».

c. Ressources en ligne pour les directives WCAG

Plusieurs ressources en ligne sont mises à disposition gratuitement pour soumettre son site aux directives du WCAG :

- http://www.w3.org/TR/WCAG10-CORE-TECHS/

  Il s'agit du site officiel (en anglais) pour consulter les directives pour le WCAG 1.0.

- http://www.w3.org/TR/WCAG20/

  Il s'agit du site officiel (en anglais) pour consulter les directives pour le WCAG 2.0.

- http://achecker.ca

  Ce site en ligne (en anglais) très complet permet de tester son site web vis-à-vis des différents niveaux d'accréditation du WCAG (A, AA ou AAA pour le WCAG 1.0 ou le WCAG 2.0).

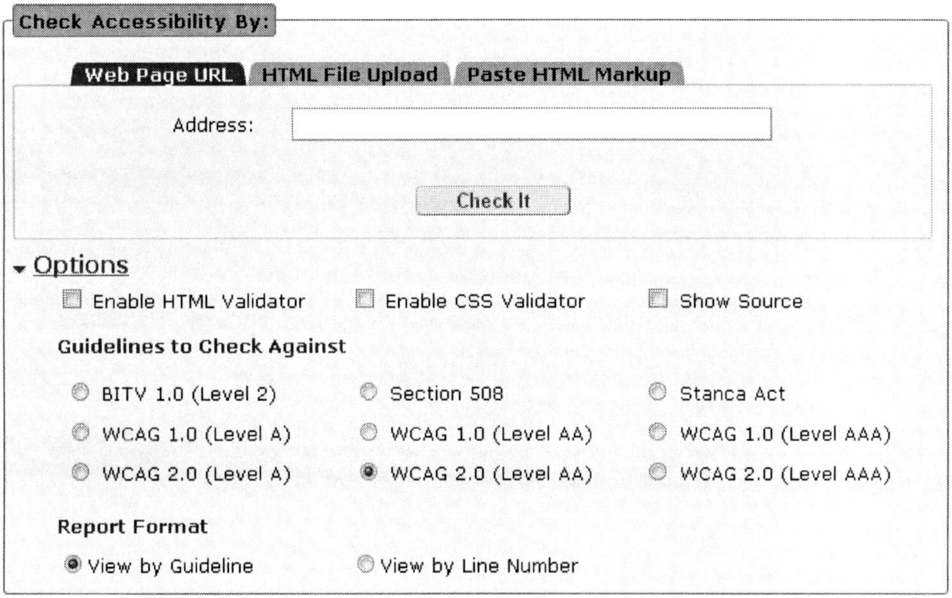

Source : http://achecker.ca

2. Le label AccessiWeb

Le label AccessiWeb, qui certifie l'accessibilité des sites web, a été élaboré par l'association Braille-Net. Ce label est une méthode d'application des recommandations du WAI, les directives WCAG.

Le référentiel AccessiWeb 2.2 comporte 133 critères organisés en 13 thématiques. Il couvre les trois niveaux de conformité définis par les WCAG 2.0 :

- A ou AccessiWeb bronze (niveau le plus bas), 83 critères ;
- AA ou AccessiWeb argent, 20 critères ;
- AAA ou AccessiWeb or (niveau le plus élevé), 30 critères.

Plus de 300 tests unitaires permettent de couvrir ces 133 critères.

a. AccessiWeb bronze

Le site prend en compte les recommandations essentielles de l'accessibilité. Le site web a un bon niveau d'accessibilité qui permet en particulier aux personnes handicapées de le consulter via des aides techniques (terminal Braille, logiciel lecteur d'écran, synthèse vocale...).

b. AccessiWeb argent

En plus des recommandations essentielles d'accessibilité, le site respecte les recommandations facilitant la navigation. Il a un très bon niveau d'accessibilité.

c. AccessiWeb or

Le site respecte toutes les recommandations d'accessibilité. Il a un excellent niveau d'accessibilité.

d. La labellisation

La labellisation AccessiWeb permet d'évaluer et de garantir le niveau d'accessibilité d'un site web. Le label AccessiWeb étant une référence, son obtention permet de promouvoir la volonté de l'entreprise de s'inscrire dans une vraie démarche d'accessibilité.

Pour présenter son site à la labellisation, le site web doit répondre aux conditions imposées par le label. La demande en ligne s'effectue directement sur le site web www.accessiweb.org.

Lorsque les conditions contractuelles sont établies, le site web sera audité selon les critères bronze, argent et or. Le propriétaire du site web sera alors informé des résultats et de son niveau de labellisation. Son site web rejoindra la liste des sites labellisés sur le site web d'AccessiWeb.

Source : http://www.accessiweb.org/index.php/galerie.html

E. Grille d'audit

La grille d'audit qui permet de réaliser un premier audit d'accessibilité correspond aux critères AccessiWeb bronze établit par l'association Braillenet et consultables en ligne pour obtenir plus de détails : http://www.accessiweb.org/index.php/accessiweb_2.2_liste_generale.html

N°	Ref	Question	Catégorie	Oui (1) Partiel (0,5) Non (0)
1	1.1	Chaque image a-t-elle une alternative textuelle ?	Images	
2	1.2	Pour chaque image de décoration ayant une alternative textuelle, cette alternative est-elle renseignée ?	Images	
3	1.3	Pour chaque image porteuse d'une information ayant une alternative textuelle, cette alternative est-elle pertinente (hors cas particuliers) ?	Images	
4	1.4	Pour chaque image utilisée comme CAPTCHA ou comme image test, ayant une alternative textuelle, cette alternative permet-elle d'identifier la nature et la fonction de l'image ?	Images	
5	1.5	Pour chaque image utilisée comme CAPTCHA, une solution d'accès alternative au contenu ou à la fonction du CAPTCHA est-elle présente ?	Images	
6	1.6	Chaque image porteuse d'information a-t-elle, si nécessaire, une description détaillée ?	Images	
7	1.7	Pour chaque image porteuse d'information ayant une description détaillée, cette description est-elle pertinente ?	Images	
8	2.1	Chaque cadre et chaque cadre en ligne a-t-il un titre de cadre ?	Cadres	
9	2.2	Pour chaque cadre et chaque cadre en ligne ayant un titre de cadre, ce titre de cadre est-il pertinent ?	Cadres	
10	3.1	Dans chaque page web, l'information ne doit pas être donnée uniquement par la couleur. Cette règle est-elle respectée ?	Couleurs	
11	3.2	Dans chaque page web, l'information ne doit pas être donnée uniquement par la couleur. Cette règle est-elle implémentée de façon pertinente ?	Couleurs	

N°	Ref	Question	Catégorie	Oui (1) Partiel (0,5) Non (0)
12	4.1	Chaque média temporel préenregistré a-t-il, si nécessaire, une transcription textuelle ou une audiodescription (hors cas particuliers) ?	Multimédia	
13	4.2	Pour chaque média temporel préenregistré ayant une transcription textuelle ou une audiodescription synchronisée, celles-ci sont-elles pertinentes (hors cas particuliers) ?	Multimédia	
14	4.3	Chaque média temporel synchronisé préenregistré a-t-il, si nécessaire, des sous-titres synchronisés (hors cas particuliers) ?	Multimédia	
15	4.4	Pour chaque média temporel synchronisé préenregistré ayant des sous-titres synchronisés, ces sous-titres sont-ils pertinents ?	Multimédia	
16	4.15	Chaque média temporel est-il clairement identifiable (hors cas particuliers) ?	Multimédia	
17	4.16	Chaque média non temporel a-t-il, si nécessaire, une alternative (hors cas particuliers) ?	Multimédia	
18	4.17	Pour chaque média non temporel ayant une alternative, cette alternative est-elle pertinente ?	Multimédia	
19	4.18	Le son des éléments multimédias est-il contrôlable par l'utilisateur ?	Multimédia	
20	4.20	La consultation de chaque média temporel est-elle contrôlable par le clavier et la souris ?	Multimédia	
21	4.21	La consultation de chaque média non temporel est-elle contrôlable par le clavier et la souris ?	Multimédia	
22	4.22	Chaque média temporel et non temporel est-il compatible avec les technologies d'assistance (hors cas particuliers) ?	Multimédia	
23	5.1	Chaque tableau de données a-t-il un résumé ?	Tableaux	
24	5.2	Pour chaque tableau ayant un résumé, celui-ci est-il pertinent ?	Tableaux	
25	5.3	Dans chaque tableau, le contenu linéarisé reste-t-il compréhensible ?	Tableaux	
26	5.4	Chaque tableau de données a-t-il un titre?	Tableaux	

N°	Ref	Question	Catégorie	Oui (1) Partiel (0,5) Non (0)
27	5.5	Pour chaque tableau de données ayant un titre, celui-ci est-il pertinent ?	Tableaux	
28	5.6	Pour chaque tableau de données, chaque en-tête de colonne et chaque en-tête de ligne sont-ils correctement déclarés ?	Tableaux	
29	5.7	Pour chaque tableau de données, la technique appropriée permettant d'associer chaque cellule avec ses en-têtes est-elle utilisée ?	Tableaux	
30	5.8	Chaque tableau de mise en forme ne doit pas utiliser d'éléments propres aux tableaux de données. Cette règle est-elle respectée ?	Tableaux	
31	6.1	Chaque lien est-il explicite (hors cas particuliers) ?	Liens	
32	6.2	Pour chaque lien ayant un titre de lien, celui-ci est-il pertinent ?	Liens	
33	6.4	Les liens présents sur toutes les pages ont-ils la même fonction et la même destination ?	Liens	
34	6.5	Chaque zone cliquable d'une image réactive côté serveur est-elle doublée d'un lien dans la page ?	Liens	
35	6.6	Dans chaque page web, chaque lien, à l'exception des ancres nommées, a-t-il un intitulé ?	Liens	
36	7.1	Chaque script a-t-il, si nécessaire, une alternative (hors cas particuliers) ?	Scripts	
37	7.2	Pour chaque script ayant une alternative, cette alternative est-elle pertinente ?	Scripts	
38	7.3	Chaque script est-il contrôlable par le clavier et la souris (hors cas particuliers) ?	Scripts	
39	7.4	Chaque script est-il, si nécessaire, compatible avec les technologies d'assistance ?	Scripts	
40	7.5	Pour chaque script qui initie un changement de contexte, l'utilisateur est-il averti ou en a-t-il le contrôle ?	Scripts	
41	8.1	Chaque page web est-elle définie par un type de document ?	Base requise	

N°	Ref	Question	Catégorie	Oui (1) Partiel (0,5) Non (0)
42	8.2	Pour chaque page web, le code source est-il valide selon le type de document spécifié ?	Base requise	
43	8.3	Dans chaque page web, la langue par défaut est-elle présente ?	Base requise	
44	8.4	Pour chaque page web ayant une langue par défaut, le code de langue est-il pertinent ?	Base requise	
45	8.5	Chaque page web a-t-elle un titre de page ?	Base requise	
46	8.6	Pour chaque page web ayant un titre de page, ce titre est-il pertinent ?	Base requise	
47	8.9	Dans chaque page web, les balises ne doivent pas être utilisées uniquement à des fins de présentation. Cette règle est-elle respectée ?	Base requise	
48	8.10	Dans chaque page web, les changements du sens de lecture sont-ils signalés ?	Base requise	
49	9.1	Dans chaque page web, l'information est-elle structurée par l'utilisation appropriée de titres ?	Structure	
50	9.2	Dans chaque page web, chaque liste est-elle structurée avec les balises appropriées ?	Structure	
51	9.5	Dans chaque page web, chaque citation est-elle correctement indiquée ?	Structure	
52	10.1	Dans le site web, des feuilles de style sont-elles utilisées pour contrôler la présentation de l'information ?	Informations	
53	10.2	Dans chaque page web, le contenu visible reste-t-il présent lorsque les feuilles de style ou les images sont désactivées ?	Informations	
54	10.3	Dans chaque page web, l'information reste-t-elle compréhensible lorsque les feuilles de style sont désactivées ?	Informations	
55	10.6	Dans chaque page web, chaque lien dont la nature n'est pas évidente est-il visible par rapport au texte environnant ?	Informations	
56	10.7	Dans chaque page web, pour chaque élément recevant le focus, la prise de focus est-elle visible ?	Informations	

N°	Ref	Question	Catégorie	Oui (1) Partiel (0,5) Non (0)
57	10.13	Pour chaque page web, les textes cachés sont-ils correctement restitués par les technologies d'assistance ?	Informations	
58	10.14	Dans chaque page web, l'information ne doit pas être donnée uniquement par la forme, la taille ou la position. Cette règle est-elle respectée ?	Informations	
59	10.15	Dans chaque page web, l'information ne doit pas être donnée par la forme, la taille ou la position uniquement. Cette règle est-elle implémentée de façon pertinente ?	Informations	
60	11.1	Chaque champ de formulaire a-t-il une étiquette ?	Formulaires	
61	11.2	Chaque étiquette associée à un champ de formulaire est-elle pertinente ?	Formulaires	
62	11.4	Dans chaque formulaire, chaque étiquette de champ et son champ associé sont-ils accolés ?	Formulaires	
63	11.5	Dans chaque formulaire, les informations de même nature sont-elles regroupées, si nécessaire ?	Formulaires	
64	11.6	Dans chaque formulaire, chaque regroupement de champs de formulaire a-t-il une légende ?	Formulaires	
65	11.7	Dans chaque formulaire, chaque légende associée à un groupement de champs de formulaire est-elle pertinente ?	Formulaires	
66	11.8	Dans chaque formulaire, chaque liste de choix est-elle structurée de manière pertinente ?	Formulaires	
67	11.9	Dans chaque formulaire, l'intitulé de chaque bouton est-il pertinent ?	Formulaires	
68	11.10	Dans chaque formulaire, le contrôle de saisie est-il utilisé de manière pertinente ?	Formulaires	
69	12.10	Dans chaque page web, les groupes de liens importants (menu, barre de navigation...) et la zone de contenu sont-ils identifiés ?	Navigation	
70	12.11	Dans chaque page web, des liens d'évitement ou d'accès rapide aux groupes de liens importants et à la zone de contenu sont-ils présents ?	Navigation	

N°	Ref	Question	Catégorie	Oui (1) Partiel (0,5) Non (0)
71	12.13	Dans chaque page web, l'ordre de tabulation est-il cohérent ?	Navigation	
72	12.14	Dans chaque page web, la navigation doit pouvoir se faire avec le clavier. Cette règle est-elle respectée ?	Navigation	
73	13.1	Pour chaque page web, l'utilisateur a-t-il le contrôle sur le temps de rafraîchissement de la page (hors cas particuliers) ?	Consultation	
74	13.2	Dans chaque page web, pour chaque ouverture d'une nouvelle fenêtre, l'utilisateur est-il averti ?	Consultation	
75	13.3	Dans chaque page web, l'ouverture d'une nouvelle fenêtre ne doit pas être déclenchée sans action de l'utilisateur. Cette règle est-elle respectée ?	Consultation	
76	13.6	Dans chaque page web, pour chaque fichier en téléchargement, des informations relatives à sa consultation sont-elles présentes (hors cas particuliers) ?	Consultation	
77	13.7	Dans chaque page web, chaque document bureautique en téléchargement possède-t-il, si nécessaire, une version accessible (hors cas particuliers) ?	Consultation	
78	13.8	Pour chaque document bureautique ayant une version accessible, cette version offre-t-elle la même information ?	Consultation	
79	13.11	Dans chaque page web, chaque contenu cryptique (art ASCII, émoticône, syntaxe cryptique) a-t-il une alternative ?	Consultation	
80	13.12	Dans chaque page web, pour chaque contenu cryptique (art ASCII, émoticône, syntaxe cryptique) ayant une alternative, cette alternative est-elle pertinente ?	Consultation	
81	13.15	Dans chaque page web, les changements brusques de luminosité ou les effets de flash sont-ils correctement utilisés ?	Consultation	
82	13.17	Dans chaque page web, chaque contenu en mouvement ou clignotant est-il contrôlable par l'utilisateur ?	Consultation	

Source : http://www.accessiweb.org/index.php/accessiweb_2.2_liste_generale.html

F. Pour aller plus loin

Même s'il peut paraître aisé de rendre son site web accessible aux premiers niveaux (WCAG 1.0 ou AccessiWeb bronze), obtenir une certification aux niveaux supérieurs nécessite souvent l'intervention d'un spécialiste.

L'accessibilité est une démarche qui nécessite une culture d'entreprise « orientée accessibilité ». Pour avoir un site accessible, il faut tout d'abord le vouloir. Pour une action qui dure dans le temps, il peut être préférable d'embaucher ou de dédier une ressource à cette préoccupation.

L'association BrailleNet (http://www.braillenet.org/) ou d'autres organismes spécialisés proposent des formations et des certifications qui permettent de former et de sensibiliser ces ressources dédiées.

Il existe sur Internet une multitude de sources pour optimiser son site web afin de le rendre accessible :

- http://www.accesskeys.org/tools/color-contrast.html

  Cet outil en ligne permet de détecter les contrastes de couleurs d'un site web et de signaler tous ceux qui ne sont pas compatibles de directives WCAG.

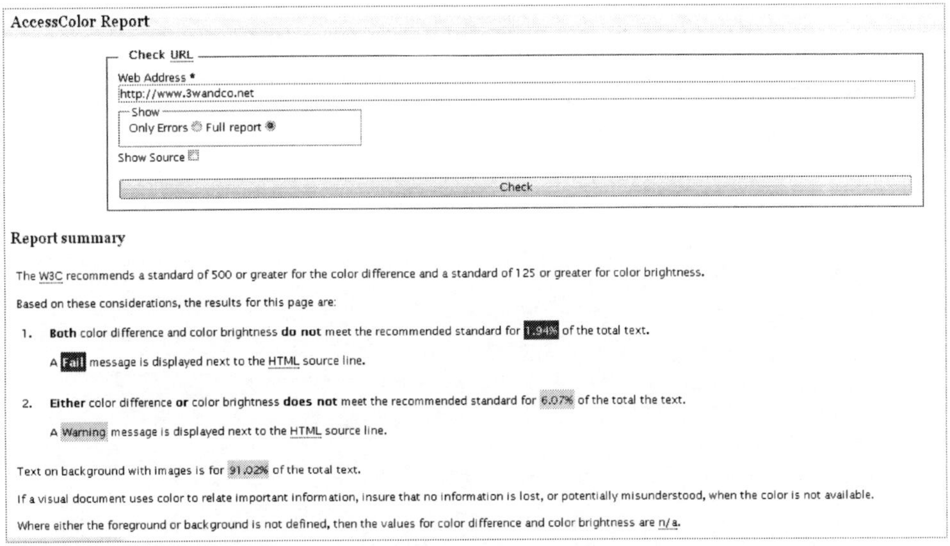

Source : http://www.accesskeys.org/tools/color-contrast.html

- http://gmazzocato.altervista.org/fr/colorwheel/wheel.php

  Ce cercle chromatique accessible permet de déterminer en fonction des couleurs les contrastes compatibles avec les directives WCAG.

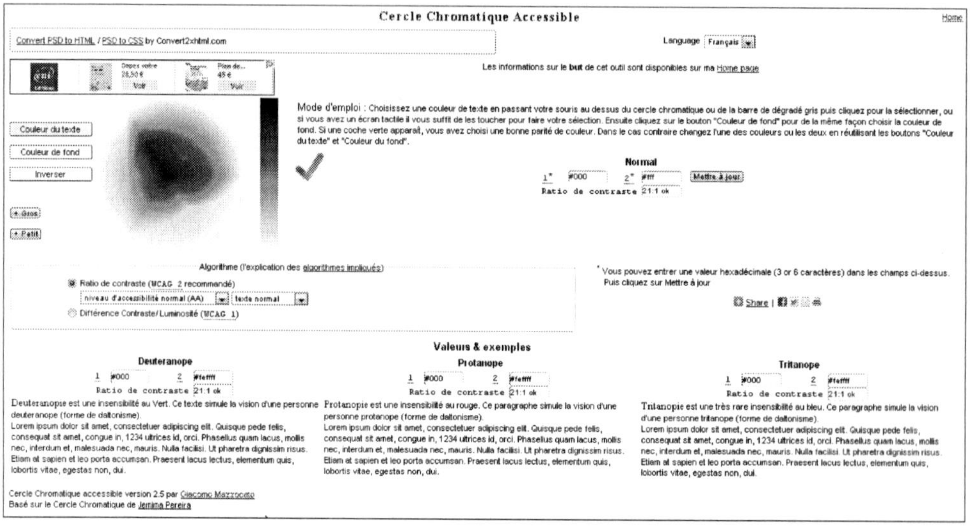

Source : http://gmazzocato.altervista.org/fr/colorwheel/wheel.php

- http://www.checkmycolours.com/

Source : http://www.checkmycolours.com/

- http://colorfilter.wickline.org/

  Cet outil permet de simuler une vue en activant/désactivant des filtres et des contrastes de couleurs.

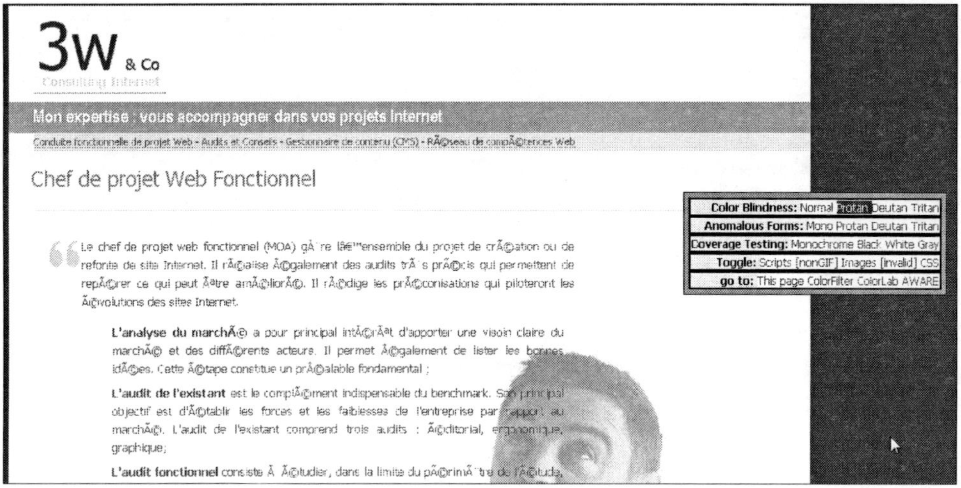

Source : http://colorfilter.wickline.org/

- http://jigsaw.w3.org/css-validator/

  Cet outil proposé par le W3C permet de faire valider les feuilles de style des pages web.

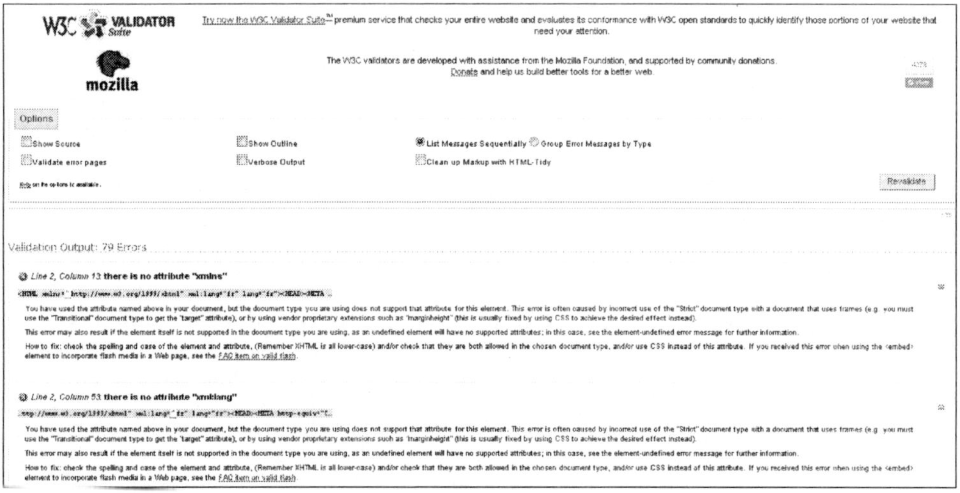

Source : http://jigsaw.w3.org/css-validator/

- http://validator.w3.org

  Cet outil en ligne proposé par le W3C permet de tester la validité du code HTML des pages web.

Source : http://validator.w3.org

- http://wave.webaim.org/

  Cet outil en ligne (en anglais) permet de signaler directement en surbrillance sur le site web les différentes balises. Il est possible de naviguer sur l'ensemble du site et d'identifier toutes les anomalies.

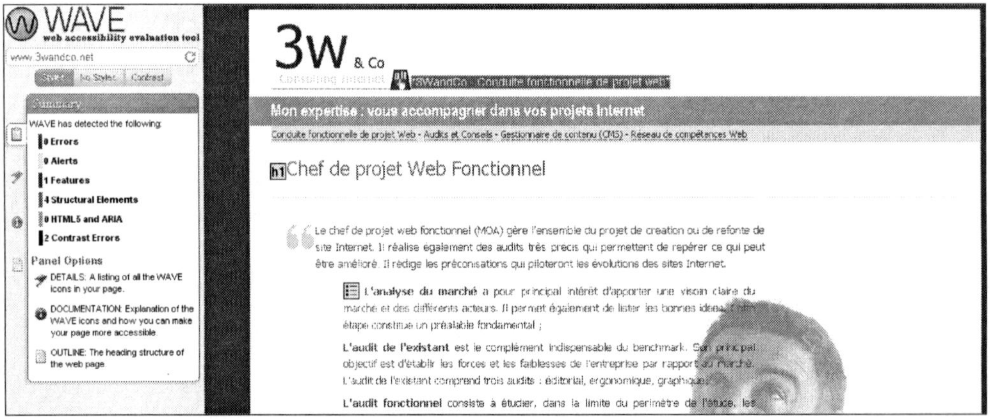

Source : http://wave.webaim.org/

- Accessibility Evaluation Toolbar (Firefox)

  Cet outil en ligne est un add-ons de Firefox. Il se télécharge sur Firefox Add-ons et s'installe facilement dans Firefox.

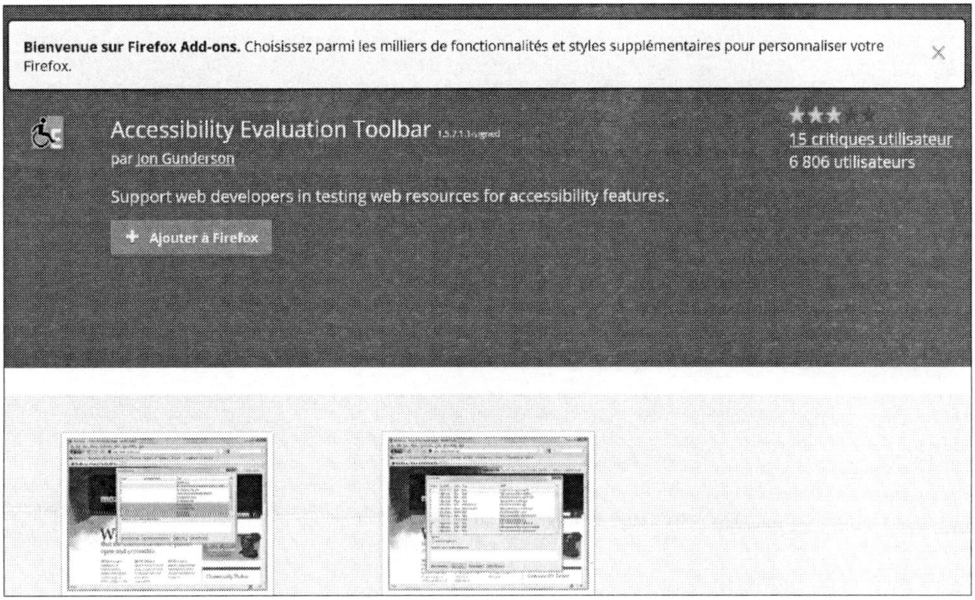

Source : https://addons.mozilla.org/fr/firefox/addon/accessibility-evaluation-toolb/

- Accessibility Developper Tools (Chrome)

  Il existe également des outils pour Chrome, comme Accessibility Developper Tools par exemple. Il suffit de le télécharger dans le webstore de Chrome (https://chrome.google.com/webstore) et de l'installer.

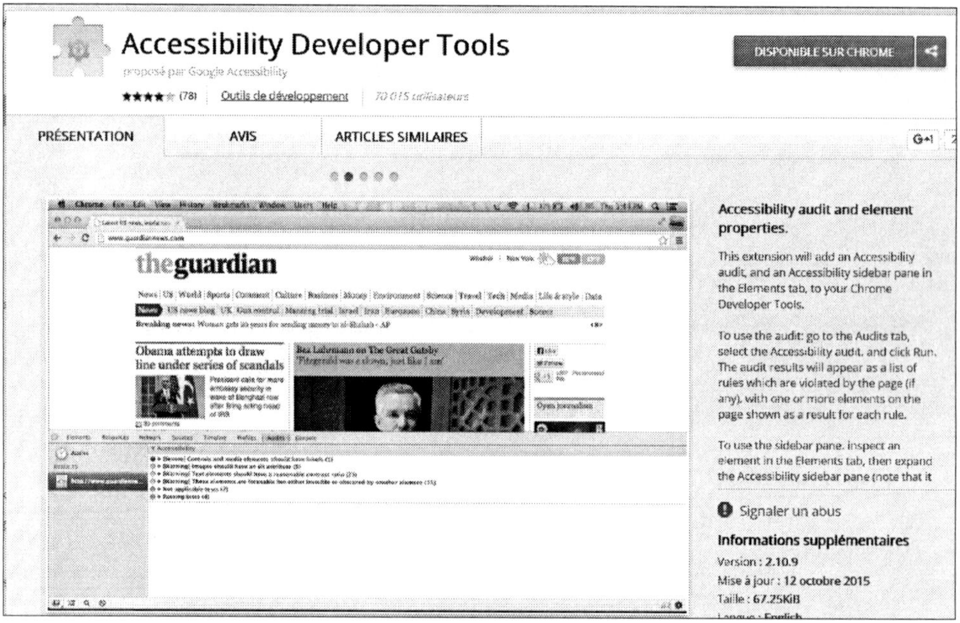

Source : https://chrome.google.com/webstore

Chapitre 6 : Auditer le référencement et le positionnement du site web

A. L'audit de référencement et de positionnement

Les grandes sources de trafic pour un site web sont les moteurs de recherche, l'accès direct (saisie dans un navigateur de l'adresse du site ou campagne e-mailing) et les liens externes (liens positionnés sur d'autres sites web ou partagés dans les réseaux sociaux).

On estime aujourd'hui que le trafic généré par les moteurs de recherche est d'environ 50 %, contre 40 % pour les liens directs et 10 % pour les liens externes.

Même si ces pourcentage fluctuent selon les types de sites web (e-commerce, site institutionnel, blog, site technique, etc.), il est évident que le référencement et le positionnement dans les moteurs de recherche sont aujourd'hui stratégiques pour améliorer le trafic d'un site web. Devant l'augmentation toujours croissante du nombre de pages web, il est fort probable que la part des moteurs de recherche progresse encore.

Lorsque l'on parle de référencement, il est important de bien différencier l'indexation (prise en compte du site web et de son contenu par les moteurs de recherche) et le positionnement d'un site web (optimisation d'une page du site web par rapport à un mot-clé recherché par l'internaute).

B. Quand réaliser un audit ?

L'audit d'indexation

L'audit d'indexation d'un site est à effectuer à sa première mise en ligne et à chaque fois que le site web subit une transformation structurelle et/ou technique. Il est primordial de s'assurer qu'il n'y a aucun blocage technique empêchant le moteur de recherche de bien indexer le site web (technologie Flash, JavaScript, contenu dupliqué, réécriture d'URL, etc.).

Cet audit doit permettre de mettre en évidence à un instant donné les carences de référencement et de positionnement, à savoir :

- Le site est-il connu des moteurs de recherche ?
- Toutes les pages sont-elles prises en compte ?
- Quelles sont les causes de la non-indexation ?
- Quelles solutions faut-il apporter ?

Lorsque le site web est indexé par les moteurs de recherche, en général, il le reste. Les moteurs reviendront régulièrement visiter les pages du site web pour y indexer les nouveaux contenus. Après une évolution technique du site web ou un changement de règle d'indexation par le moteur de recherche, il faut faire à nouveau cet audit afin de s'assurer que rien n'est venu perturber l'indexation.

Il est inutile de faire un audit de positionnement sans avoir fait au préalable un audit d'indexation.

L'audit de positionnement

Contrairement à l'audit d'indexation, l'audit de positionnement n'est qu'une vue à un instant précis d'un positionnement du site web par rapport à un mot-clé dans un environnement ultra concurrentiel en perpétuel mouvement.

L'audit de positionnement doit donc s'intégrer dans une démarche stratégique globale de l'entreprise et être effectué uniquement après la sélection des mots-clés.

L'audit de positionnement mesure la place qu'occupe le site web dans les pages de résultats des moteurs de recherche sur un mot-clé précis. Il y a donc autant d'audits de positionnement qu'il y a de mots-clés retenus. Il faut effectuer ces audits dès que l'entreprise souhaite optimiser son trafic en provenance des moteurs de recherche et « acquérir » de nouveaux internautes.

C. Notions élémentaires

Toute la difficulté du référencement consiste à positionner les pages de contenus d'un site web pour apparaître dans les meilleures pages de résultats des moteurs de recherche en fonction d'un mot-clé (ou une combinaison de mots-clés) saisi par l'internaute. Au début des années 2000, les moteurs de recherche (indexation automatique) et annuaires (indexation manuelle) se partageaient à peu près équitablement le marché de la recherche sur Internet. Treize ans plus tard, les moteurs de recherche se sont imposés, au point de représenter plus de 95 % des recherches sur Internet.

1. Les moteurs de recherche

Un moteur de recherche est une application web qui, avec l'aide de ses "robots" informatiques, parcourt les sites à intervalles réguliers et de façon automatique pour indexer tous les sites web accessibles sur le réseau Internet.

Ces robots suivent les liens qui relient les pages et les sites web entre eux.

Il n'y a aucune intervention humaine dans l'indexation des pages web. Les contenus sont répertoriés selon un algorithme informatique dans d'immenses bases de données.

Ces bases de données sont ensuite interrogées lorsque l'internaute recherche un mot-clé. Les meilleurs résultats sont alors restitués en fonction de la pertinence des contenus trouvés.

a. Les acteurs de la recherche sur Internet

Il existe aujourd'hui plus de vingt moteurs de recherche fréquemment utilisés par les internautes du monde entier. Même si certains moteurs ont un immense succès dans leur pays d'origine (Baidu pour la Chine, Yandex pour la Russie), de grands acteurs occupent les premières places au niveau international. C'est le cas notamment pour Google et Bing.

À l'échelle mondiale, Google écrase la concurrence avec plus de 88 % de part de marché.

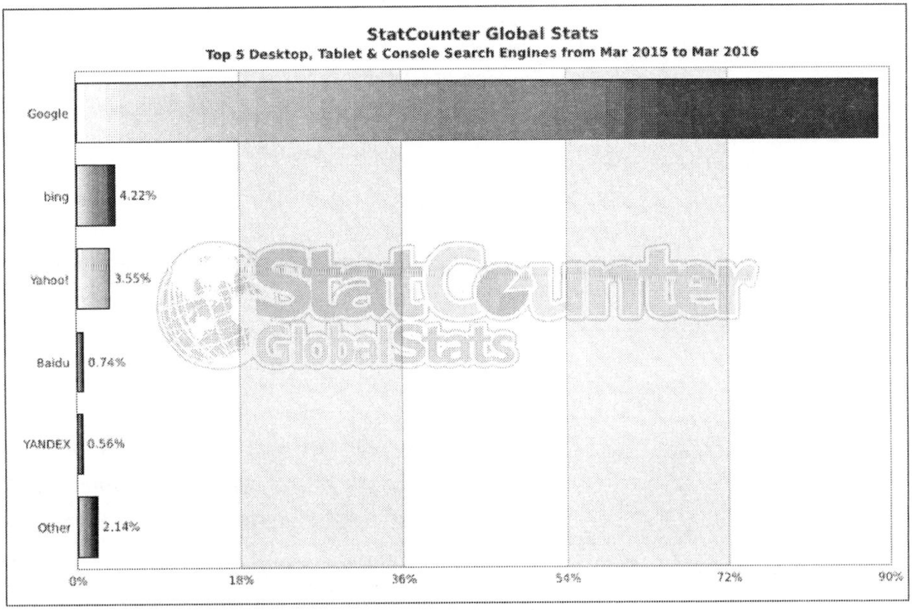

Source : gs.statcounter.com

En France, il est quasiment en position de monopole, avec plus de 93 % des parts du marché.

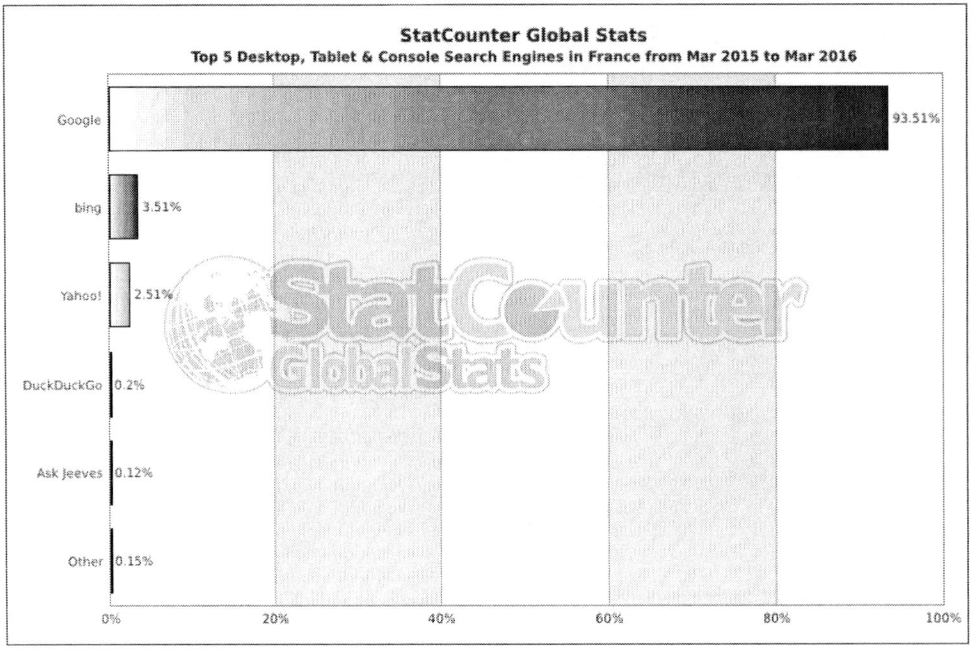

Source : gs.statcounter.com

Google est l'acteur incontournable et l'on comprend que tous les efforts de référencement sont faits pour que les pages web soient indexées et positionnées dans ce moteur de recherche.

Sa suprématie est telle aujourd'hui que Google impose les règles du jeu pour un bon ou un mauvais référencement. L'algorithme de Google repose sur plus de 200 critères d'évaluation. Cet algorithme est gardé secret et évolue régulièrement.

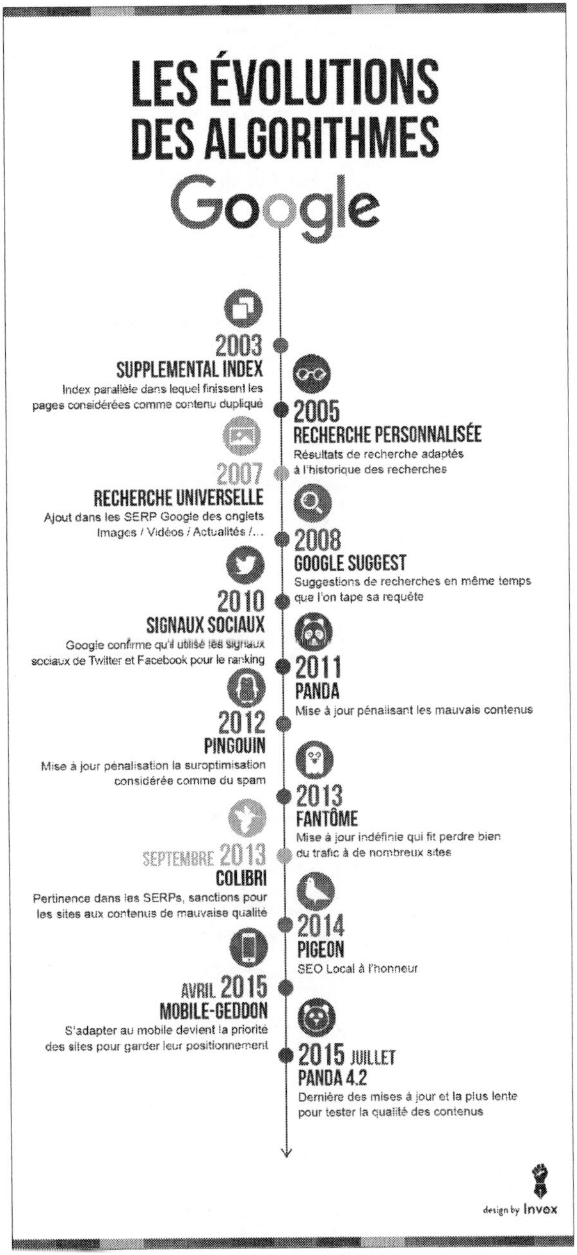

Source : http://invox.fr/

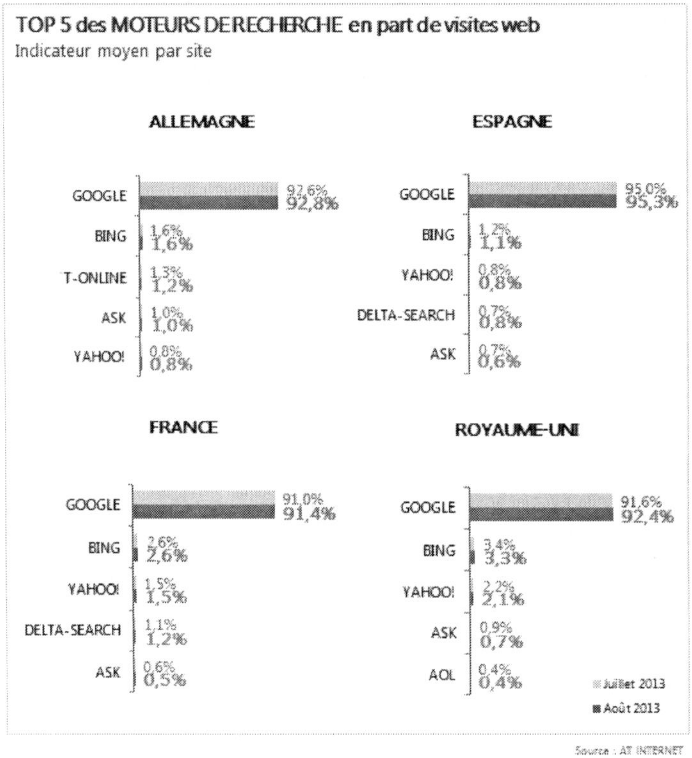

Source : AT Internet - www.atinternet.fr - mai 2013

b. Le référencement naturel (organique)

Le référencement naturel, aussi appelé SEO (*Search Engine Optimization*), est le positionnement des pages d'un site web dans les pages de résultats d'un moteur de recherche. Plus les pages du site seront considérées comme pertinentes par rapport à la requête de l'internaute, plus elles seront affichées dans les premières positions.

Ce positionnement, gratuit, est généralement le fruit d'un long travail fait à l'intérieur des pages web afin d'optimiser le positionnement sur des mots-clés.

Le positionnement en référencement naturel est un travail fastidieux qui s'inscrit forcément dans la durée. Avec un plan d'action maîtrisé sur le contenu des sites web, les pages gagnent en positionnement, mois après mois.

Ces pages optimisées sont présentées par Google au centre de la page de résultats, sous les résultats de types annonce.

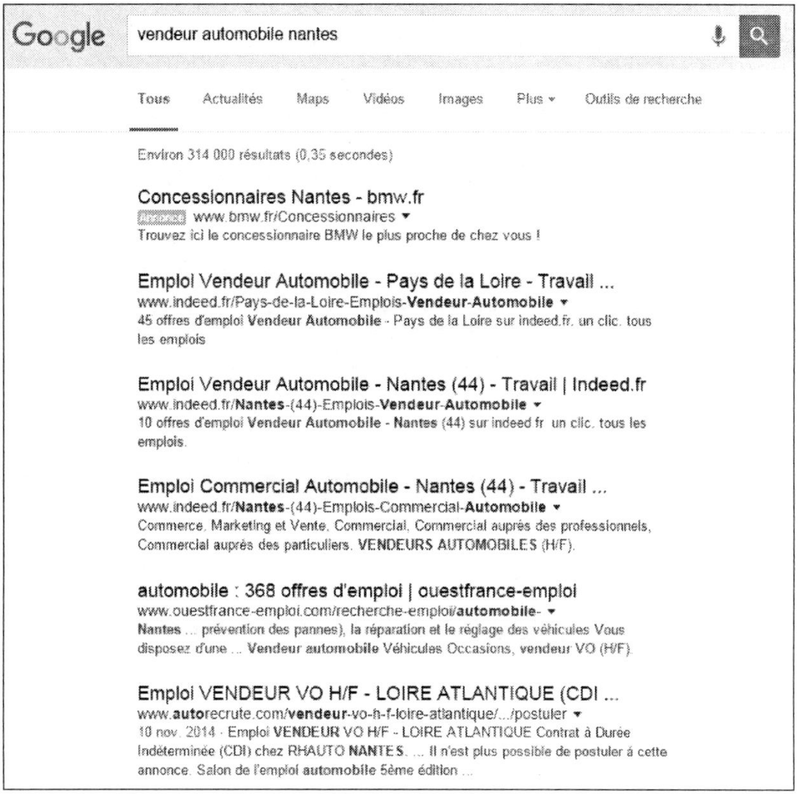

Source : www.google.fr

c. Le référencement payant

Le référencement payant consiste également à positionner les pages de son site web sur des mots-clés spécifiques, mais cette fois-ci en payant.

Google, à travers son programme AdWords, propose l'achat d'une campagne de mots-clés. Cette campagne consiste à associer son site web à des mots-clés spécifiques.

Il faut tout d'abord identifier les mots-clés puis acquérir un nombre de clics. Le prix du clic par mot-clé est fixé en fonction de l'offre et la demande par une sorte de bourse.

Par exemple, si le mot-clé « agence web paris » est en vente au prix de 0,75 dollars/clic, en déboursant 7 500 dollars, on achète 10 000 clics. Cela veut dire que la page positionnée sera affichée jusqu'à épuisement des 10 000 clics. La campagne s'arrêtera donc automatiquement.

Ce référencement payant permet de générer rapidement du trafic mais de façon ponctuelle. Ce genre de campagne doit s'intégrer dans une stratégie marketing plus large ou être utilisé pour un événement ponctuel.

Ces pages positionnées par le référencement payant sont présentées par Google en haut au centre de la page de résultats, avec l'annotation **Annonce**.

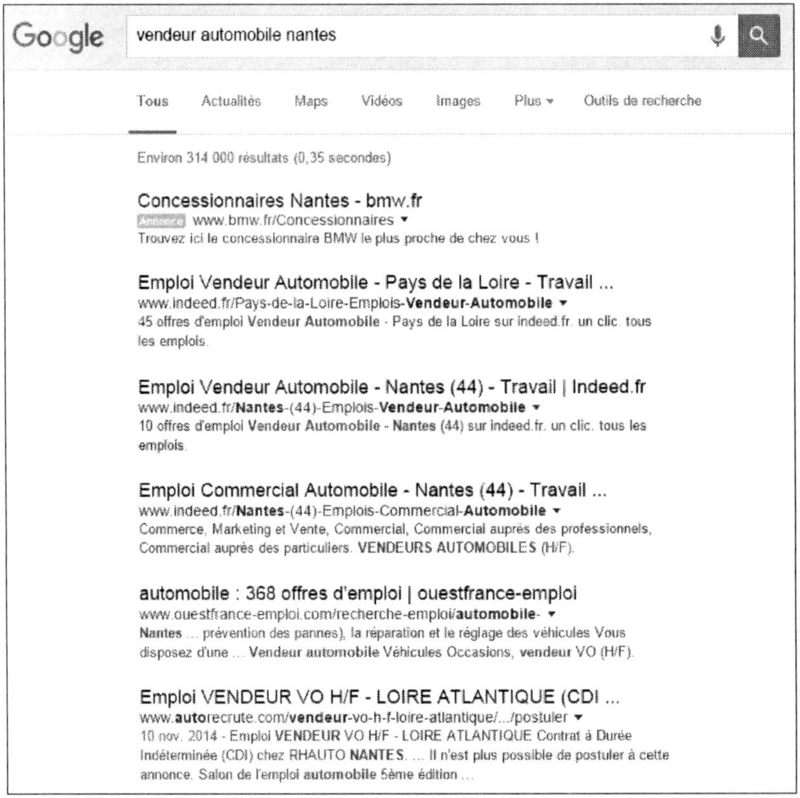

Source : www.google.fr

d. Le triangle d'or

La théorie du triangle d'or résulte d'une étude scientifique réalisée en 2005 par le cabinet Enquiro qui, avec un outil d'analyse du mouvement de l'œil (*eye-tracking*), a analysé les zones que regardent les internautes (à travers un panel représentatif) lorsqu'ils sont face à une page de résultats du moteur de recherche Google.

Les deux enseignements de cette analyse étaient :

- La zone prioritaire observée par l'œil de l'internaute se situe en haut à gauche et forme un triangle que l'on appelle le « triangle d'or ».

- Les taux de visibilité des dix premières positions de la première page de résultats étaient les suivants :
  - Positions 1, 2 et 3 —> 100 % de visibilité
  - Position 4 —> 85 % de visibilité
  - Position 5 —> 60 % de visibilité
  - Positions 6 et 7 —> 50 % de visibilité
  - Positions 8 et 9 —> 30 % de visibilité
  - Position 10 —> 20 % de visibilité

Ce qui signifiait que pour profiter au mieux du moteur de recherche Google, il fallait réussir à positionner ses pages web dans les trois premiers résultats, au cœur du triangle d'or.

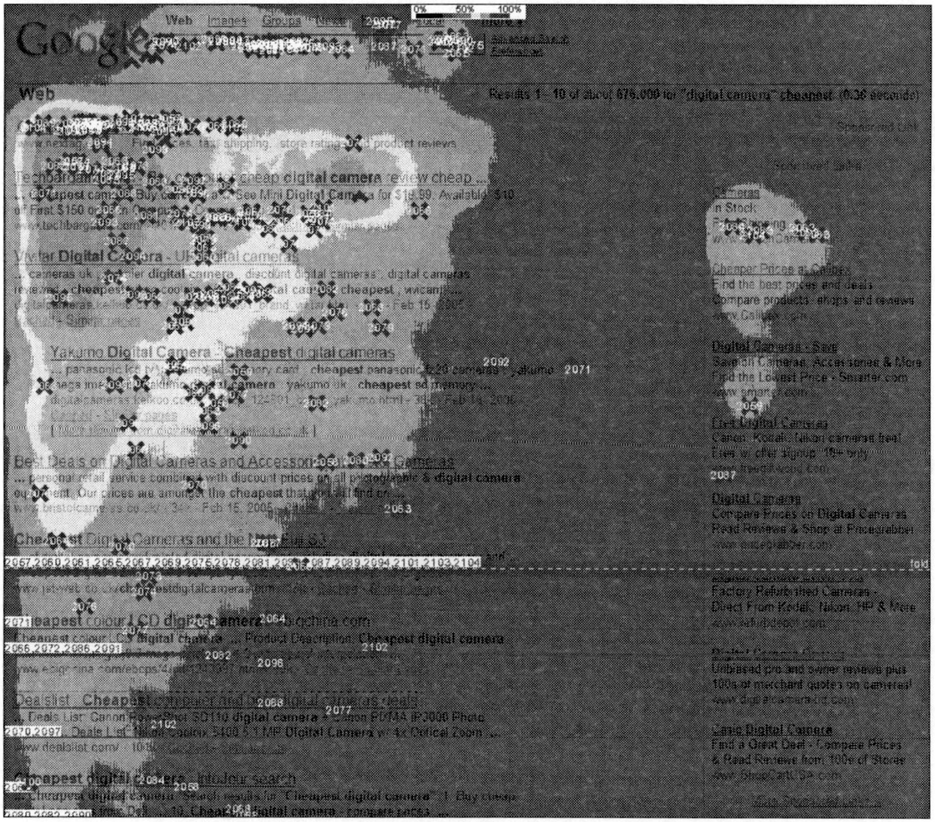

Source : http://miratech.eu

Mais cette idée n'est plus tout à fait exacte. En effet, une nouvelle étude réalisée en 2014 par l'agence Mediative (http://www.mediative.com/) nous donne une toute autre réalité aujourd'hui.

Avec l'arrivée des résultats enrichis et l'emplacement des annonces, les utilisateurs explorent la page entière pour trouver ce qu'ils cherchent.

Les utilisateurs de Google distinguent plus facilement les publicités dans la page et n'hésitent pas à descendre rapidement pour examiner les résultats placés sous la ligne de flottaison.

Désormais habitué aux positionnements des publicités de Google, l'utilisateur survole la page plus rapidement. De plus, fréquemment il ignore les premiers résultats organiques, qu'il estime produits par souci d'optimisation de référencement. Il préfère donc descendre pour aller sur des sources jugées plus « indépendantes ».

Ces résultats nous confirment que tous les résultats de la première page sont désormais pris en compte par les utilisateurs, et plus seulement les trois premiers.

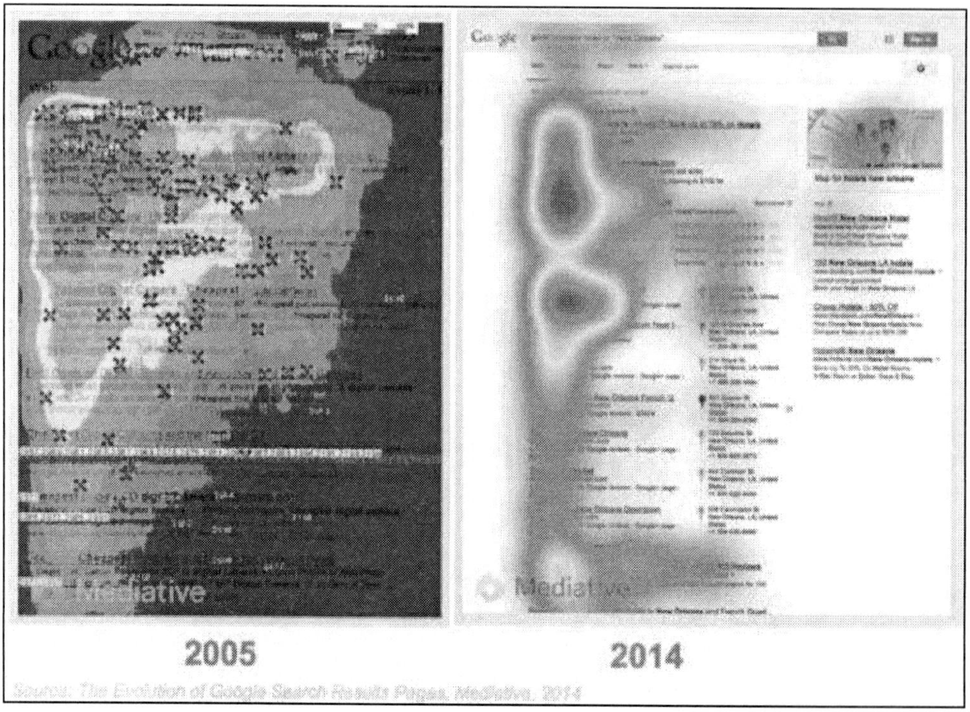

Source : http://www.mediative.com

e. Le blacklisting

Le positionnement dans les pages de résultats de Google est stratégique pour tout site web désirant drainer du trafic. Mais ce positionnement doit obligatoirement se faire avec les règles du jeu imposé. Si une entorse à ces règles ou un soupçon de « triche » est détecté par Google, le moteur prend alors des sanctions pouvant aller jusqu'au « blacklistage » du site web. Ce blacklistage signifie que le site web est déréférencé dans le moteur de recherche, autrement dit l'internaute ne trouvera plus les pages dans les moteurs de recherche. Le « blacklistage » est une mesure drastique qui impose un code de bonne conduite dans les techniques de positionnement et semble préserver des dérives observées par le passé.

L'autre raison pour être « blacklisté » est d'être reconnu par Google comme un site web suspect qui peut présenter un risque pour l'internaute.

Pour savoir si le site est répertorié comme suspect, il suffit de se rendre sur :
https://www.google.com/transparencyreport/safebrowsing/diagnostic/?hl=fr

Source : https://www.google.com/transparencyreport/safebrowsing/diagnostic/?hl=fr

Lorsque le site est blacklisté par Google, il ne reste plus qu'à demander à celui-ci de bien vouloir indexer à nouveau le site web en justifiant de sa bonne foi :
https://www.google.com/webmasters/tools/reconsideration

f. Mobile friendly

Après avoir été facultative, l'option Responsive Web Design s'impose désormais. Depuis le 21 avril 2015, Google pénalise les sites web non compatibles avec les tablettes et les smartphones.

La compatibilité avec les mobiles est un nouveau critère pris en compte par l'algorithme de recherche Google. Google veut encourager les sites en Responsive Web Design qui proposent aux internautes une expérience web agréable et compatible au support mobile. Ceux-ci sont mieux positionnés dans les résultats de recherche, principalement sur les recherches effectuées depuis un mobile, au profit des sites non responsive qui offrent un contenu illisible sur Smartphone.

Google a mis à disposition un outil en ligne qui permet de tester la compatibilité de son site web.

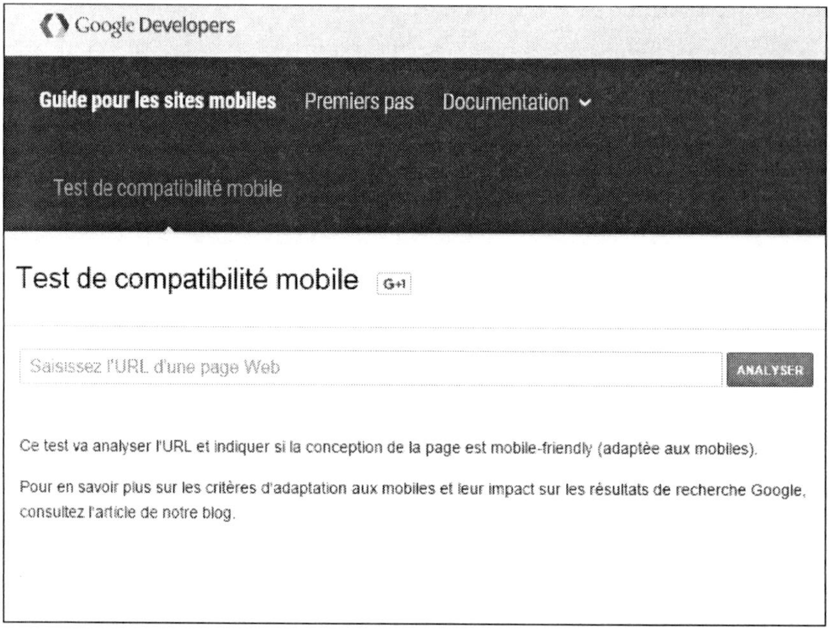

Source : https://www.google.com/webmasters/tools/mobile-friendly/?hl=fr

2. Les annuaires

Un annuaire web est un site web qui répertorie, organise et classe les sites web selon leur thématique. Cette classification est réalisée par des humains.

Même si aujourd'hui les annuaires n'amènent plus beaucoup de trafic, il peut être intéressant d'y faire figurer son site web, dans une logique de positionnement. Les annuaires permettent de créer des liens vers son site web (« backlinks » pris en compte dans le positionnement Google) et de drainer du trafic de qualité.

Certains internautes à la recherche de contenu spécialisé et de qualité utilisent les annuaires.

Il existe une multitude d'annuaires généralistes, spécialisés ou géographiques, comme par exemple www.supernova-annuaire.fr, www.jusseo.com, www.geosite.fr, etc.

3. Les sites de « bookmarks »

Les sites de *bookmarks* (« marque-pages » ou « favoris » en français), permettent d'obtenir un trafic ciblé et des liens qui sont pris en compte pour le positionnement Google.

Le principe est simple et très en vogue, surtout sur les réseaux sociaux. Lorsqu'un internaute repère en surfant un article intéressant, il l'ajoute comme favori dans son site de bookmarks préféré. Chacun peut également ajouter ces favoris à ses propres favoris, donnant ainsi une popularité au « bookmark ».

Tous ces « favoris » sont ensuite accessibles au grand public grâce à un moteur de recherche. La recherche se faisant sur les sites web de favoris, ces sites sont réputés comme étant de qualité.

Del.icio.us, Diigo.com, XMarks, Historio.us, Bookmark.com ou encore Pearltrees.com font partie des grands acteurs mais il en existe bien d'autres.

D. Audit d'indexation

Avant de raisonner positionnement dans les moteurs de recherche, il faut tenir compte des conditions d'indexation. Même si ces conditions ne sont pas forcément obligatoires, elles seront un frein à tout travail d'optimisation du positionnement si elles ne sont pas remplies.

1. Le fichier robots.txt

Lorsqu'un « robot indexeur » vient visiter le site web, avant de lire la première page, il va ouvrir le fichier nommé robots.txt (placé à la racine du site web) et suivre les instructions qu'il contient.

L'absence de ce fichier ne constitue pas un frein à l'indexation mais sa présence permet de guider le robot dans les répertoires intéressants et d'exclure de l'indexation ceux qui n'ont pas d'intérêt ou que l'on ne souhaite pas voir indexés.

Il s'agit d'un fichier texte qui contient les directives que le robot doit suivre. Par exemple :

```
User-agent : * # s'adresse à tous les robots
Disallow : /admin/ # exclure le répertoire admin de l'indexation
Disallow : /temp/ # exclure le répertoire temp de l'indexation
Disallow: /presentations/*.ppt # exclure les fichiers .ppt
Sitemap : http://www.votresite.com/sitemaps.xml
```

C'est également dans ce fichier robots.txt que l'on déclare le chemin d'accès au fichier sitemap.xml.

Il est possible de générer un fichier robots.txt avec cet outil en ligne :
http://www.mcanerin.com/EN/search-engine/robots-txt.asp

Il est possible de tester l'existence et la conformité du robots.txt d'un site avec l'outil en ligne http://tool.motoricerca.info/robots-checker.phtml

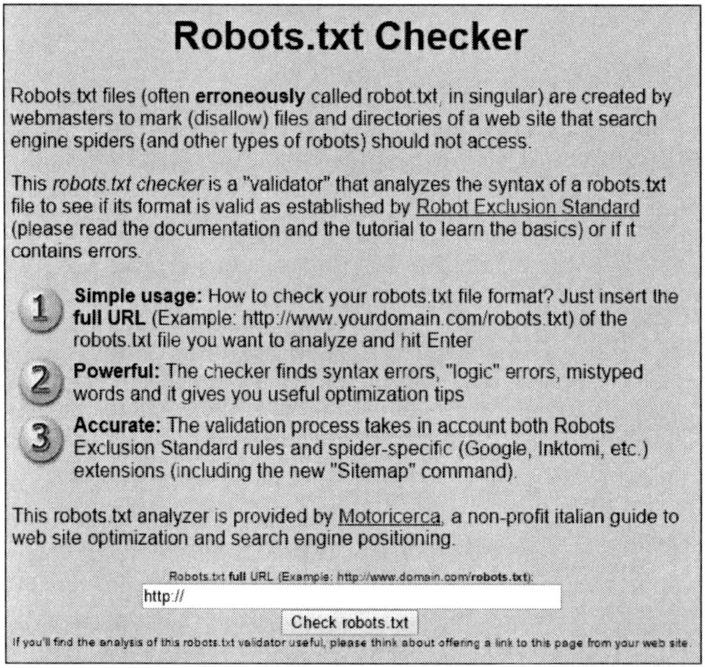

2. Le fichier sitemap.xml

Un sitemap est un ficher au format XML qui liste l'ensemble des pages du site web.

Le fichier sitemap.xml facilite le travail d'indexation par les moteurs de recherche. Ce fichier n'est pas obligatoire pour indexer un site web mais il est fortement conseillé pour faciliter l'indexation de toutes les pages.

Le fichier sitemap doit lister l'ensemble des pages web et leur chemin d'accès. Par exemple :

```
<?xml version="1.0" encoding="UTF-8" ?>
- <urlset xmlns="http://www.sitemaps.org/schemas/sitemap/0.9
xmlns:xsi="http://www.w3.org/2001/XMLSchema-instance
xsi:schemaLocation="http://www.sitemaps.org/schemas/sitemap/0.9
http://www.sitemaps.org/schemas/sitemap/0.9/sitemap.xsd">
```

```
- <url>
  <loc>http://www.3wandco.com/</loc>
  <changefreq>monthly</changefreq>
  <priority>1.00</priority>
  </url>
- <url>
  <loc>http://www.3wandco.com/index.php</loc>
  <changefreq>monthly</changefreq>
  <priority>0.80</priority>
  </url>
  </urlset>
```

Il est possible de créer automatiquement en ligne un fichier sitemap.xml ou de tester si celui-ci existe déjà et est conforme : http://www.xml-sitemaps.com/

3. Les freins technologiques et techniques

a. La technologie Flash

Flash est une technologie propriétaire développée et distribuée par Adobe. Flash permet de créer des animations complexes permettant d'intégrer des vidéos, de la musique et des navigations très graphiques et dynamiques.

Les fichiers générés par Flash sont des fichiers « encapsulés », ce qui signifie que tout le contenu hébergé à l'intérieur du fichier Flash est inconnu des moteurs de recherche. Cela cause forcément un souci lorsque l'on veut se positionner dans les moteurs de recherche.

Même si les moteurs de recherche (Google et Yahoo) ont travaillé étroitement avec Adobe pour résoudre ce souci et indexer les contenus encapsulés, le contrôle du positionnement semble être un exercice de haut vol réservé aux experts Flash.

Dans la mesure où Flash n'est pas lisible sur les tablettes et smartphones Apple, il est conseillé de ne plus l'utiliser du tout.

b. Le langage JavaScript

Le JavaScript est un langage qui permet d'exécuter des scripts sur le navigateur de l'internaute, rendant le surf plus dynamique. Les exemples ne manquent pas (défilement de slides, ouverture de fenêtres de navigation, affichage ou disparition d'un paragraphe, etc.).

Les moteurs de recherche ne savent pas lire les scripts JavaScript, ce qui signifie que tout le contenu généré en JavaScript sera considéré comme inexistant. En revanche, si JavaScript est utilisé pour masquer ou pour positionner des contenus existants (et non générés) alors ceux-ci seront pris en considération.

Il est fortement déconseillé de générer les liens par exemple en JavaScript. Les moteurs ne peuvent pas les suivre et cela limite l'indexation à la seule page en cours d'indexation. En règle générale, l'utilisation du JavaScript pour générer la navigation Intrasite est à proscrire.

c. La technologie Ajax

Ajax est l'acronyme pour *Asynchronous JavaScript and XML*. Cela signifie que l'internaute n'a plus besoin de recharger la page web courante pour voir changer automatiquement des contenus sur la page. L'usage fréquent par exemple est une liste déroulante qui se remplit dynamiquement en fonction d'un premier choix fait par l'internaute.

Comme cette technologie s'appuie avant tout sur le langage JavaScript (langage non pris en compte par les moteurs de recherche), il est difficile de positionner les contenus générés en Ajax, d'autant plus que le nom de la page ne change pas puisqu'il n'y a pas de rechargement.

Il est préférable d'utiliser Ajax pour faciliter les interactions entre les objets d'une page si cela apporte un vrai confort de navigation. Pour les contenus considérés important pour le positionnement, il est préférable de les stocker dans du code HTML pris en compte par les moteurs de recherche.

Il faut toutefois suivre de près les avancées de Google, contrairement aux recommandations datant de 2009, il annonçait récemment que désormais il était possible de référencer du contenu généré en AJAX sous certaines conditions. Durant le développement du site web, il faut faire attention de bien respecter les dernières directives de Google pour assurer un bon référencement des pages du site, notamment concernant l'indexation de l'AJAX.

d. Les frames

Les *frames* (« cadres » en français) permettent d'afficher plusieurs pages dans une même fenêtre de navigateur. Visuellement, cela peut ressembler à une seule page web mais en fait, celle-ci est composée de plusieurs pages assemblées.

L'usage des frames est aujourd'hui abandonné, mais il persiste encore de nombreux sites web anciens qui utilisent cette technique. L'usage le plus fréquent était de mettre le menu de navigation dans un cadre afin d'éviter de recharger toute la page lors de la navigation sur le site web.

À proprement parler, la page affichée dans un cadre est avant tout une page HTML, ce qui signifie que les moteurs de recherche peuvent l'indexer. Elle devient alors accessible par les internautes. Le problème que l'on rencontre alors est que la page s'affiche en dehors du jeu de frames initial, ce qui signifie que si le menu de navigation est dans un autre cadre, il ne sera pas affiché.

C'est pourquoi, en règle générale, les cadres sont à proscrire dans toute stratégie de positionnement.

e. Les redirections 301 et 302

Lorsqu'un site web est en ligne depuis quelque temps, il est connu des moteurs de recherche et ses pages sont indexées. Tout au long de sa vie, le site web va perdre des pages et de nouvelles pages vont voir le jour.

Les redirections 301 et 302 permettent d'indiquer aux moteurs de recherche que la page précédemment indexée n'existe plus mais qu'une page au contenu quasi similaire l'a remplacée. En suivant la redirection indiquée, le moteur va indexer cette nouvelle page en prenant en compte le positionnement de la page initiale ; il va mettre à jour le positionnement tout en gardant l'ancienneté de la page initiale.

L'autre atout de ces redirections est que l'internaute et les liens qui pointaient sur la page supprimée ou déplacée ne risquent pas de tomber sur une page d'erreur 404, ce qui est peu aprécié par Google.

La redirection 301 indique que cette redirection est permanente, tandis que la redirection 302 indique que cela est temporaire. Pour Google, les redirections 302 ne sont pas prises en compte pour le positionnement. puisque temporaires. Pour être certain de transférer le Pagerank des anciennes pages vers les nouvelles, il est alors préférable de mettre en place des redirections 301.

Il est possible de connaître en ligne quelles redirections sont mises en place :

- http://www.aidoweb.com/outils/test-redirections/
- http://www.webtoolhub.com/tn561352-url-redirection-checker.aspx

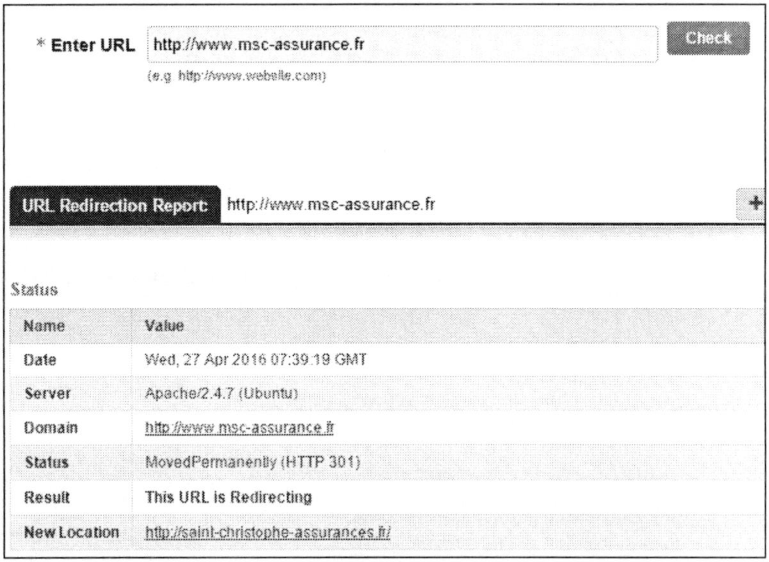

Source : http://www.webtoolhub.com/tn561352-url-redirection-checker.aspx

f. Les pages dynamiques

Une page dynamique est une page générée par le serveur web. C'est fréquemment le cas pour les blogs et les forums. L'adresse générée est du type http://www.3wandco.net/index.php?id=344.

Cette adresse n'est pas identifiable pour les internautes, encore moins pour les moteurs de recherche. Il n'y a aucun mot-clé permettant de positionner la page. En termes de positionnement, ce genre d'adresses est à proscrire.

Pour remédier à cela, il faut recourir à la réécriture d'URL (*URL rewriting*). Celle-ci va permettre de remplacer les caractères spéciaux par des noms de pages significatifs reflétant le contenu de la page et incluant des mots-clés.

Les principaux CMS du marché permettent tous de transformer les URL dynamiques en vraies URL avec des mots-clés modifiables. Encore faut-il penser à activer la paramètre correspondant.

4. Tester son indexation en ligne

a. Google

Pour vérifier l'état d'indexation du site et le nombre de pages indexées. il suffit de se rendre sur Google et de renseigner site:monsiteweb.com.

Google affiche alors les pages qu'il a indexées :

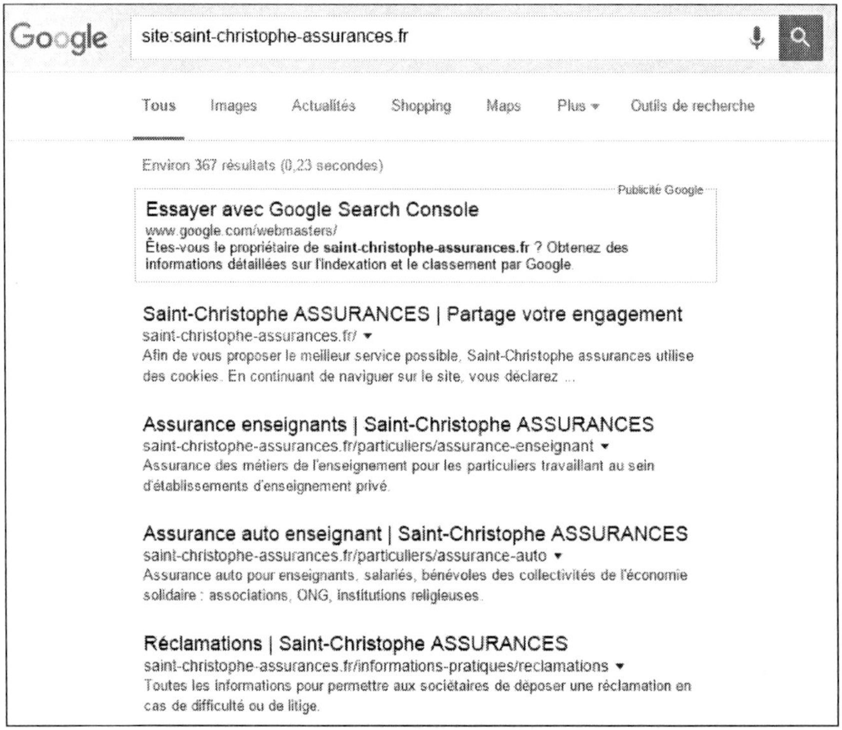

Source : www.google.fr

Google met également à disposition des webmasters Google Search Tool.

Cet interface Google Search Console vous permet de mieux comprendre comment les robots d'exploration du moteur de recherche voient votre site. Il est ainsi possible de connaître facilement quels problèmes ont été détectés, comment le site apparaît dans les pages de résultats.

L'outil comporte différentes rubriques qui apportent des précisions sur ces points. Cela permet de mieux surveiller et optimiser le site Internet.

b. Ce que voient les robots

Pour savoir si les pages web sont optimisées pour l'indexation, il est possible d'utiliser des émulateurs de robots. Cela permet d'identifier les points bloquants et d'y apporter les modifications nécessaires.

http://www.seochat.com/seo-tools/spider-simulator/

Des navigateurs destinés aux personnes malvoyantes permettent également de tester si le contenu du site est visible par les moteurs. C'est le cas du navigateur WebbIE proposé gratuitement par Microsoft. Pour le télécharger : http://www.webbie.org.uk/fr/index.htm

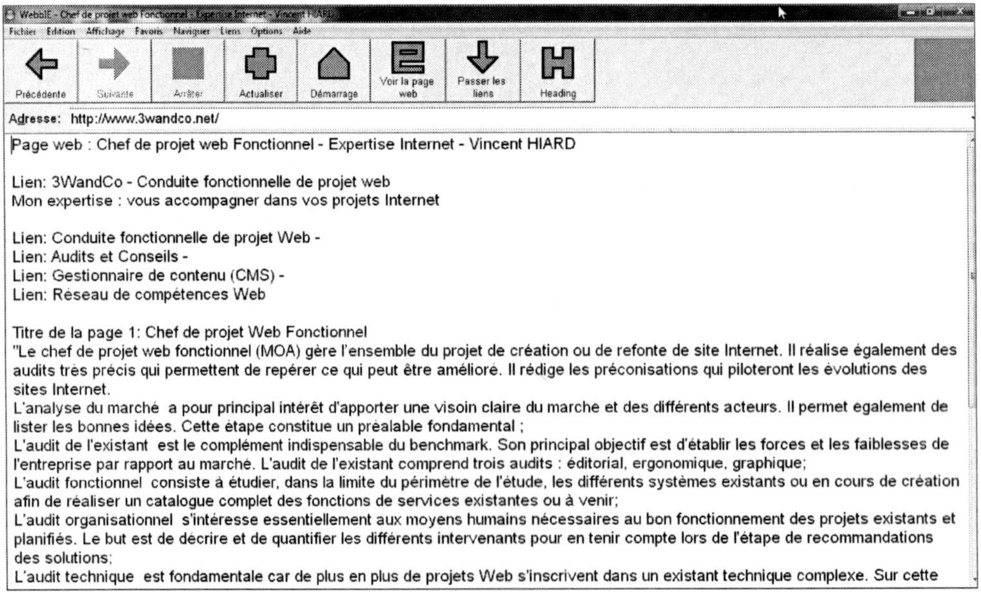

Page web : Chef de projet web Fonctionnel - Expertise Internet - Vincent HIARD

Lien: 3WandCo - Conduite fonctionnelle de projet web
Mon expertise : vous accompagner dans vos projets Internet

Lien: Conduite fonctionnelle de projet Web -
Lien: Audits et Conseils -
Lien: Gestionnaire de contenu (CMS) -
Lien: Réseau de compétences Web

Titre de la page 1: Chef de projet Web Fonctionnel
"Le chef de projet web fonctionnel (MOA) gère l'ensemble du projet de création ou de refonte de site Internet. Il réalise également des audits très précis qui permettent de repérer ce qui peut être amélioré. Il rédige les préconisations qui piloteront les évolutions des sites Internet.
L'analyse du marché a pour principal intérêt d'apporter une visoin claire du marche et des différents acteurs. Il permet également de lister les bonnes idées. Cette étape constitue un préalable fondamental ;
L'audit de l'existant est le complément indispensable du benchmark. Son principal objectif est d'établir les forces et les faiblesses de l'entreprise par rapport au marché. L'audit de l'existant comprend trois audits : éditorial, ergonomique, graphique;
L'audit fonctionnel consiste à étudier, dans la limite du périmètre de l'étude, les différents systèmes existants ou en cours de création afin de réaliser un catalogue complet des fonctions de services existantes ou à venir;
L'audit organisationnel s'intéresse essentiellement aux moyens humains nécessaires au bon fonctionnement des projets existants et planifiés. Le but est de décrire et de quantifier les différents intervenants pour en tenir compte lors de l'étape de recommandations des solutions;
L'audit technique est fondamentale car de plus en plus de projets Web s'inscrivent dans un existant technique complexe. Sur cette

E. Audit de positionnement

Lorsque la première étape indispensable est effectuée, c'est-à-dire que le site est techniquement et technologiquement optimisé pour l'indexation par les moteurs de recherche, il convient ensuite de positionner les pages du site web sur des mots-clés stratégiques.

1. Les mots-clés

Les mots-clés sont le nerf de la guerre pour le positionnement. Tout l'exercice repose sur le fait de positionner son site web le plus haut possible dans la page des résultats du moteur de recherche lorsque l'internaute saisit un mot-clé particulier.

Il faut donc identifier les mots-clés stratégiques pour le site web et optimiser les pages web pour qu'elles s'affichent parmi les premiers résultats.

Le travail sur les mots-clés est le plus important pour le positionnement. Il est déterminant de bien choisir les mots-clés et les associations de mots-clés (deux ou trois mots-clés accolés) sur lesquels il faut se positionner.

L'étude de la concurrence des mots-clés est elle aussi intéressante. Il est quelquefois préférable de bien se positionner sur un mot-clé avec peu de concurrence et un trafic moyen, plutôt qu'être mal positionné sur un mot-clé à fort trafic.

a. Google AdWords

https://adwords.google.com : il suffit de créer un compte gratuit pour profiter de cet outil. Celui-ci va permettre de trouver des idées de mots-clés, mais surtout donner l'estimation de trafic sur le mot-clé en question. De préférence, il faut trouver le mot-clé qui génère du trafic et sur lequel il y a très peu de concurrence.

L'outil donne également le coût en CPC (coût par clic) du mot-clé et une courbe de recherche mensuelle sur ce mot-clé.

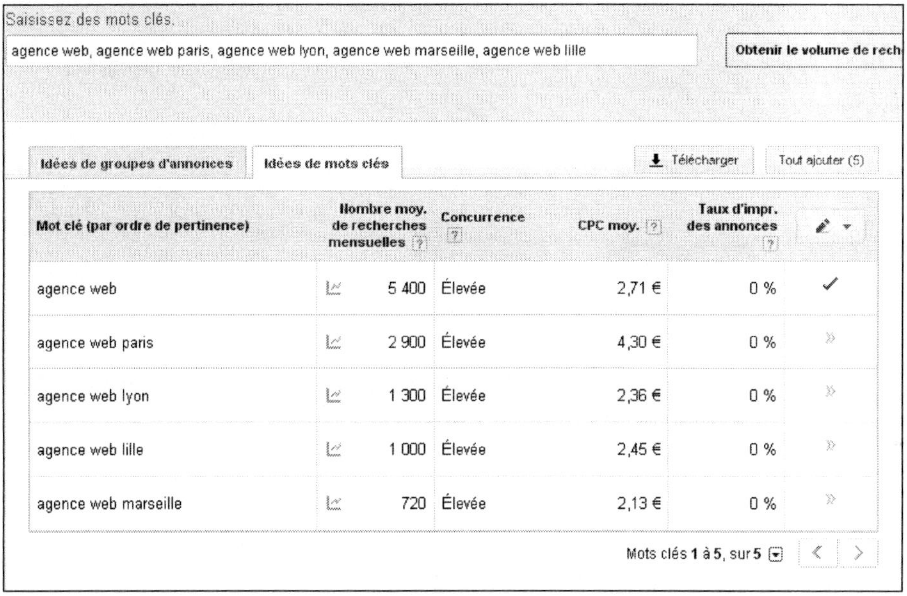

Mot clé (par ordre de pertinence)	Nombre moy. de recherches mensuelles	Concurrence	CPC moy.	Taux d'impr. des annonces
agence web	5 400	Élevée	2,71 €	0 %
agence web paris	2 900	Élevée	4,30 €	0 %
agence web lyon	1 300	Élevée	2,36 €	0 %
agence web lille	1 000	Élevée	2,45 €	0 %
agence web marseille	720	Élevée	2,13 €	0 %

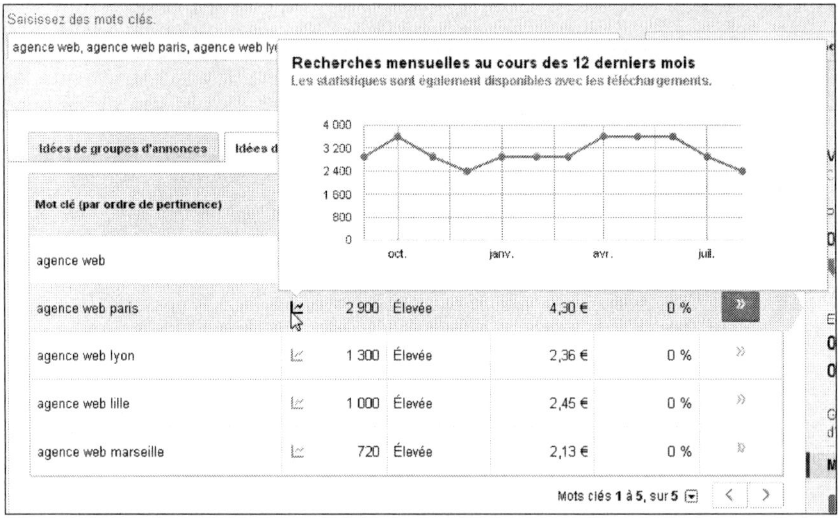

Source : https://adwords.google.com

b. Google Trends

http://www.google.com/trends/ : Google Trends donne la saisonnalité de recherche d'un mot-clé et ses pics de recherche.

Il est intéressant par exemple de constater la saisonnalité du mot-clé « parasol ». Les pics sont atteints en mai, juin et juillet et cela, depuis 2004.

Google Trends situe également géographiquement l'affluence des recherches.

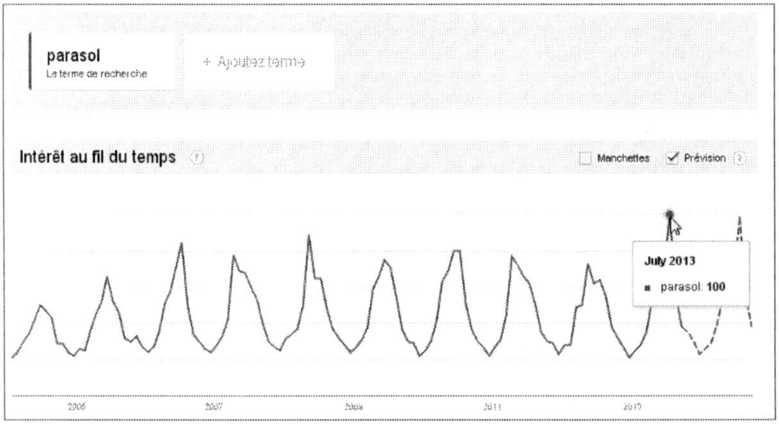

Source : http://www.google.com/trends/

c. Positeo.com

http://www.positeo.com/check-position/ : cet outil en ligne permet de connaître le positionnement de son site web sur un mot-clé donné.

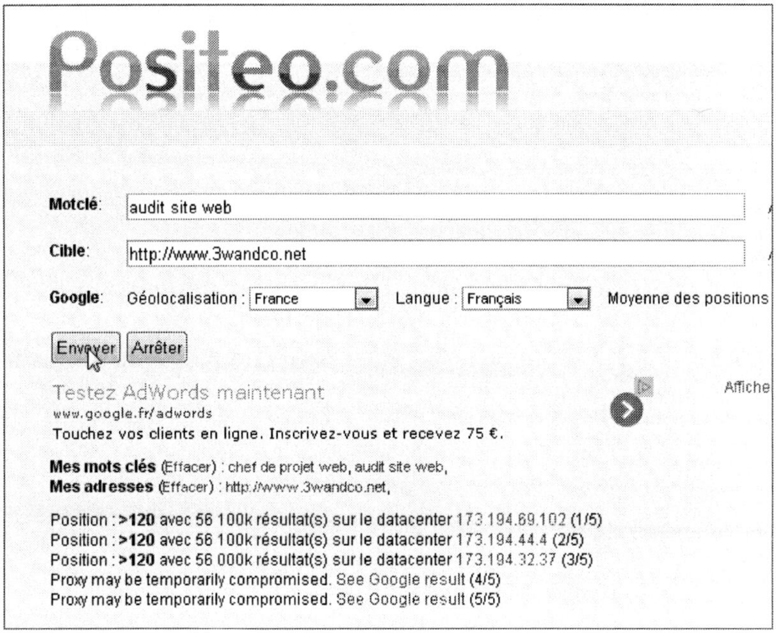

Source : www.positeo.com/check-position/

2. Les balises importantes

a. La balise description

Il s'agit de la balise de description de la page. Cette zone est à remplir (entre 150 et 200 caractères maximum, espaces compris) et doit être propre à chaque page. En règle générale, il s'agit d'un résumé succinct mais significatif de la page.

Le contenu de cette balise a son importance puisqu'il est affiché sur la page de résultat Google, et donc lu par l'internaute.

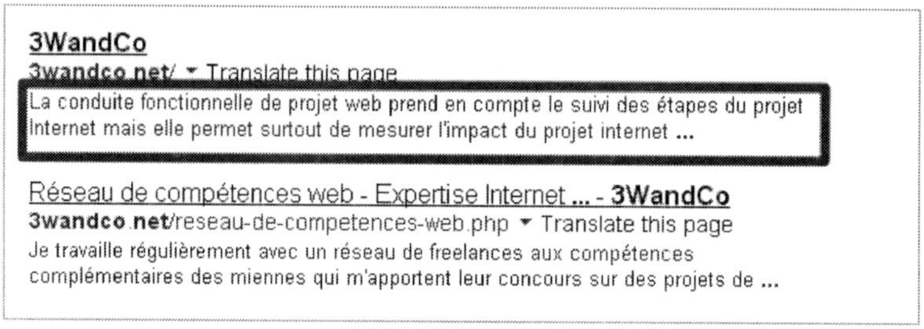

Source : www.google.fr

Le code source pour insérer cette balise est par exemple :

```
<META NAME="Description" CONTENT="Mettre ici le résumé de la page
en prenant soin d'insérer un ou deux mots-clés">
```

b. La balise Title

La balise « title » correspond au titre de la page web. C'est une balise incontournable car elle est prise en compte par les moteurs de recherche pour l'optimisation du positionnement. Il est préférable de positionner le mot-clé au début du titre.

Le contenu de la balise doit obligatoirement avoir un rapport avec le texte contenu dans la page.

Le contenu de la balise est le titre de la page qui s'affiche dans la partie supérieure de la fenêtre de navigation.

```
<TITLE>Audits et Conseils web</TITLE>
```

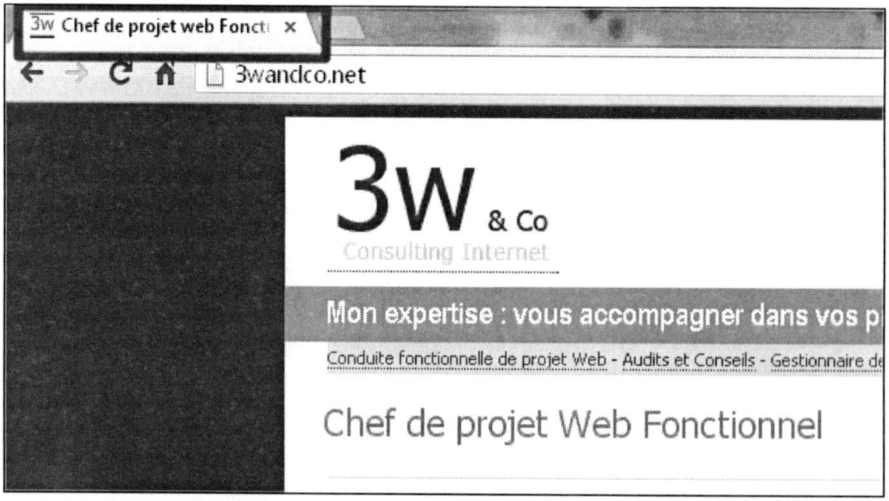

Source : www.3wandco.net

c. Les balises Hn

Autres balises incontournables pour le positionnement, les balises H1 à H6 structurent la page web et introduisent les contenus de chaque paragraphe.

Les balises H1 à H6 n'ont toutefois pas la même pondération lors de la prise en compte pour le positionnement. La balise h1 est la plus importante parmi toutes les autres. Plus on augmente le niveau d'un titre (h2, h3, h4, h5 et h6), moins son contenu sera important pour les moteurs de recherche.

Il ne peut y avoir qu'une seule balise H1 par page web. Lors de la structuration de la page, il faudra bien respecter une logique de décroissance, par exemple :

```
<H1>Vente de v&eacute;hicules neufs</H1>
<H2> V&eacute;hicules neufs de marques am&eacute;ricaines</H2>
<H3>Chevrolet</H3>
<H3>Ford</H3>
<H2>V&eacute;hicules neufs de marques europ&eacute;ennes</H2>
<H3>Peugeot</H3>
<H3>Renault</H3>
```

Voici ce que verront les moteurs de recherche :

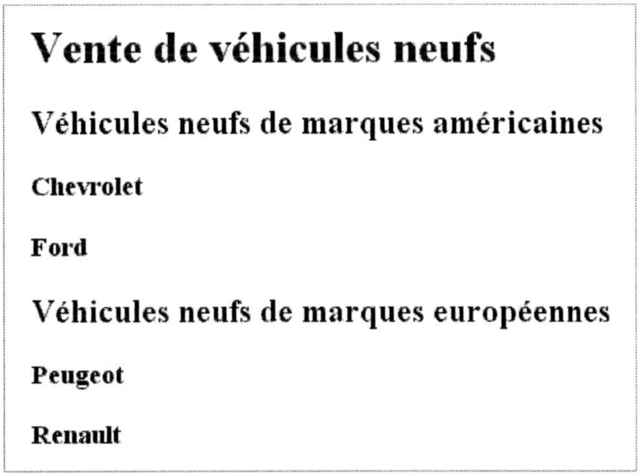

d. La balise image

Les moteurs de recherche ne savent pas interpréter les images (du moins pour le moment). Il est donc nécessaire de choisir un nom d'image qui soit parlant (éviter par exemple photo42.jpg) et de renseigner l'attribut ALT de la balise image <IMG>.

Les moteurs de recherche vont prendre en compte le contenu de cet attribut pour le positionnement de la page web. Il est donc important d'y insérer un ou plusieurs mots-clés, en rapport avec la page et le contenu de l'image.

Il est important de le faire pour les images principales de la page qui ont un réel intérêt pour le contenu. Il faut éviter de surcharger de mots-clés les images secondaires qui ne servent par exemple que pour la décoration de la page.

```
<img src="/images/tableau-audit-referencement.jpg" width="120"
height="90" border="0" alt="tableau audit de référencement" />
```

e. Tester le contenu des balises avec Xenu

Xenu est un logiciel gratuit à télécharger à cette adresse :
http://home.snafu.de/tilman/xenulink.html

Une fois installé et démarré, il faut renseigner l'adresse du site web que l'on souhaite interroger. Après un temps d'analyse plus ou moins long selon les sites web, Xenu nous fournit des informations hautement intéressantes. Elles permettent de visualiser les titres des pages, des images et des descriptions. Toute balise manquante ou texte inapproprié est tout de suite repérée.

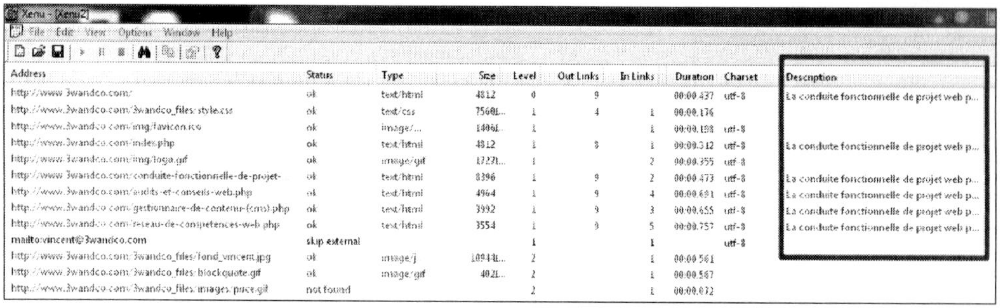

3. Le nom des pages web et des répertoires

Le nom des répertoires et des pages a son importance dans le positionnement des moteurs de recherche. Il est donc conseillé de nommer les répertoires et les pages avec des mots-clés stratégiques.

Si on reprend l'exemple de la vente de véhicules neufs, cela donnerait :

```
http://www.monsite.com/vente-vehicules-neufs/vehicules-neufs-
europeens.html
http://www.monsite.com/vente-vehicules-neufs/vehicules-neufs-
americains.html
http://www.monsite.com/vente-vehicules-occasion/vehicules-
occasion-europeens.html
http://www.monsite.com/vente-vehicules-occasion/vehicules-
occasion-americains.html
```

Il est très important de séparer les mots-clés avec un tiret (-).

4. Le « PageRank »

Le « PageRank » est un indicateur inventé par Google. Il permet d'évaluer la popularité d'un site web et de ses pages. Le PageRank se présente sous la forme d'une note comprise entre 0 et 10.

Cet indicateur est pris en compte dans l'algorithme de Google. Lorsqu'un site qui a bon PageRank (au-delà de 6) pointe un lien vers un autre site, alors le PageRank de ce dernier se voit aussi amélioré.

L'amélioration du PageRank d'un site web passe par une démarche d'optimisation du positionnement.

Le site web www.pagerank.fr, par exemple, permet de connaître le PageRank Google d'un site web et de ses pages.

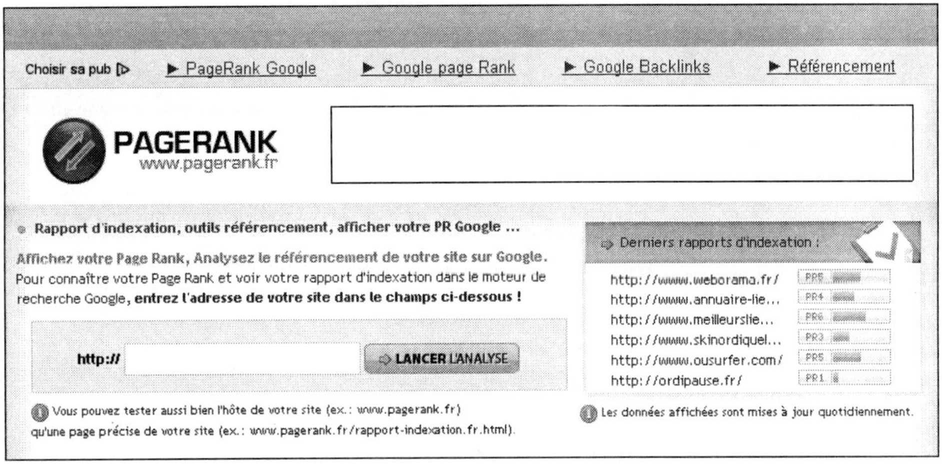

Source : www.pagerank.fr

5. La politique de liens (Netlinking)

Dans le fameux PageRank de Google, les liens internes et externes ont une grande importance. Ces liens permettent d'améliorer le PageRank du site web et par conséquent son positionnement.

a. Les liens internes

Pour améliorer son positionnement, il est nécessaire de mailler entre elles les pages web d'un même site. Pour cela, il faut insérer des liens hypertextes sur certains mots-clés contenus dans les paragraphes. Ces liens doivent pointer vers une page traitant plus en détail la thématique du mot-clé.

Avec le logiciel Xenu, il est possible de voir l'ensemble des liens internes du site web.

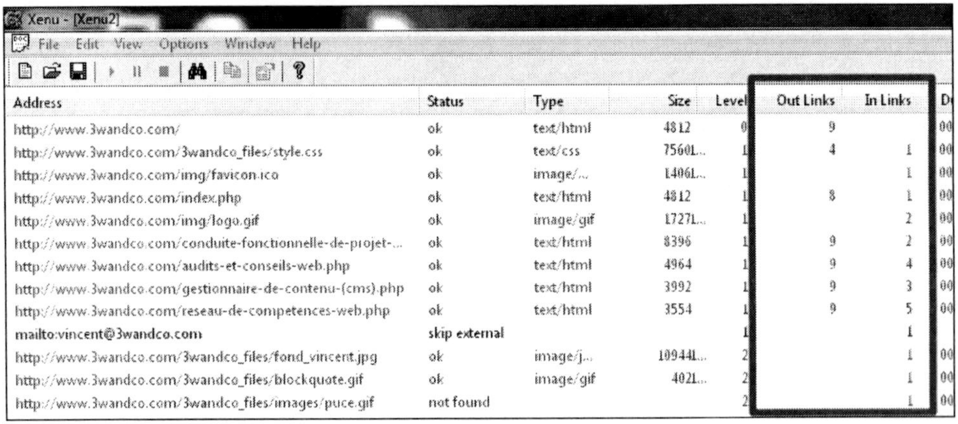

Address	Status	Type	Size	Level	Out Links	In Links	D
http://www.3wandco.com/	ok	text/html	4812	0	9		00
http://www.3wandco.com/3wandco_files/style.css	ok	text/css	75601...	1	4	1	00
http://www.3wandco.com/img/favicon.ico	ok	image/...	14061...	1		1	00
http://www.3wandco.com/index.php	ok	text/html	4812	1	8	1	00
http://www.3wandco.com/img/logo.gif	ok	image/gif	17271...	1		2	00
http://www.3wandco.com/conduite-fonctionnelle-de-projet-...	ok	text/html	8396	1	9	2	00
http://www.3wandco.com/audits-et-conseils-web.php	ok	text/html	4964	1	9	4	00
http://www.3wandco.com/gestionnaire-de-contenu-(cms).php	ok	text/html	3992	1	9	3	00
http://www.3wandco.com/reseau-de-competences-web.php	ok	text/html	3554	1	9	5	00
mailto:vincent@3wandco.com	skip external			1		1	
http://www.3wandco.com/3wandco_files/fond_vincent.jpg	ok	image/j...	109441...	2		1	00
http://www.3wandco.com/3wandco_files/blockquote.gif	ok	image/gif	4021...	2		1	00
http://www.3wandco.com/3wandco_files/images/puce.gif	not found			2		1	00

b. Les liens entrants

Les liens entrants (appelés « *backlinks* ») sont déterminants pour le positionnement des pages web d'un site. Les liens qui pointent vers le site web le rendent plus populaire aux yeux des moteurs de recherche.

Il ne faut pas cependant partir dans une course aux liens effrénée. Il est préférable de privilégier la qualité à la quantité : moins de liens entrants mais très pertinents.

Le positionnement est optimisé lorsque le lien est sur un mot-clé, plutôt que sur le fameux « cliquez ici ».

Google et www.ahrefs.com permettent d'identifier les liens qui pointent vers le site.

Google permet de lister tous les liens entrants sous la forme d'une page de résultats. Il suffit de saisir dans le moteur de recherche la requête link:www.monsite.com.

www.ahrefs.com permet quant à lui de suivre la tendance des liens entrants.

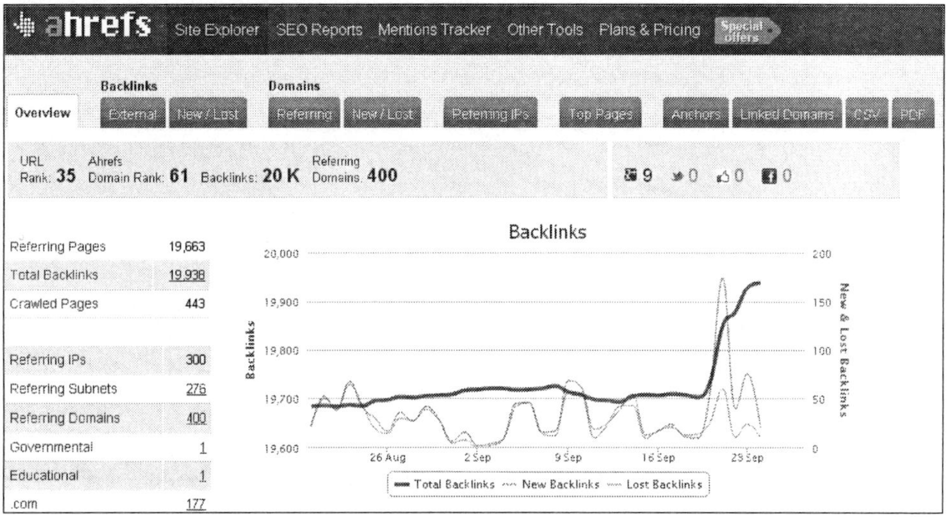

Source : https://www.ahrefs.com

c. Les liens sortants

On pourrait comparer un site web à une cuve qui accumulerait du liquide de référencement. Les liens entrants permettent de remplir cette cuve, les liens internes, de faire circuler ce liquide dans l'ensemble des pages. Les liens sortants seraient alors autant de fuites qu'il faut contenir.

Il peut être pertinent de faire des liens sortants vers d'autres sites web. Il faut alors éviter l'abondance et ne faire des liens que lorsque ceux-ci ont un réel intérêt pour l'internaute.

En utilisant XENU ou l'outil en ligne www.seochat.com, il est facile d'identifier les liens sortants de son site web. Il est important de se poser la question de la pertinence de leur existence et de l'intérêt ou non de les garder.

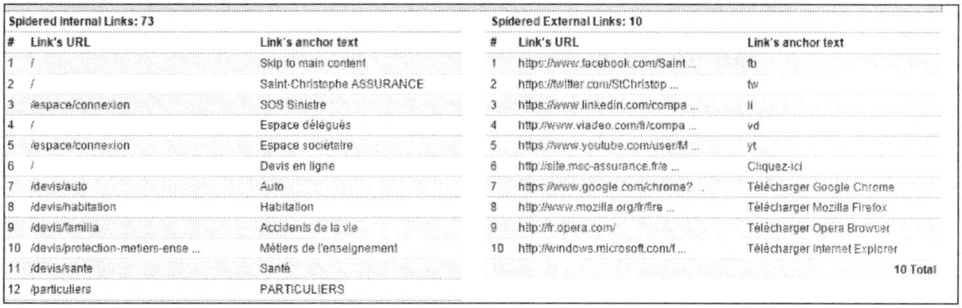

Spidered Internal Links: 73

#	Link's URL	Link's anchor text
1	/	Skip to main content
2	/	Saint-Christophe ASSURANCE
3	/espace/connexion	SOS Sinistre
4	/	Espace délégués
5	/espace/connexion	Espace sociétaire
6	/	Devis en ligne
7	/devis/auto	Auto
8	/devis/habitation	Habitation
9	/devis/familia	Accidents de la vie
10	/devis/protection-metiers-ense ...	Métiers de l'enseignement
11	/devis/sante	Santé
12	/particuliers	PARTICULIERS

Spidered External Links: 10

#	Link's URL	Link's anchor text
1	https://www.facebook.com/Saint ...	fb
2	https://twitter.com/StChristop ...	tw
3	https://www.linkedin.com/compa ...	li
4	http://www.viadeo.com/fr/compa ...	vd
5	https://www.youtube.com/user/M ...	yt
6	http://site.mac-assurance.fr/e ...	Cliquez-ici
7	https://www.google.com/chrome? ...	Télécharger Google Chrome
8	http://www.mozilla.org/fr/fire ...	Télécharger Mozilla Firefox
9	http://fr.opera.com/	Télécharger Opera Browser
10	http://windows.microsoft.com/f ...	Télécharger Internet Explorer
		10 Total

Source : http://tools.seochat.com/tools/search-spider-simulator/

F. Grille d'audit

Voici une grille d'audit qui permet de se poser les bonnes questions lorsque l'on souhaite analyser le référencement de ses pages web.

N°	Question	Catégorie	Oui (1) Partiel (0,5) Non (0)
1	Le site web est-il déjà indexé dans Google ?	Google	
2	Le fichier robot.txt existe-t-il ?	Google	
3	Le fichier robots.txt est-il correct ?	Google	
4	Le fichier Sitemap.xml existe-t-il ?	Google	
5	Le fichier Sitemap.xml est-il validé par Google ?	Google	
6	Le contenu est-il accessible sans activer une animation Flash ?	Technologie	
7	La navigation du site est-elle possible sans utiliser Flash ?	Technologie	
8	Le contenu est-il accessible sans activer une action JavaScript ?	Technologie	
9	La navigation du site est-elle possible sans utiliser JavaScript ?	Technologie	
10	Le contenu est-il accessible sans activer une action Ajax ?	Technologie	
11	La navigation du site est-elle possible sans utiliser Ajax ?	Technologie	
12	La structure du site web est-elle réalisée sans frames ?	Technologie	
13	Existe-t-il des redirections correctes (pas de redirection 302) ?	Technologie	
14	Les URL dynamiques des pages web sont-elles parlantes (pas du type index.php?id=34) ?	Technologie	
15	Google a-t-il indexé l'ensemble des pages ?	Google	
16	En utilisant un émulateur de robot, les termes visibles dans la page sont-ils compréhensibles ?	Google	
17	Les balises description sont-elles renseignées sur l'ensemble des pages ?	Balises	
18	Les balises description sont-elles différentes sur chaque page ?	Balises	

N°	Question	Catégorie	Oui (1) Partiel (0,5) Non (0)
19	Les balises description résument-elles le contenu de la page ?	Balises	
20	Les contenus des balises description sont-ils à la bonne taille (150-200 caractères) ?	Balises	
21	Une balise title est-elle présente sur chaque page ?	Balises	
22	Les balises title sont-elles différentes sur chaque page ?	Balises	
23	Le contenu de la balise title est-il pertinent par rapport au contenu ?	Balises	
24	Un mot-clé stratégique est-il présent dans chaque balise title ?	Balises	
25	Une balise H1 est-elle présente sur toutes les pages ?	Balises	
26	Existe-t-il bien une seule balise H1 sur chaque page ?	Balises	
27	Les contenus des balises H1 sont-ils pertinents par rapport au contenu ?	Balises	
28	Les balises H1 incluent-elles des mots-clés stratégiques ?	Balises	
29	L'arborescence H1/H2/H3... est-elle bien structurée ?	Balises	
30	Toutes les images pertinentes ont-elles des noms explicites ?	Images	
31	Toutes les images pertinentes ont-elles une balise ALT renseignée ?	Images	
32	Le contenu de ces balises ALT est-il pertinent ?	Balises	
33	Les noms des pages et des répertoires contiennent-ils des mots-clés stratégiques ?	Mots-clés	
34	Les mots-clés sont-ils séparés par des tirets ?	Mots-clés	
35	Existe-t-il des liens internes à l'intérieur des paragraphes ?	Liens	
36	Ces liens internes sont-ils placés sur des mots-clés stratégiques ?	Liens	
37	Existe-t-il des liens entrants vers le site web ?	Liens	
38	Ces liens entrants proviennent-ils de sites référents ?	Liens	
39	Existe-t-il des liens sortants vers des sites de référence ?	Liens	
40	Ces liens sortants sont-ils pertinents ?	Liens	

G. Pour aller plus loin

Le positionnement est stratégique pour les entreprises et plus particulièrement pour les sites de vente en ligne. Positionner les pages est une profession à part entière qui demande un travail de suivi et d'adaptation en permanence.

Faire appel à des professionnels est souvent gage de bons résultats facilement mesurables. Un bon référencement se fait dans le temps mais doit avoir des résultats en constante progression.

On peut avoir recours ponctuellement à des agences ou des experts indépendants pour leur faire réaliser un audit et suivre leurs préconisations. Le travail d'optimisation pourra ensuite être réalisé au quotidien par des équipes internes ou confié à une agence spécialisée.

Il existe sur Internet une multitude de sources pour apprendre seul à optimiser son positionnement. Voici à titre d'exemple quelques sites référents :

- http://www.google.fr/webmasters/
- www.abondance.com
- www.webrankinfo.com
- www.rankspirit.com
- www.miss-seo-girl.com
- www.outiref.com
- http://blog.1789.fr
- http://oseox.fr/
- www.laboratoire-referencement.fr/

Chapitre 7 : Auditer l'e-réputation

A. L'audit d'e-réputation

L'e-réputation est l'impression que l'internaute se fait d'une marque ou d'une personne en consultant ce qu'il trouve sur Internet. Elle sera positive ou négative et aura une influence sur son propre avis.

Il est désormais dans les usages de consulter les avis des internautes avant d'effectuer un achat, que ce soit pour les voyages, les restaurants ou du matériel. L'e-réputation est donc stratégique pour les sociétés commerciales.

Les recruteurs ont également pris l'habitude de consulter Internet avant de recevoir un candidat. L'e-réputation est aussi stratégique pour les carrières professionnelles.

Avec l'explosion de l'usage du web, des réseaux sociaux et du web mobile, il est indispensable aujourd'hui de veiller sur sa e-réputation pour maîtriser son image et anticiper les éventuelles crises.

B. Quand réaliser un audit ?

L'e-réputation se gère au quotidien. Il faut dans un premier temps réaliser un audit pour faire un état des lieux de ce que l'on trouve déjà sur Internet et identifier tous les espaces de communication intéressants.

Chaque jour, de nombreuses informations sont produites et viennent enrichir le Web et les réseaux sociaux. Il est donc évident que la vision donnée par l'audit n'est qu'une vue ponctuelle d'un environnement en perpétuel mouvement.

L'audit doit avoir deux objectifs. Le premier est de faire un inventaire des informations visibles sur le Web. Cet inventaire brut suivi d'une phase d'analyse va permettre de définir une stratégie de communication et un plan d'action. Le second objectif consiste à se constituer un "sourcing", c'est-à-dire établir une liste de l'ensemble des sites web, blogs, forums, réseaux sociaux repérés lors de l'audit. Ce "sourcing" permet ensuite de mettre en place une veille sur ces sources et de définir une stratégie de traitement des informations collectées.

L'audit d'e-réputation est à réaliser lorsque l'entreprise (ou la personne) a décidé de s'inscrire dans une démarche globale d'e-réputation. Sans la mise en place d'une veille et d'une organisation de traitement de l'information, l'audit ne sert qu'à prendre une photographie à un instant précis d'un espace en mouvement. L'audit doit permettre de sensibiliser l'entreprise à l'importance de la mise en place d'une stratégie de gestion d'e-réputation.

C. Notions élémentaires

Avoir une photo pas très glorieuse sur un site web sans trafic et très difficile à trouver ne présente pas un risque énorme en soi. Mais si ce site web se retrouve en tête des résultats de Google lorsque l'on saisit le nom d'une marque ou d'une personne, cela aura vite des conséquences sur l'e-réputation.

Pour avoir une bonne visibilité de son e-réputation, il faut suivre les tendances des internautes et se focaliser sur les sites web qu'ils consultent le plus. C'est pourquoi Google a une place prépondérante dans l'e-réputation. Le fait que la photo pas très glorieuse se retrouve en première page des résultats ou à la cinquantième place n'aura pas le même impact.

Les blogs, les forums de discussion, les newsgroups ou les réseaux sociaux sont autant d'espaces à inspecter car ils font office de places publiques sur lesquelles les internautes échangent et émettent des avis.

1. Google

L'ami et l'ennemi de tous, c'est Google. Il est à la fois un ami, puisqu'il permet de se faire repérer en positionnant ses contenus, et un ennemi puisqu'il peut aussi véhiculer des contenus négatifs. Avec plus de 93 % de part de marché en France, Google est le moteur le plus utilisé, à tel point que désormais les termes "googliser" ou "googler" ont fait leur apparition dans le petit Larousse en 2014 et signifient « rechercher des informations sur Google ».

Aujourd'hui, les recruteurs, les clients ou les partenaires googlisent les personnes qu'ils doivent rencontrer. Les résultats fournis par la première page de Google permettront à ces personnes de se faire une rapide première impression de la personne qu'ils vont recevoir en entretien ou rencontrer.

Contrôler les contenus publiés dans la première page de Google devient donc un enjeu majeur pour l'e-réputation.

Une technique connue pour faire disparaître du contenu négatif est de produire en grande quantité du contenu positif afin de reléguer à la dixième page ce contenu négatif.

Lorsque l'on saisit un mot-clé dans sa zone de recherche, Google va interroger l'ensemble des contenus (plus de 50 milliards de pages web) qu'il a répertorié et afficher dans ses pages de résultats ce qui lui semble le plus pertinent. Cette pertinence est définie par un algorithme mathématique prenant en compte plus de 200 critères que Google garde bien secrètement.

Par défaut, Google va chercher les pages web qui contiennent l'un ou l'autre des mots-clés contenus à l'intérieur des pages indexées.

Google permet d'affiner ses recherches en utilisant des opérateurs booléens (OR, AND...) ou en utilisant la recherche avancée.

2. Les groupes

Il s'agit de groupes de discussion dans lesquels les participants ont un intérêt commun. Les membres d'un groupe s'envoient des messages, un peu comme une messagerie électronique, sauf que ces messages sont stockés sur la plateforme et consultables par tous les autres membres. Il est possible de rendre publics, et donc visibles, l'ensemble des messages échangés.

Les groupes de discussion sont classés en fonction du sujet qu'ils traitent. Pour accéder aux messages envoyés à un groupe de discussion particulier, il faut adhérer à ce groupe.

Le succès des groupes de discussion tient au fait qu'il s'agit d'un excellent moyen de partager de l'information, de trouver des réponses et de donner son opinion sur un sujet en particulier.

Les plateformes à succès sont Google Groups et Yahoo Groups mais on retrouve aussi de nombreux groupes sur LinkedIn et Viadeo.

3. Les forums de discussion

Un forum de discussion est un espace web qui permet à différentes personnes de communiquer. Le forum de discussion est généralement composé de différents fils de discussion ou « topics ».

Il offre les mêmes possibilités de discussion que les groupes, mais sous la forme d'un site web.

Même si les grands forums de discussion sont souvent rattachés à une thématique, les discussions à l'intérieur sont ouvertes et peuvent porter sur des sujets connexes à la thématique.

Les forums de discussion sont à surveiller de très près car c'est à l'intérieur de ceux-ci que nous retrouvons les discussions des clients, des salariés, des partenaires et des concurrents.

L'influence d'un forum se mesure en nombre de membres et en nombre de messages.

4. Les blogs

Un blog est un journal en ligne, mis à jour régulièrement par son créateur, qui publie des actualités (billets) autour de ses thématiques de prédilection. Les visiteurs ont la possibilité de laisser des commentaires ou de s'abonner au flux RSS pour être informés des nouvelles publications du blog.

En 2011, on comptabilisait 14 millions de blogs en France et 200 millions au niveau mondial en 2013.

La blogosphère est composée de blogs personnels, professionnels, de passionnés, d'experts ou encore d'entreprises.

5. Les microblogs

Le microblog est en quelque sorte un blog dans lequel on publie un texte très court, une photo ou une vidéo. Le succès rencontré par le microblogging est certainement dû à la rapidité de circulation de l'information. L'explosion des ventes de smartphones a contribué à son succès.

Twitter, que l'on classe également dans la famille des réseaux sociaux, est l'acteur le plus emblématique du microblogging. Avec plus de 200 millions d'utilisateurs à travers le monde, Twitter véhicule l'information à travers le monde entier à une vitesse incroyable.

Le site http://tweetping.net propose une carte du monde sur laquelle sont représentés en temps réel l'ensemble des tweets émis. Cette carte donne le tournis lorsque l'on sait que l'on estime à environ 175 millions le nombre de tweets envoyés chaque jour.

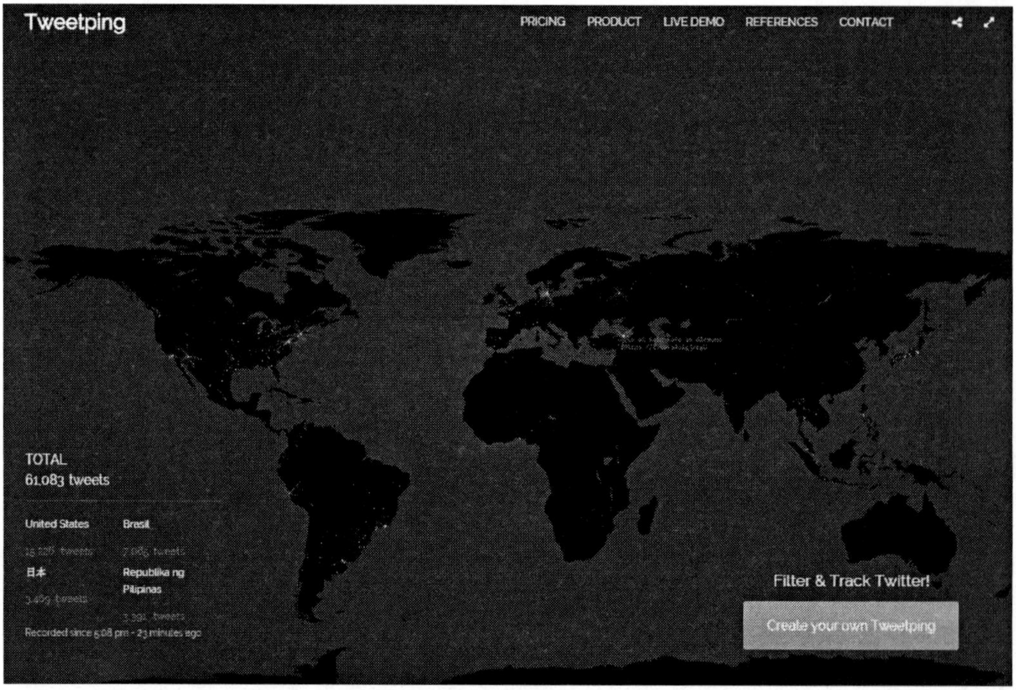

Source : http://tweetping.net

6. Les réseaux sociaux

L'appellation réseaux sociaux regroupe l'ensemble des moyens de communication qui permettent à des individus (ou des collectivités) de se connecter entre eux, créant ainsi un lien social.

Les réseaux sociaux peuvent être assimilés à une intelligence collective dans un esprit de collaboration en ligne. Des individus ou des groupes d'individus collaborent et créent ensemble du contenu web. Celui-ci est ensuite partagé, commenté ou modifié.

Les internautes appartiennent à des communautés qui se construisent autour d'un liant social qui peut être l'amitié, une passion partagée, une marque ou encore une cause. Ces communautés communiquent entre elles et partagent leur contenu, leurs photos, leurs vidéos, leurs bons plans...

Facebook (1,6 milliard de comptes actifs dont 1 milliard d'utilisateurs se connectent tous les jours), YouTube (4 milliards de vidéos vues par jour) ou encore Instagram (300 millions de membres) sont les figures emblématiques de ces réseaux sociaux.

Pour consulter plus de chiffres : http://www.fredcavazza.net

Facebook, avec son milliard et demi de comptes actifs, est l'acteur incontournable et abrite la plus grande communauté du monde jamais constituée jusque-là.

Les réseaux sociaux regroupent une multitude de sites web de partage dont l'utilisation s'est banalisée avec l'arrivée du Web mobile ; ces sites peuvent se segmenter en quatre grandes familles :

- Les sites pour la publication de contenu
- Les sites pour le partage de données
- Les sites pour les discussions
- Les sites pour le réseautage

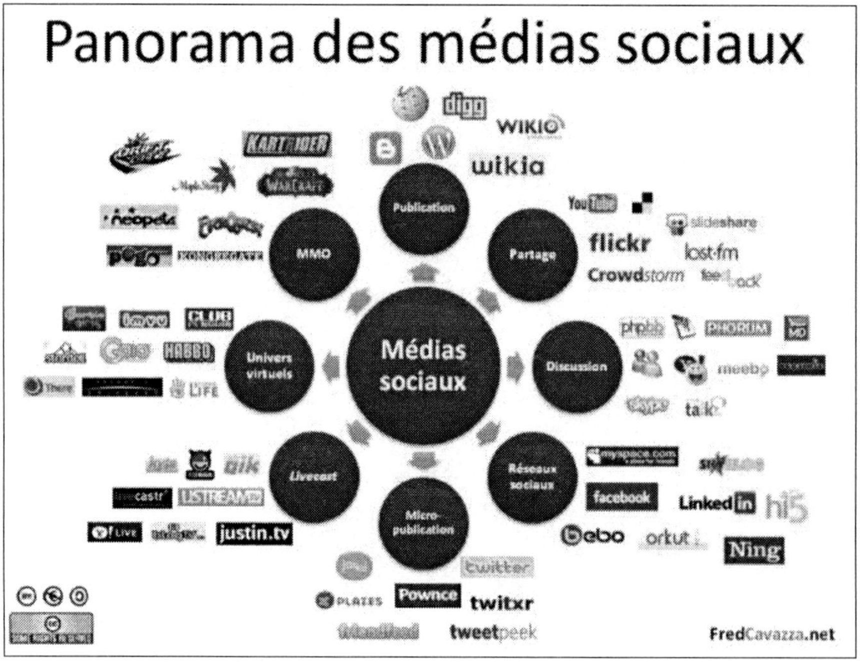

Source : http://www.fredcavazza.net/

Il suffit de regarder tout ce qui se passe en une minute sur les réseaux sociaux pour comprendre que le risque e-réputation existe vraiment et que le « bad buzz » n'est jamais très loin.

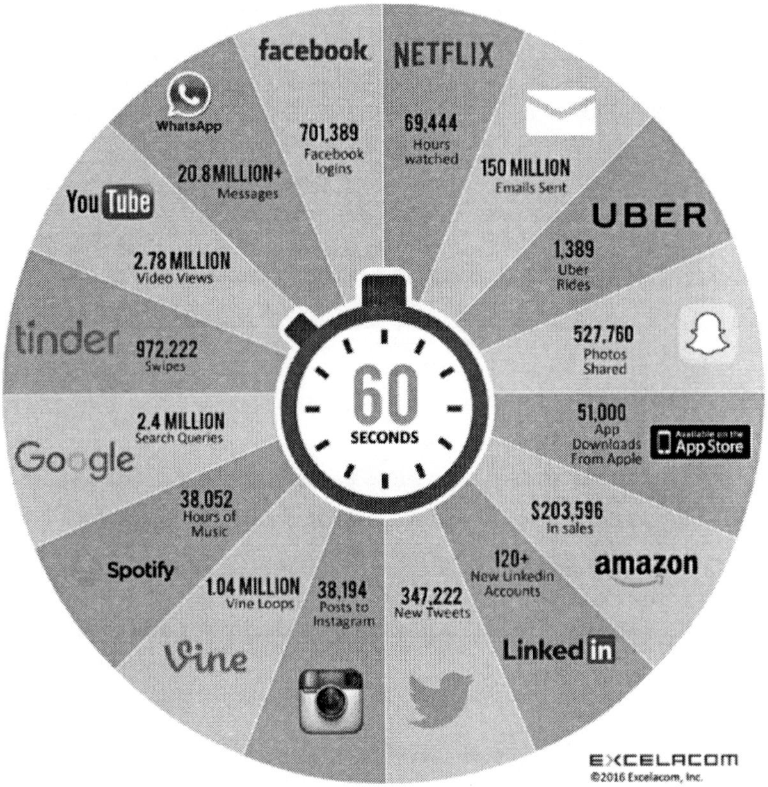

Source : http://www.blogdumoderateur.com/

D. Réaliser l'audit

Réaliser un audit d'e-réputation consiste à rechercher sur le Web tout le contenu produit qui traite d'une marque ou d'une personne. Ce travail de recherche et de collecte servira ensuite de base pour mettre en place une veille sur les sources d'information ainsi identifiées.

1. Rechercher dans Google

Google contient énormément de contenus. La première page de Google, avec une recherche simple, donne déjà une impression de l'image que l'on véhicule sur la toile. Mais pour trouver le maximum de contenus, il va falloir chercher en utilisant les recherches avancées et les opérateurs booléens.

a. Les nuages de mots-clés

Réaliser un nuage de mots-clés en utilisant les textes contenus dans la première page de résultats de Google permet de se faire une idée de l'image que l'on véhicule. Pour réaliser ce nuage de mots-clés, il faut d'abord faire une recherche dans le moteur de recherche Google (www.google.fr) et sélectionner l'ensemble des résultats de la première page.

Source : www.google.fr

Dans un second temps, il faut se rendre sur le site http://www.wordle.net et cliquer sur l'onglet **Create**.

Dans la zone de saisie, collez tel quel le contenu copié sur la page de Google et cliquer sur **Go**.

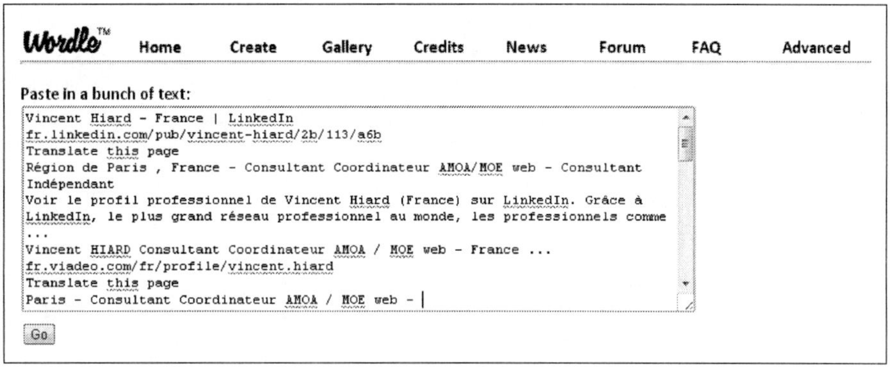

Source : www.wordle.net

Wordle crée alors un joli nuage de mots-clés. Le principe des nuages de mots-clés est de représenter la pertinence des mots-clés en les grossissant proportionnellement au nombre de fois où le mot est trouvé.

Même si le nuage obtenu semble être loin de la réalité. L'analyse de ce nuage de mots-clés permet rapidement de voir si cela correspond à l'image que l'on souhaite véhiculer, tout du moins dans les grandes lignes. Si ce n'est pas le cas, il faudra mettre en place une stratégie pour créer du contenu et optimiser ce dernier afin qu'il apparaisse sur la première page de Google.

Source : www.wordle.net

b. Les recherches simples

Lorsque l'on fait une recherche simple dans Google en utilisant deux termes, Google va ramener de ses pages indexées celles qui contiennent le terme 1, celles qui contiennent le terme 2 et celles qui contiennent le terme 1 ET le terme 2. Ces résultats sont trop larges et ne permettent parfois pas de cibler exactement ce que l'on cherche. Il est alors utile d'utiliser les options qu'offre le moteur de recherche pour affiner ses résultats.

Recherche "expression exacte"

Lorsque l'on souhaite que Google nous restitue l'expression exacte, il faut inclure sa recherche entre des guillemets. Ainsi la recherche "terme1 terme2" affichera les pages contenant exactement "terme1 terme2". Cette pratique permet de mieux cibler sa recherche. Elle est utile pour rechercher un "prénom nom", mais aussi des expressions comme "panorama des réseaux sociaux", qui sera plus précise que la même expression sans guillemets.

Il ne faut pas hésiter à rechercher volontairement avec une ou deux fautes de frappe ou d'orthographe. Cela permet quelque fois de ramener des résultats pertinents.

Les opérateurs booléens

Ces opérateurs sont issus du monde informatique. Ils sont fréquemment utilisés pour affiner des recherches dans les bases de données. Google et quasiment la totalité des moteurs de recherche les interprètent. Ils permettent de « dialoguer » avec l'outil. Ils doivent être saisis en anglais et en majuscules dans la zone de recherche.

L'opérateur AND ou " "

Lorsque l'on saisit deux termes séparés par un espace dans la zone de saisie de Google, celui-ci va interpréter la requête de la manière suivante : terme1 AND terme2.

Cela signifie que Google va d'abord rechercher les pages qui contiennent le terme1 et le terme2. Ensuite, il affichera des pages contenant le terme 1 et des pages contenant le terme 2.

Cet opérateur a des limites dans Google puisque ce dernier a tendance à oublier des pages qui contiennent les deux termes et à privilégier des pages qui contiennent le terme 1 ou des pages qui contiennent le terme 2.

L'opérateur "+"

L'opérateur "+" pourrait s'apparenter à l'opérateur AND, mais le fait de mettre "+" oblige Google à privilégier les pages qui contiennent le terme 1 et le terme 2. La requête saisie est : terme1 +terme2 (avec ou sans guillemets selon le degré de précision désiré). Il ne faut pas mettre d'espace entre le "+" et le terme à ajouter.

L'opérateur NOT ou "-"

Pour certaines recherches génériques, les pages de résultats sont trop confuses et affichent beaucoup de pages éloignées du besoin initial.

L'opérateur NOT ou « - » permet d'exclure des recherches des termes. Par exemple, une recherche avec le terme « orange » fournit des résultats sur l'opérateur téléphonique, la couleur, le fruit, la ville.

On peut alors affiner en excluant le terme « Internet » avec « orange -internet », ou en excluant plusieurs termes : « orange -internet -telephone ».

Il ne faut pas mettre d'espace entre le « - » et le terme à exclure.

L'opérateur "NEAR" ou "*"

L'opérateur « NEAR » ou "*" permet de faire des recherches sur des termes proches l'un de l'autre. Avec la requête AND ou "+" les deux termes peuvent être n'importe où dans la page. Avec l'opérateur "NEAR", ces deux termes sont proches dans la page. Par exemple, une requête : "forfaits * orange * Iphone" n'affichera que les pages web contenant ces trois mots accolés.

L'opérateur "OR"

L'opérateur "OR" permet d'élargir la requête, de rechercher des alternatives. Ainsi, par exemple, la requête : "ville d'orange" (théâtres OR spectacles) permet de sélectionner à la fois les pièces de théâtre et les spectacles de la ville d'Orange. L'utilisation de OR nécessite des parenthèses.

Tableau récapitulatif

Le site web http://www.ebsi.umontreal.ca a réalisé un tableau très clair pour bien comprendre l'usage des opérateurs booléens.

Recherche en mode simple sur le Web

Opérateur logique	Explication	Équivalent booléen
une espace : opérateur par défaut ET	La plupart des moteurs sur le Web trouvent des pages contenant tous les mots inscrits dans la case de recherche. Ex. : **asthme causes** Il y a aura **moins** de documents repêchés, car il faut que chaque document contienne absolument les deux termes de la recherche.	ET
	Autre exemple encore plus limitatif : **asthme causes aliments** Chaque document doit contenir les trois termes.	
Opérateur booléen OU	L'opérateur **booléen** OU n'a pas d'équivalent en recherche simple : il faut taper OR en LETTRES MAJUSCULES et EN ANGLAIS entre les termes recherchés. Ex. : **jeunes OR jeunesse** Les résultats contiennent au moins un des termes recherchés. Il y a aura **plus** de documents repêchés : le moteur trouvera des pages contenant le terme *jeunes*, d'autres pages avec le terme *jeunesse* et des pages avec les deux termes.	OU
-	(-) signifie SAUF : le moteur exclut le terme. Ex. : **gâteau -chocolat** Le moteur trouvera des pages contenant *gâteau*, mais pas celles avec le terme *chocolat*.	SAUF
" "	Les expressions sont toujours placées entre guillemets anglais. Ex. : **"gaz à effet de serre" OR GES**. Le moteur trouve des pages contenant l'expression "gaz à effet de serre", avec ces mots placés les uns à côté des autres, dans l'ordre (en plus de trouver des pages contenant le sigle GES). Très utile pour chercher le titre d'un film, un lieu géographique, etc.	

Source : http://www.ebsi.umontreal.ca/jetrouve/internet/booleens.htm

c. Recherches avancées

Pour accéder à la recherche avancée dans Google, il faut cliquer sur la roue crantée sur le coté droit de la page.

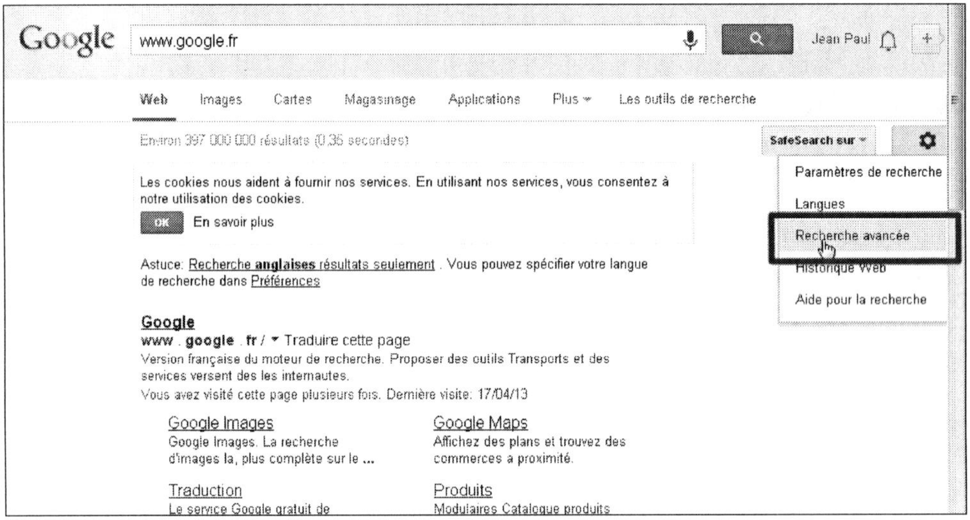

Source : www.google.fr

Recherche dans l'emplacement de la page

Cette fonctionnalité est très intéressante puisqu'elle permet d'optimiser sa recherche en sélectionnant l'emplacement où l'on souhaite voir apparaître le mot-clé ; cela change complètement les résultats. Le choix proposé est le suivant :

- n'importe où dans la page.
- dans le titre de la page.
- dans le texte de la page.
- dans l'URL de la page.
- à des liens vers la page.

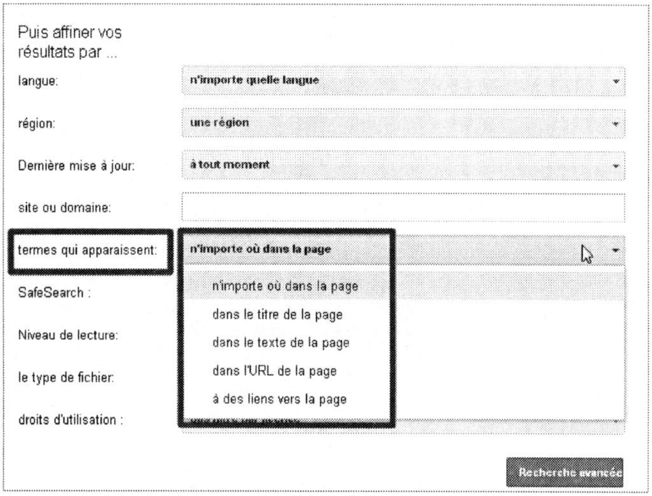

Source : www.google.fr

Recherche par domaine

Google offre la possibilité de rechercher un mot-clé dans un site particulier. Google agit alors comme s'il était le moteur de recherche du site web.

Cette fonctionnalité est très intéressante pour rechercher des informations précises sur un site en particulier.

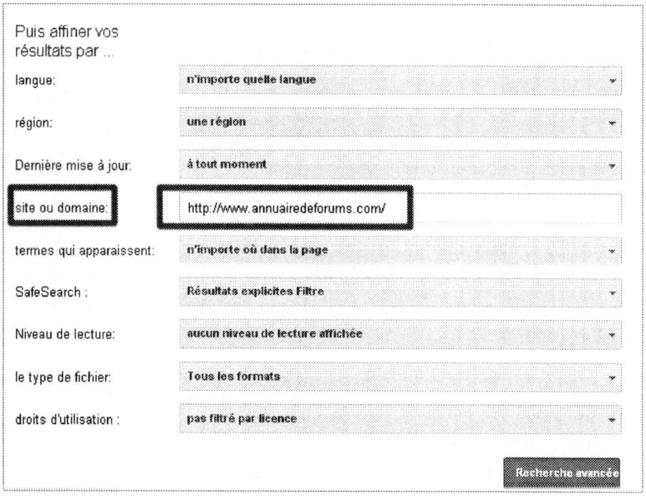

Source : www.google.fr

Recherche par type de fichiers

Par défaut, Google effectue ses recherches dans tous les formats de fichiers qu'il a indexés. Il est donc possible de rechercher uniquement dans les fichiers en précisant le format de fichier désiré.

Cette fonctionnalité donne des résultats impressionnants. Lorsque l'on voit le nombre de fichiers PDF ou Excel ou PowerPoint contenant le mot-clé « confidentiel » dans leur nom de fichier et qui sont stockés dans Google, cela laisse dubitatif.

Chaque entreprise devrait effectuer fréquemment ce genre de recherche pour suivre les documents qui fuitent.

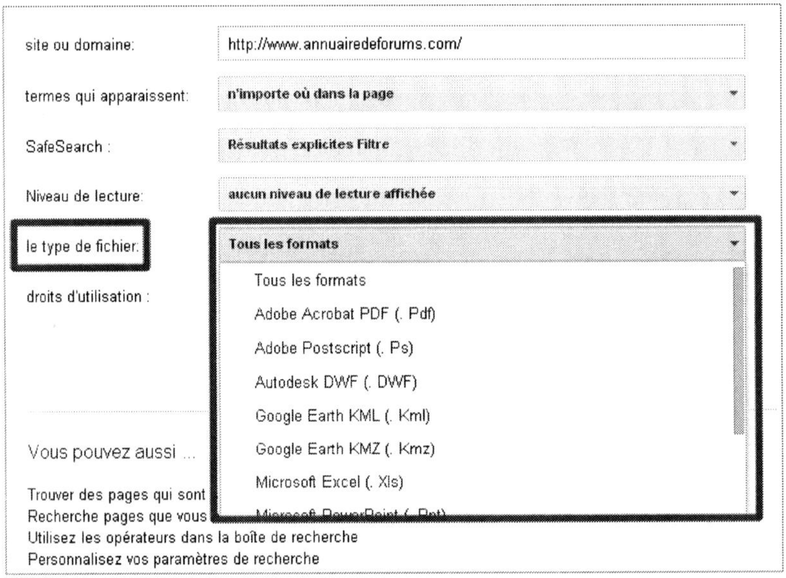

Source : www.google.fr

Recherche par date

Lorsque l'on effectue une recherche, il est important de positionner l'information sur une ligne temporelle. Une critique écrite il y a quatre ans n'aura pas autant d'influence et d'écho qu'une critique écrite il y a un mois. Google permet d'ajouter la notion de date de publication dans ses critères de recherche avancée.

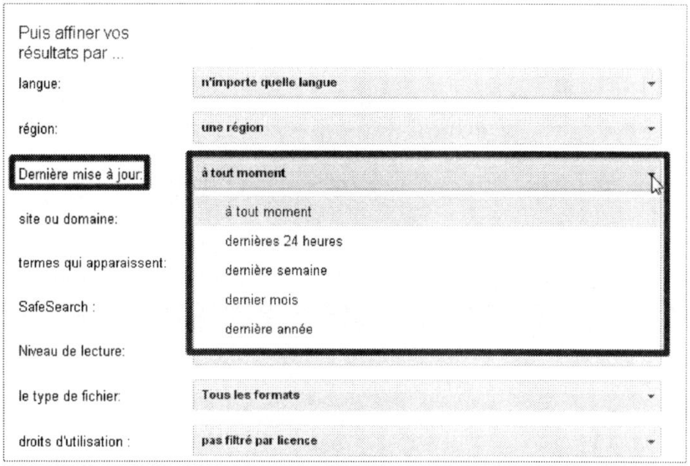

Source : www.google.fr

2. Rechercher dans les blogs

Pour évaluer son e-réputation, il est nécessaire de rechercher dans les blogs ce que l'on dit de sa marque, de son entreprise ou de soi-même.

a. Moteurs de recherche multiplateformes

Certains moteurs de recherche se sont spécialisés dans la recherche à l'intérieur des blogs et proposent une recherche multiplateforme. Il existe plusieurs sites web, dont quelques exemples sont donnés ci-après.

IceRocket

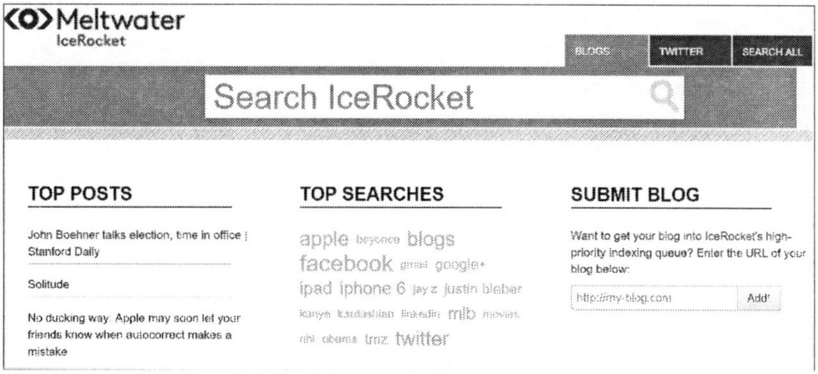

Source : http://www.icerocket.com

Keyblog

Source : http://www.keyblog.fr

WhosTalkin

Source : http://www.whostalkin.com

b. Moteurs de recherche des plateformes de blog

En règle générale, les plateformes qui proposent de créer des blogs proposent également un moteur de recherche qui permet de rechercher à l'intérieur des blogs de la plateforme. Voici une liste non exhaustive mais qui couvre déjà un bon périmètre de recherche :

Google Blogs

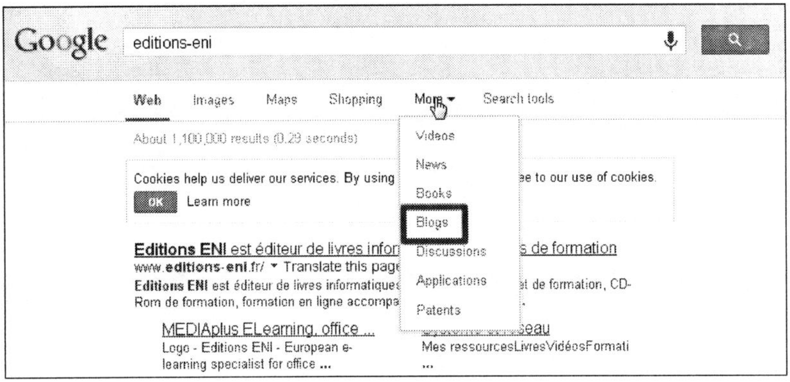

Source : www.google.fr

Over-blog.com

Source : http://www.over-blog.com/blogs.html

Canal-blog.com

Source : http://www.canalblog.com

WordPress.com

Pour rechercher dans la plateforme WordPress (http://fr.WordPress.com), le plus simple est d'utiliser la fonctionnalité de recherche dans les domaines de Google. Celui-ci ira chercher le mot-clé dans l'ensemble des blogs WordPress.

Par exemple, la requête :

permet de chercher toutes les pages à l'intérieur des blogs WordPress qui contiennent le mot "orange".

Hautetfort

Source : http://www.hautetfort.com

3. Rechercher dans les groupes

Google draine à lui seul plus de 90 % des groupes français.

a. Google Groups

Il suffit de se rendre sur https://groups.google.com pour accéder à la fonctionnalité de recherche dans les newsgroups de Google et pouvoir chercher un mot-clé à l'intérieur de ces groupes.

b. Yahoo Groups

Pour rechercher dans les groupes Yahoo, le plus simple est d'utiliser la fonctionnalité de recherche dans les domaines de Google. Celui-ci ira chercher le mot-clé dans l'ensemble des groupes de Yahoo. Par exemple, la requête ci dessous :

permet de chercher toutes les pages à l'intérieur des groupes qui contiennent le mot « orange ».

4. Rechercher dans les forums

a. Annuairedeforums.com

Le site http://www.annuairedeforums.com ne propose pas de moteur de recherche qui permette de chercher à l'intérieur des forums. Il faut utiliser la fonctionnalité de recherche dans les domaines de Google. Par exemple, la requête :

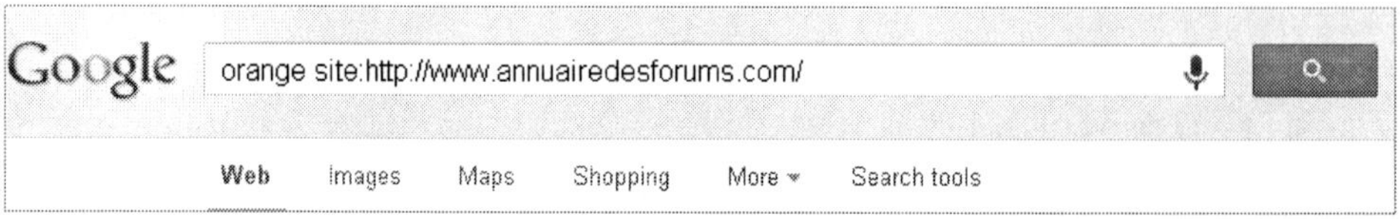

permet de chercher toutes les pages à l'intérieur des forums qui contiennent le mot "orange".

b. Omgili

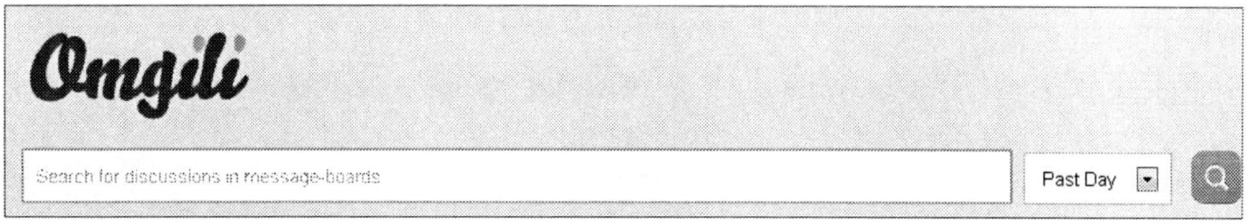

Source : http://omgili.com

c. Google discussions

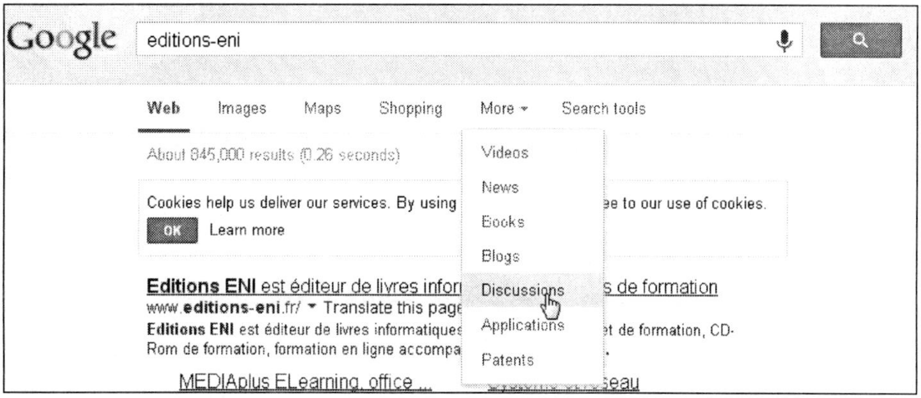

Source : www.google.fr

d. Google INURL

La fonctionnalité INURL de Google permet de rechercher facilement un mot-clé sur l'ensemble des forums. Par exemple, la requête ci-dessous :

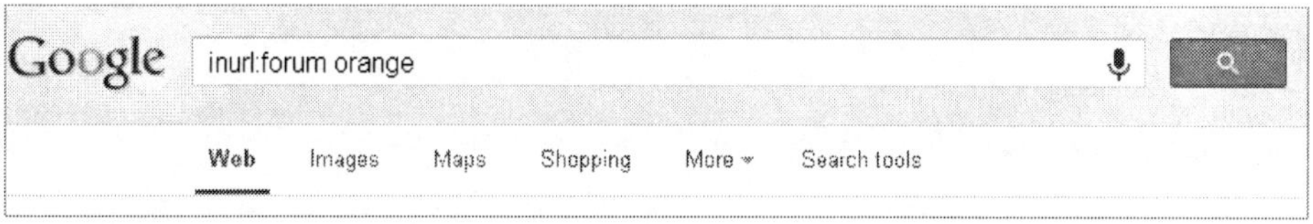

permet de chercher toutes les pages qui contiennent les termes forum et orange dans l'adresse URL. Cette méthode est très efficace.

5. Rechercher dans les réseaux sociaux

a. IceRocket

IceRocket permet de faire des recherches dans les tweets et dans les blogs.

Source : http://www.icerocket.com

b. Mention

Il faut créer un compte gratuit dans Mention pour pouvoir créer son alerte.

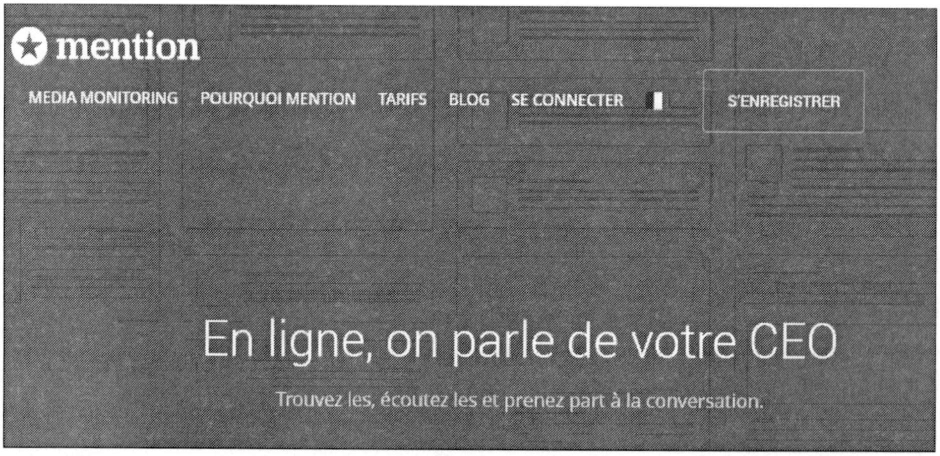

Source : https://fr.mention.net

c. Social Mention

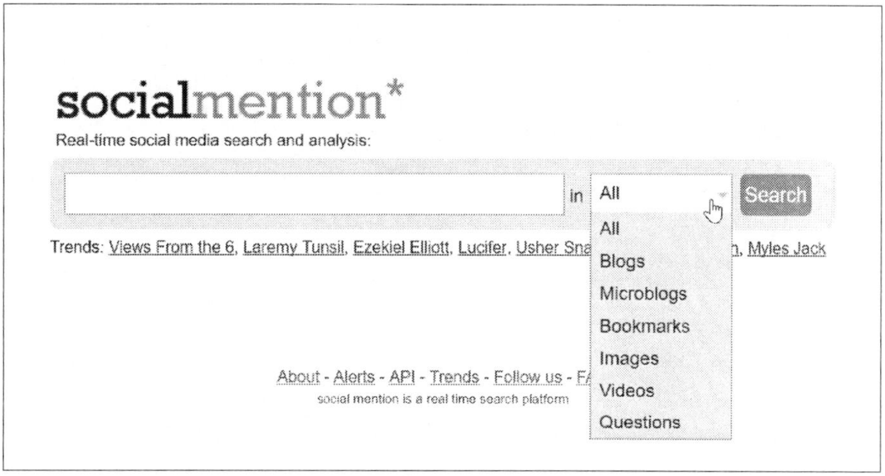

Source : http://socialmention.com

d. Hashtags

Il existe également des solutions spécialisées dans les hashtags :

- http://hshtags.com (moteur de recherche de hashtags multiplateformes (Twitter, Facebook, Google+, Instagram, Vimeo, Flickr, YouTube, Tumblr) :

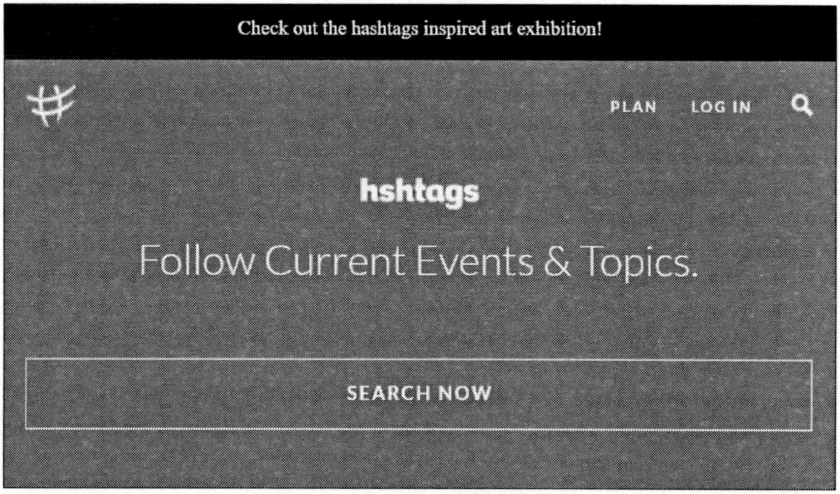

- http://hashtagify.me/ (moteur de recherche hashtags Twitter)

- https://twitter.com/search-advanced (recherche avancée de Twitter)

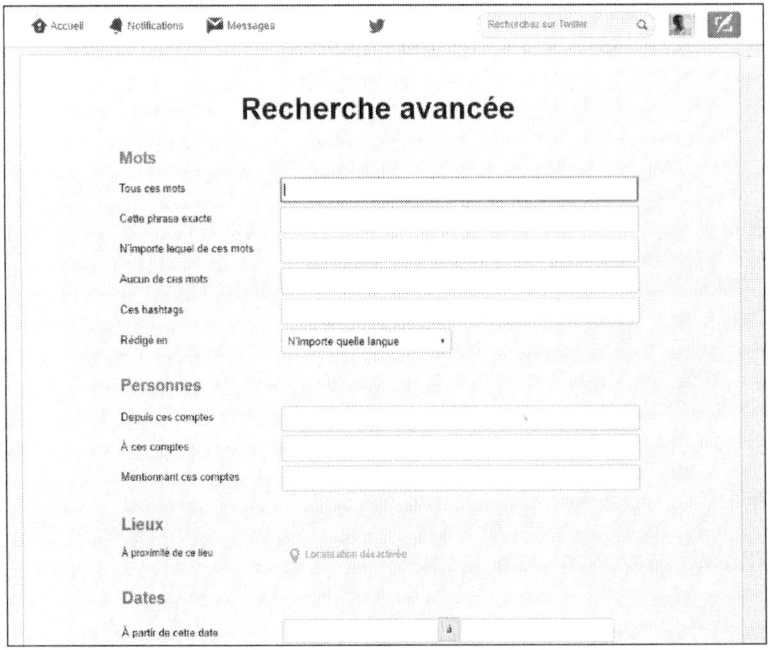

6. Rechercher des personnes

Certains moteurs de recherche se sont spécialisés dans la recherche de l'e-réputation des personnes physiques. Ces recherches peuvent donner un bon aperçu des traces laissées sur le Web.

a. WebMii

Source : www.webmii.fr

b. YouSeeMii

Source : www.youseemii.fr

c. Yatedo

Source : www.yatedo.fr

E. Grille d'audit

Pour remplir la grille d'audit proposée, il convient de répondre aux questions en renseignant le nombre d'avis positifs, neutres ou négatifs trouvés dans les dix premiers résultats. On comptabilise ensuite pour obtenir une note sur 10.

N°	Question	Catégorie	Tonalités			Note
			Positifs (1)	**Neutres (0,5)**	**Négatifs (0)**	
1	Que donnent les dix premiers résultats de la recherche par expression exacte ?	Google				
2	Que donnent les dix premiers résultats de la recherche dans les titres ?	Google				
3	Que donnent les dix premiers résultats de la recherche dans les fichiers ?	Google				
4	Que donnent les dix premiers résultats de la recherche dans les publications des 7 derniers jours ?	Google				
5	Que donnent les dix premiers résultats de la recherche dans les publications des 31 derniers jours ?	Google				
6	Que donnent les dix premiers résultats de la recherche dans les publications des 365 derniers jours ?	Google				

N°	Question	Catégorie	Tonalités			Note
			Positifs (1)	Neutres (0,5)	Négatifs (0)	
7	Que donnent les dix premiers résultats de la recherche dans les images ?	Google				
8	Que donnent les dix premiers résultats de la recherche dans les blogs ?	Blogs				
9	Que donnent les dix premiers résultats de la recherche dans les groupes ?	Groupes				
10	Que donnent les dix premiers résultats de la recherche dans les forums ?	Forums				
11	Que donnent les résultats dans les réseaux sociaux ?	Réseaux sociaux				

F. Pour aller plus loin

L'e-réputation est aujourd'hui un sujet d'actualité. Les entreprises commencent à prendre conscience des enjeux.

Il faut faire appel à un professionnel de l'e-réputation pour mettre en place une vraie stratégie. L'audit n'est qu'une méthode rapide pour se faire une rapide première impression.

En réalité, la gestion de l'e-réputation est un processus bien plus complexe et il faut bien en connaître les phases pour être efficace. Une fois les sources identifiées, il faut mettre en place une veille sur ces sources. Les outils de veille ramènent souvent beaucoup de bruit. Il faut affiner la veille en maîtrisant les éléments de recherche afin de détecter les signaux faibles.

S'inscrire dans un processus d'e-réputation nécessite un investissement financier dont le retour sur investissement est difficilement mesurable.

L'Institut Supérieur de l'E-Réputation (ISER) et l'Université de Strasbourg ont mis en place un diplôme universitaire qui permet de se professionnaliser dans les métiers de l'e-réputation. Plus d'information sur www.is-er.com

Il existe beaucoup de ressources en ligne pour approcher le domaine de l'e-réputation. Parmi elles, on retrouve :

- http://caddereputation.over-blog.com : excellent blog qui partage ses techniques et ses outils de veille, et qui permet d'acquérir de bonnes bases.
- http://www.digimind.fr : Digimind est un logiciel de veille très performant. Les livres blancs publiés par cette société sont de très bonne qualité.
- http://www.outilsveille.com : très bon site web qui aborde tous les aspects de l'e-réputation et de la veille en général.

Chapitre 8 : Audit réglementaire du site web

A. L'audit réglementaire du site web

Les sites Internet sont encadrés par un certain nombre de lois et règles que tout propriétaire de site doit respecter pour être en conformité avec la loi. Au-delà de l'aspect légal, cette conformité rassure les internautes.

Pour les sites d'e-commerce, cette conformité est un gage de sérieux et de qualité indispensable pour que l'internaute passe à l'acte et réalise un achat en ligne.

B. Quand réaliser un audit réglementaire ?

Beaucoup de sites présentent des mentions légales qui ne sont que des "copier-coller" d'anciens sites web. Les personnes en charge des sites web ne savent pas toujours quelles sont les mentions obligatoires.

Il convient de réaliser un audit réglementaire dans les cas suivants :

- Le site web date d'avant 2004. À l'époque, la loi pour la confiance dans l'économie numérique n'existait pas ;
- Lorsqu'il y a eu changement de personnel important. Les personnes citées dans les mentions légales, notamment le responsable éditorial, sont susceptibles d'avoir quitté l'entreprise ou d'avoir changé de fonction ;
- Si personne ne se rappelle qui a réalisé la page et quand elle a été créée ;
- Lorsqu'une campagne marketing va générer beaucoup de trafic, il est préférable de s'assurer au préalable que le site est conforme afin d'éviter une surexposition de cette défaillance.

C. Notions élémentaires

Préalablement à la mise en ligne d'un site Internet, il est impératif de connaître les obligations réglementaires et légales qui régissent les sites Internet. Certaines s'appliquent à tous les sites Internet, d'autres sont spécifiques au statut ou au domaine d'activité. Outre la perte de crédibilité et de l'image de marque, ces obligations, si elles ne sont pas respectées, peuvent entraîner de lourdes conséquences pénales et financières. Si le site web est de taille importante ou dans un domaine réglementé, il peut être préférable de déléguer la mise en conformité juridique du site à un service ou un prestataire qualifié.

1. CNIL

La mission de la Commission nationale de l'informatique et des libertés (CNIL) est de veiller au respect de l'identité humaine, de la vie privée et des libertés des personnes dans le domaine numérique.

La CNIL est qualifiée d'autorité administrative indépendante par la loi n°78-17 du 6 janvier 1978 modifiée en 2004, relative à l'informatique, aux fichiers et aux libertés. Elle exerce un pouvoir de contrôle et de sanction auprès des responsables de traitement qui ne respectent pas la loi Informatique et libertés.

La déclaration auprès de la CNIL n'est obligatoire qu'a partir du moment où votre site Internet collecte des données personnelles en vue de les traiter. Les informations personnelles sont les noms, les adresses électroniques, les adresses postales, les numéros de téléphone...

La CNIL dispense désormais de toute déclaration les sites Internet vitrines, c'est-à-dire ceux qui collectent des données à caractère personnel uniquement à des fins d'information ou de communication externe.

Cette dispense de déclaration est toutefois subordonnée au respect des principes de la loi Informatique et libertés.

Afin d'être dispensé de déclaration, le site web doit s'assurer d'être en conformité avec les points suivants :

- La sécurité des fichiers collectés : le propriétaire du site Internet doit mettre en œuvre toutes les mesures nécessaires (sécurité des locaux, des serveurs...).
- La confidentialité des données collectées : les données collectées ne sont destinées qu'au seul destinataire identifié auprès de la CNIL. Toute communication d'informations personnelles à des personnes non autorisées est punie.
- La durée de conservation : les données collectées ne peuvent être stockées au-delà de la période déclarée auprès de la CNIL.
- L'information des personnes : le site Internet doit permettre à l'internaute d'exercer pleinement ses droits, au moyen d'une information accessible en ligne.
- La finalité des traitements : la collecte d'informations personnelles doit être cohérente avec l'usage qui en sera fait.

Mais si le site web permet de collecter des données personnelles (questionnaire en ligne, commande en ligne, etc.), il faut alors déclarer le fichier que vous aurez constitué avec ces informations.

Procédure :

- Si le fichier est conforme à une norme simplifiée, il faut faire une déclaration de conformité à cette norme. C'est le cas, par exemple, des fichiers clients des sites de commerce en ligne (norme simplifiée n°48).
- Si le fichier n'est conforme à aucune norme, il faut procéder à une déclaration normale (par exemple, pour un fichier de membres d'un site web, chat, forum).
- Si une collectivité (mairie, etc.) met en place un téléservice de l'administration (démarches administratives après création d'un compte usager avec identifiant et mot de passe), il faut procéder à une demande d'avis auprès de la CNIL.

Afin d'alléger les obligations de déclaration auprès de la CNIL, il est possible de désigner un correspondant Informatique et libertés au sein de l'entreprise. En tant que correspondant avec la CNIL, il devra veiller au respect des dispositions de la loi Informatique et libertés et tenir un registre des traitements de données.

Le site Internet de la CNIL est clair et très bien détaillé. On y trouve toutes les informations nécessaires, notamment les formulaires de déclaration et des modèles de mentions légales à intégrer dans un site web : https://www.cnil.fr

2. Loi pour la confiance dans l'économie numérique (LCEN)

La loi pour la confiance dans l'économie numérique (loi 2004-575 du 21 juin 2004, JO du 22 juin 2004), adoptée le 21 juin 2004, a défini un cadre juridique précis d'Internet et du commerce électronique, en clarifiant les règles à la fois pour les consommateurs et pour les prestataires. Elle concerne donc l'ensemble des professionnels d'Internet.

Les points-clés de cette loi sont :

- La communication sur Internet est libre d'accès à condition de respecter la dignité de la personne humaine, la liberté et la propriété d'autrui, et de ne pas nuire à l'ordre public.
- La limitation des responsabilités des hébergeurs de contenus en ligne doivent être publiés par les internautes sous certaines conditions.
- Les informations légales doivent obligatoirement figurer sur les sites Internet professionnels ou non professionnels et sur les sites marchands.
- L'utilisation de la prospection directe par voie de courrier électronique est soumise au consentement des personnes dont les coordonnées ont été recueillies.

Il est possible de consulter le texte de loi dans son intégralité sur http://www.legifrance.gouv.fr

3. Code de la propriété intellectuelle

La loi 92-597 du 1er juillet 1992 relative à la propriété intellectuelle protège les droits d'auteur sur toutes les œuvres de l'esprit. Le code de la propriété intellectuelle s'applique pour les livres, les conférences, les compositions musicales, les œuvres cinématographiques, les dessins, les créations graphiques, les œuvres photographiques, les illustrations, les plans et les logiciels.

Le simple fait d'acheter une œuvre de l'esprit ne confère pas de facto des droits d'auteur sur cette œuvre. Ceux-ci resteront la propriété exclusive de l'auteur original. Il est toutefois possible d'exploiter l'œuvre, avec l'accord de l'auteur et dans les conditions définies contractuellement (durée, exclusivité, conditions...).

Pour un site Internet, il faut avoir systématiquement le réflexe de se renseigner sur l'exploitation des photos et des illustrations, ou sur la reprise de contenus qui ornent les pages. Les contrats signés avec les prestataires doivent clairement définir les conditions d'exploitation des œuvres de l'esprit et souvent faire l'objet d'un paragraphe spécifique au sein de ces contrats.

De plus en plus aujourd'hui, les photos ou contenus sont soumis aux licences Creative Commons. Ces licences répondent à des règles très précises.

4. Droits à l'image

Le droit à l'image des personnes est désormais bien connu de tous. En effet, afin de protéger la vie privée, la diffusion d'une image d'une personne nécessite obligatoirement de sa part une autorisation écrite. Toutefois, cette autorisation n'est pas nécessaire s'il s'agit d'une photo de foule ou de manifestation, et si cela reste dans le cadre de l'information.

Pour les personnalités publiques, dans le cadre de leurs activités publiques ou professionnelles, l'autorisation de publication n'est pas nécessaire si l'image reste dans le cadre de l'information et ne nuit pas à l'image de la personnalité publique.

Il existe un droit, moins connu que le droit à l'image des personnes, à l'image des biens. C'est un droit qui est réservé aux propriétaires et qui protège le propriétaire de l'exploitation abusive ou négative de l'image de son bien.

5. Droit de réponse

Au même titre que pour les publications écrites ou audiovisuelles, le droit de réponse pour les contenus diffusés sur Internet est reconnu à « toute personne nommée ou désignée dans un service de communication au public en ligne », personne physique ou morale. Ce droit s'exerce à titre gratuit et doit intervenir dans les trois mois suivant la mise à disposition au public du contenu litigieux.

Le directeur de publication du site Internet à l'origine du contenu litigieux doit accorder un droit de réponse à la personne visée par les propos mis en ligne. La réponse sera alors insérée sur le site Internet au même emplacement et sous la même présentation que la publication litigieuse dans un délai de trois jours suivant sa réception.

6. Droit à l'oubli sur Internet

Il s'agit du droit pour que chaque individu ait la volonté et la possibilité de maîtriser les traces numériques de sa vie privée et publique en ligne.

La problématique avec Internet est que des informations anciennes restent gravées dans le marbre et deviennent facilement accessibles avec un moteur de recherche tel que Google.

Le droit à l'oubli est la possibilité de supprimer ces informations. La personne incriminée doit informer le responsable du site web en motivant la suppression de l'information la concernant. Le responsable du site web dispose d'un délai de deux mois pour supprimer le contenu incriminant. Une action en justice est envisageable une fois ce délai passé.

7. Les cookies et autres traceurs

Ce que dit la CNIL « En modifiant l'article 5(3) de la directive 2002/58/CE par l'adoption de la directive 2009/136/CE, le législateur européen a posé le principe :

- d'un consentement préalable de l'utilisateur avant le stockage d'informations sur l'équipement d'un utilisateur ou l'accès à des informations déjà stockées,
- sauf, si ces actions sont strictement nécessaires pour la délivrance d'un service de la société de l'information expressément demandé par l'abonné ou l'utilisateur.

L'article 32-II de la loi du 6 janvier 1978, modifié par l'ordonnance n°2011-1012 du 24 août 2011 qui a transposé la directive 2009/136/CE reprend ce principe.

En application de la loi informatique et libertés, les traceurs (cookies ou autres) nécessitant un recueil du consentement ne peuvent donc être déposés ou lus sur son terminal, tant que la personne n'a pas donné son consentement. »

Ce qui signifie que désormais, tous les sites web qui utilisent Google Analytics ou autre solution de traçage du surf de l'internaute, doivent obtenir l'approbation de l'internaute. Généralement, un message est affiché dans un bandeau, dès la page d'accueil.

Le modèle proposé par la CNIL est le suivant « En poursuivant votre navigation sur ce site, vous acceptez l'utilisation de Cookies ou autres traceurs pour vous proposer [Par exemple, des publicités ciblées adaptées à vos centres d'intérêts] et [Par exemple, réaliser des statistiques de visites] ».

Le site de la CNIL est très complet pour tout savoir sur ces nouvelles obligations.

Source : https://www.cnil.fr/fr/exemple-de-bandeau-cookie

D. Réaliser l'audit

La réalisation d'un audit réglementaire s'effectue exclusivement de façon manuelle. Il n'existe pas d'outil en ligne qui permettent de vérifier la véracité du contenu des mentions légales ou la régularité des droits d'auteur des images. Par conséquent, il convient de connaître la réglementation et de s'y conformer.

1. Mentions légales

La loi sur la confiance dans l'économie numérique (LCEN) du 21 juin 2004 énumère les mentions obligatoires qui doivent figurer sur les sites Internet édités par des personnes agissant à titre professionnel.

Il est indispensable que ces mentions légales soient en permanence accessibles en ligne aux internautes. En règle générale, la page des mentions légales est accessible par un lien dans le pied de la page.

Le manquement à tout ou partie de ces obligations est puni d'un an d'emprisonnement et de 75 000 € d'amende et, pour les personnes morales, de 375 000 € d'amende.

a. Propriétaire du site

Les coordonnées du propriétaire du site doivent être renseignées.

Dans le cas où le propriétaire est une personne physique, les données suivantes doivent apparaître :

- Nom
- Prénom
- Adresse
- Numéro de téléphone (facultatif si adresse de messagerie)
- Adresse e-mail de contact
- Numéro d'identification si la personne est assujettie aux formalités d'inscription au Registre du commerce et des sociétés (RCS) ou au répertoire des métiers.

Dans le cas où le propriétaire est une personne morale, les données suivantes doivent apparaître :

- Dénomination ou raison sociale
- Adresse du siège social
- Capital social
- Numéro de téléphone
- Adresse de messagerie du contact
- Numéro d'identification si la personne morale est assujettie aux formalités d'inscription au Registre du commerce et des sociétés (RCS) ou au répertoire des métiers.

Il est toutefois possible de garder son anonymat pour les personnes physiques éditant un site Internet à usage non professionnel, dès lors que les coordonnées exactes de l'éditeur ont été transmises à l'hébergeur et que les coordonnées de l'hébergeur figurent dans les mentions légales.

C'est alors l'hébergeur qui sera tenu, dans le cadre d'une procédure judiciaire, de communiquer les informations sur l'éditeur aux autorités compétentes.

b. Responsable éditorial

Le responsable éditorial est la personne en charge de la publication des informations sur les sites web. C'est aussi la personne responsable en cas de litige. Les informations à faire figurer sont :

- Nom
- Prénom
- Adresse
- Numéro de téléphone (facultatif si une adresse de messagerie est indiquée)
- Adresse de messagerie du contact

c. Hébergeur du site

Les informations d'identification de l'hébergeur du site Internet sont obligatoires, à savoir :

- Nom
- Dénomination sociale ou raison sociale
- Adresse
- Numéro de téléphone
- Adresse de messagerie

d. Professions réglementées

Pour les professions réglementées, il faut préciser :

- les règles professionnelles applicables
- le titre professionnel
- la ville où il a été délivré
- le nom de l'ordre ou de l'organisme professionnel concerné

e. Référence CNIL

Il faut également ajouter les éléments relatifs à la CNIL :

- Une référence à la loi Informatique et libertés :

```
Conformément à la loi 78-17 du 6 janvier 1978 (modifiée par la
loi 2004-801 du 6 août 2004 relative à la protection des
personnes physiques à l'égard des traitements de données à
caractère personnel) relative à l'informatique, aux fichiers et
aux libertés, le site a fait l'objet d'une déclaration auprès de
la Commission nationale de l'informatique et des libertés
(www.cnil.fr).
```

- Une mention du droit de modification et de suppression des données personnelles :

```
En application de cette loi, les internautes disposent d'un droit
d'accès, de rectification, de modification et de suppression
concernant les données qui les concernent personnellement. Ce
droit peut être exercé par voie postale auprès de NOM et ADRESSE
POSTALE ou par voie électronique à l'adresse e-mail suivante :
ADRESSE DE MESSAGERIE.
Les informations personnelles collectées ne sont en aucun cas
confiées à des tiers hormis pour l'éventuelle bonne exécution de
la prestation commandée par l'internaute.
```

f. Litiges

Il faut indiquer également la législation en vigueur et les tribunaux compétents en cas de litige :

```
Les présentes conditions sont régies par les lois françaises et
toute contestation ou litiges qui pourraient naître de
l'interprétation ou de l'exécution de celles-ci seront de la
compétence exclusive du tribunal dont dépend le siège social de
la société NOM DE LA SOCIETE, à savoir VILLE.
```

g. Configuration requise

Afin de se protéger de tout désagrément lié à l'environnement technologique nécessaire pour bien utiliser le site web, il est préférable de stipuler la configuration minimale requise pour laquelle le site web a été optimisé.

```
Pour une utilisation optimisée de ce service nous vous
conseillons :
- une mémoire vive (RAM) de 500 mégaoctets minimum,
- connexion ADSL (ou supérieure) conseillée,
- configuration d'écran : 1024 x 768 ou plus.
Ce site est optimisé pour les navigateurs supportant les standards
XHTML 1 et CSS. Pour l'utiliser correctement, votre navigateur
doit supporter JavaScript.
```

h. Conditions générales d'utilisation (CGU)

Les conditions générales d'utilisation régissent les modalités, droits et limites d'utilisation du site. Elles permettent à tout internaute de connaître les droits que le propriétaire du site lui confère dès lors qu'il consulte le site mais également les obligations qui lui incombent.

Elles sont acceptées par chaque utilisateur du site à partir du moment où l'utilisateur accède au site web et que ces conditions sont facilement accessibles.

Les conditions générales d'utilisation (CGU) ne concernent que l'utilisation du site et doivent contenir :

- Le caractère strictement indicatif des informations communiquées :

```
NOM DE LA SOCIETE met en œuvre tous les moyens dont elle dispose
pour assurer une information fiable et une mise à jour fiable de
ses sites Internet. Les informations contenues sur ce site sont
aussi précises que possible et le site est périodiquement remis
à jour, mais peut toutefois contenir des inexactitudes, des
omissions ou des lacunes. NOM DE LA SOCIETE n'est en aucun cas
responsable de l'utilisation faite de ces informations, et de
tout préjudice direct ou indirect pouvant en découler.
```

- L'acceptation par l'utilisateur,des risques liés à Internet :

  Tout téléchargement de contenu se fait aux risques et périls de l'utilisateur et sous sa seule responsabilité. En conséquence, NOM DE LA SOCIETE ne saurait être tenu responsable d'un quelconque dommage subi par l'ordinateur de l'utilisateur ou d'une quelconque perte de données consécutive au téléchargement.

- L'éventuelle installation automatique de cookies :

  Pour des besoins de statistiques et d'affichage, le présent site utilise des cookies. Il s'agit de petits fichiers texte stockés sur votre disque dur afin d'enregistrer des données techniques sur votre navigation. Certaines parties de ce site ne peuvent être fonctionnelles sans l'acceptation de cookies.

- La politique retenue en matière de liens hypertextes :

  - Si le site contient des liens hypertextes pointant vers d'autres sites Internet sur lesquels il ne peut exercer aucun contrôle :

    NOM DE LA SOCIETE ne dispose d'aucun moyen pour contrôler les sites en connexion avec ses sites Internet. NOM DE LA SOCIETE ne répond pas de la disponibilité des sites et des sources externes, et ne peut la garantir. Elle ne peut être tenue pour responsable de tout dommage, de quelque nature que ce soit, résultant du contenu de ces sites ou sources externes, et notamment des informations, produits ou services qu'ils proposent, ou de tout usage qui peut être fait de ces éléments. Les risques liés à cette utilisation incombent pleinement à l'internaute, qui doit se conformer à leurs conditions d'utilisation.

  - Le propriétaire du site peut autoriser la mise en place d'un lien hypertexte pointant vers son site ou demander à en être informé préalablement :

    Les utilisateurs des sites Internet de NOM DE LA SOCIETE ne peuvent mettre en place un hyperlien en direction de ce site sans une autorisation expresse et préalable.

    La demande d'autorisation est à formuler par e-mail à l'adresse suivante : ADRESSE E-MAIL. NOM DE LA SOCIETE se réserve le droit d'accepter ou de refuser cette demande sans avoir à justifier sa décision.

- La politique retenue en matière de droits de la propriété intellectuelle :

  L'ensemble du contenu du présent site, incluant, de façon non limitative, les graphismes, images, textes, vidéos, animations, sons, logos, gifs et icônes ainsi que leur mise en forme, sont la propriété exclusive de la société NOM DE LA SOCIETE à l'exception des marques, logos ou contenus appartenant à d'autres sociétés partenaires ou auteurs.

- Les risques encourus en cas de contrefaçon d'œuvres protégées par le droit de la propriété intellectuelle :

```
Toute reproduction, distribution, modification, adaptation,
retransmission ou publication, même partielle, de ces différents
éléments est strictement interdite sans l'accord exprès par écrit
de NOM DE LA SOCIETE. Cette représentation ou reproduction, par
quelque procédé que ce soit, constitue une contrefaçon
sanctionnée par les articles L.3335-2 et suivants du Code de la
propriété intellectuelle. Le non-respect de cette interdiction
constitue une contrefaçon pouvant engager la responsabilité
civile et pénale du contrefacteur. En outre, les propriétaires
des Contenus copiés pourraient intenter une action en justice à
votre encontre.
```

i. Conditions générales de vente (CGV)

Les conditions générales de vente régissent les modalités, droits et limites de toute opération de vente effectuée sur un site Internet. Elles sont obligatoires dès lors que le site exerce une activité de commerce en ligne.

Ces CGV doivent être consultables facilement par le cyberconsommateur et doivent être expressément acceptées par l'acheteur avant la conclusion définitive de la vente. Le cyberconsommateur doit obligatoirement accepter les CGV en cochant une case du type « Accepter les conditions générales de vente » en dessous de l'intégralité des CGV. Un lien hypertexte ne suffit pas.

La liste suivante n'est pas exhaustive mais présente les mentions essentielles :

Identification de l'auteur de l'offre

- nom du commerçant ou dénomination sociale
- numéro d'identification
- adresse du siège social ou adresse de l'établissement responsable de l'offre
- adresse électronique
- coordonnées téléphoniques et télécopie

Mentions essentielles

- détails relatifs aux biens ou services (dénomination, composants, dimensions, poids, quantité, coloris...)
- conseils d'utilisation
- mode de livraison
- garanties et service après-vente
- le prix TTC du bien ou service
- le montant des frais de livraison

- la durée de validité de l'offre
- la zone géographique de couverture de l'offre
- la zone de livraison
- le délai de rétractation de 7 jours dont dispose tout consommateur et les modalités de renvoi des biens
- les moyens de paiement mis à la disposition du cyberconsommateur
- les délais de livraison et le service après-vente (SAV)

Le cybermarchand doit retourner au cyberconsommateur une confirmation écrite de la commande. Cette confirmation doit être éditée sur un support durable (support papier, CD-Rom, courrier électronique enregistré sur le disque dur...). En cas de non-respect de cette obligation, le délai de rétractation est porté à trois mois.

Le cybermarchand est également soumis à deux obligations lors de la conclusion du contrat :

- obligation d'accuser réception de la commande
- obligation de conserver un écrit constatant le contrat.

Le cybermarchand est considéré responsable de plein droit à l'égard de l'acheteur de la bonne exécution des obligations résultantes du contrat conclu à distance.

Il n'est cependant pas responsable si l'inexécution ou la mauvaise exécution est imputable à l'acheteur, au fait d'un tiers étranger au contrat ou à un cas de force majeure.

2. Droit des marques

Pour déposer un nom de domaine, il suffit de vérifier sa disponibilité dans la base de données des organismes d'enregistrement. Si le nom de domaine convoité est disponible, on le réserve pour une période donnée.

Mais posséder un nom de domaine ne signifie en rien être propriétaire de la marque. La marque peut être déposée, et de fait, protégée, sans que les noms de domaine soient déposés.

Le droit des marques confère au propriétaire d'une marque l'exclusivité de l'exploitation de celle-ci.

Pour éviter des déboires juridiques futurs, surtout si le site web est promis à une audience importante et une exposition médiatique, il est préférable de vérifier si la marque est protégée ou disponible pour écarter toute accusation de contrefaçon.

Il est même conseillé, en cas de disponibilité, de déposer la marque en même temps que le dépôt de nom de domaine.

L'Institut national de la propriété industrielle (INPI) est l'établissement public français qui délivre les titres de propriété industrielle nationaux : brevets, marques, dessins et modèles pour la France (https://www.inpi.fr).

L'INPI met à disposition en ligne un moteur de recherche qui permet d'interroger ses bases de données. Même si la disponibilité est théorique (il faut approfondir avec une recherche d'antériorité ou de similarité pour garantir la vraie disponibilité), cela donne une première vision.

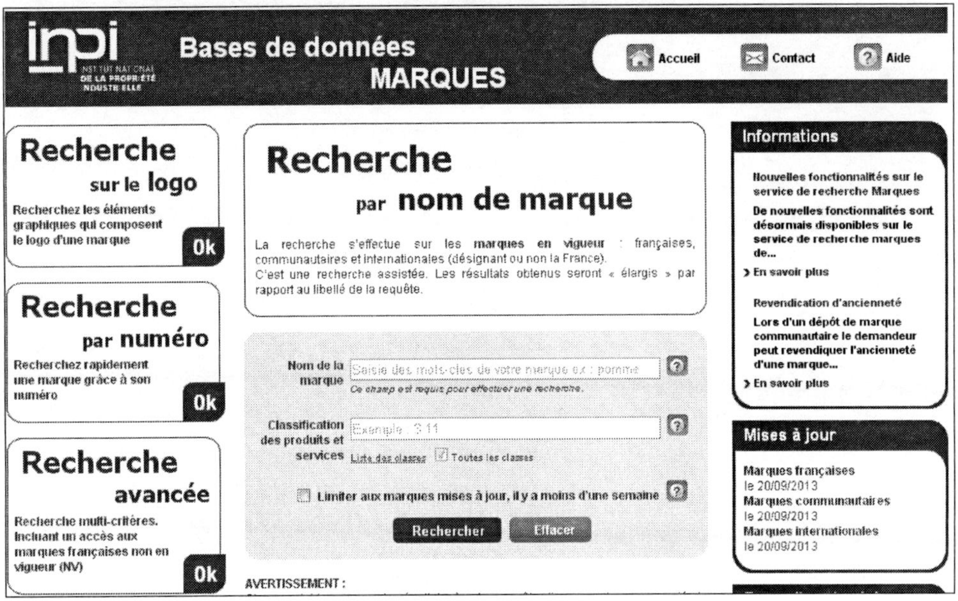

Source : http://bases-marques.inpi.fr/

L'OHMI (Office de l'harmonisation dans le marché intérieur) est l'agence européenne compétente pour l'enregistrement des marques, des dessins et des modèles valables dans les 28 pays de l'Union européenne. L'OHMI met également à disposition un moteur de recherche pour vérifier la disponibilité d'une marque au niveau européen.

Source : http://tmview.europa.eu/tmview/welcome.html?language=fr

Il est également possible de consulter les bases de données des autres acteurs internationaux :

- L'Office de la propriété intellectuelle du Canada (http://www.opic.ic.gc.ca)
- L'Organisation mondiale de la propriété industrielle (http://www.wipo.int/branddb/fr/)
- United States Patent and Trademark Office (USPTO) pour les États-Unis (http://www.uspto.gov)

3. Droit d'auteur

On a tendance aujourd'hui à penser que tout ce qui est accessible gratuitement et librement sur Internet fait partie du domaine public et n'est ainsi pas protégé par le droit d'auteur.

C'est une erreur : tous les contenus présents sur les sites web sont soumis aux droits d'auteur. Le contenu appartient à celui qui le produit. En étant l'auteur, il en est le seul propriétaire et le seul à pouvoir le reproduire.

Par conséquent, si un internaute reproduit sans autorisation la totalité ou une partie du contenu d'un site web, il viole le droit d'auteur. La reproduction ou l'utilisation non autorisées du contenu d'autrui constituent une violation de la loi et sont passibles de sanctions.

Si l'on souhaite reprendre du contenu existant, il est nécessaire de demander l'autorisation à l'auteur du contenu initial qui pourra consentir ou non, imposer ou non certaines restrictions, ou définir des conditions financières d'utilisation.

Certains contenus sont sous licence « Creative Commons » ; il est nécessaire de bien respecter les conditions d'utilisation de ces contenus en fonction de la licence retenue.

Le contenu dupliqué (*Duplicate Content*) est très fréquent sur Internet, à tel point que Google pénalise désormais ces contenus dupliqués dans le positionnement des pages web d'un site.

a. Positeo

Certainement un des meilleurs outils en ligne aujourd'hui qui permette rapidement d'identifier le contenu dupliqué en citant les sources de contenus similaires trouvées.

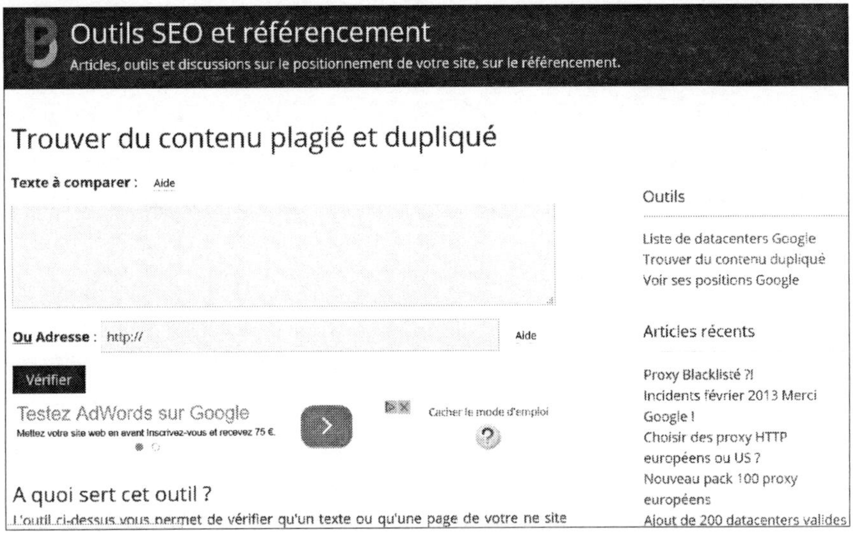

Source : http://www.positeo.com

b. Dupli Checker

Il s'agit d'un outil en ligne (en anglais) qui permet d'obtenir des résultats assez fiables.

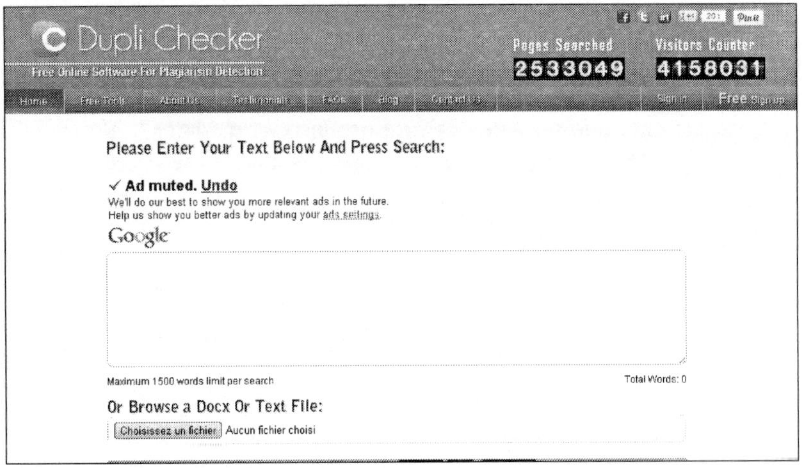

Source : http://www.duplichecker.com/

c. Plag Spotter

Autre outil en ligne (en anglais) qui donne également de bons résultats.

Source : http://www.plagspotter.com/

4. Droit des images

a. Droit d'utilisation en général

Les droits d'utilisation des images sont aujourd'hui une faille importante pour tous les sites Internet. Des images collectées sur Internet par un stagiaire, un salarié peu regardant ou une agence peu scrupuleuse finissent par se retrouver sur les sites web de l'entreprise. Si personne ne se soucie de vérifier systématiquement que l'entreprise dispose bien des droits d'utilisation, c'est le responsable éditorial du site web qui est en première ligne en cas de litige.

Il faut faire la différence entre une image gratuite et une image libre de droit.

L'utilisation d'une photo (ou image) sur Internet est obligatoirement accompagnée de droits d'utilisation, qui peuvent être limités dans le temps ou dans l'usage. Ces droits d'utilisation peuvent faire l'objet d'une compensation financière ou simplement d'un droit d'usage libre. En tout état de cause, il est impératif que le responsable éditorial dispose d'un document écrit et signé qui justifie de ce qu'il dispose bien des droits d'utilisation.

Il est d'usage de faire figurer sous la photo utilisée le crédit photo et les droits d'utilisation. Un paragraphe dans les mentions légales définira les droits d'utilisation des images et photos du site web.

b. Droit à l'image des personnes

Il existe une différence entre le droit d'auteur (création de l'œuvre) et le droit à l'image, qui protège les éléments qui apparaissent sur l'image.

Le droit à l'image découle du droit au respect de la vie privée qui fait l'objet de l'article 9 du Code civil : « Toute personne a, sur son image et sur l'utilisation qui en est faite, un droit exclusif qui lui permet de s'opposer à sa reproduction sans son autorisation expresse et spéciale ».

L'utilisation d'une photographie permettant d'identifier clairement une personne physique doit donc obligatoirement être autorisée par cette personne sous forme de décharge écrite et signée. Cette règle est valable que cette personne soit une célébrité ou non.

En revanche, en vertu du droit à l'information, l'autorisation n'est pas nécessaire si ces trois conditions sont réunies :

- La photo est prise sur un lieu d'actualités intéressant le public.
- La photo illustre un sujet traitant de l'événement.
- La photo ne porte pas atteinte à la personne photographiée.

c. Droit à l'image des biens

Bien moins connu que le droit à l'image des personnes, un droit d'utilisation des images de biens (bâtiments, objets, œuvres d'art...) existe.

Si une photo est prise depuis un lieu public et que l'utilisation de celle-ci n'occasionne aucun trouble pour son propriétaire, alors il n'est pas nécessaire d'avoir une autorisation écrite du propriétaire.

En règle générale, l'utilisation de photos de biens publics ou privés nécessite l'autorisation de son propriétaire. Il faut toutefois être vigilant sur les droits des architectes. En effet, même si le propriétaire donne son accord pour l'utilisation, il est nécessaire d'obtenir également celui de l'architecte du bâtiment. Ces droits courent jusqu'à 70 ans après la mort de l'architecte.

d. Licences Creative Commons

Afin d'apporter une définition plus précise et détaillée des droits d'utilisation des photos et contenus, il existe les licences « Creative Commons ». Ces licences sont de plus en plus utilisées et se répandent donc sur le Web. Il est important de les connaître pour déterminer les droits d'utilisation des images sous cette licence.

C'est à l'auteur de définir lui-même la licence qu'il appose à son œuvre.

Il existe six licences Creative Commons :

- Attribution - CC BY : cette licence permet la distribution, l'adaptation ou la modification de l'œuvre à des fins commerciales ou non, tant que le nom de l'auteur original est cité. C'est la licence la plus souple et la plus permissive.
- Attribution - Pas de modification - CC BY ND : cette licence autorise la distribution, à des fins commerciales ou non, tant que l'œuvre est diffusée sans modification, dans son intégralité, avec citation de l'auteur.

- Attribution - Partage dans les mêmes conditions - CC BY SA : cette licence permet la distribution, l'adaptation ou la modification de l'œuvre à des fins commerciales ou non, tant que le nom de l'auteur original est cité et que la nouvelle création est partagée avec la même licence. C'est par exemple la licence utilisée par Wikipédia.
- Attribution - Pas d'utilisation commerciale - CC BY NC : cette licence permet la distribution, l'adaptation ou la modification de l'œuvre à des fins non commerciales et le nom de l'auteur original doit être cité.
- Attribution - Pas d'utilisation commerciale - Partage dans les mêmes conditions - CC BY NC SA : cette licence permet la distribution, l'adaptation ou la modification de l'œuvre à des fins non commerciales tant que le nom de l'auteur original est cité et que la nouvelle création est partagée avec la même licence.
- Attribution - Pas d'utilisation commerciale - Pas de modification - CC BY NC ND : cette licence autorise la distribution, à des fins non commerciales, tant que l'œuvre est diffusée sans modification, dans son intégralité, avec citation de l'auteur.

Plus d'informations sur le site http://creativecommons.fr/

e. Recherche d'images similaires

Certains outils en ligne permettent d'effectuer des recherches d'image par similitude avec une image fournie.

Ces fonctionnalités permettent de s'assurer que les photos utilisées ne sont pas issues d'un autre site web mais aussi de vérifier que les images d'un site web ne sont pas reprises sans autorisation par d'autres.

Google images

Le célèbre moteur de recherche propose désormais d'effectuer des recherches d'images similaires à partir d'une photo de référence. Les résultats sont assez fiables et sont adossés à la puissance du moteur de recherche. Il est possible d'uploader une image ou d'indiquer directement son chemin d'accès (son URL) sur Internet.

Source : http://www.google.fr

TinEye

Cet outil est assez fiable et donne également de bons résultats. Il est possible d'uploader une image ou d'indiquer directement son chemin d'accès sur Internet.

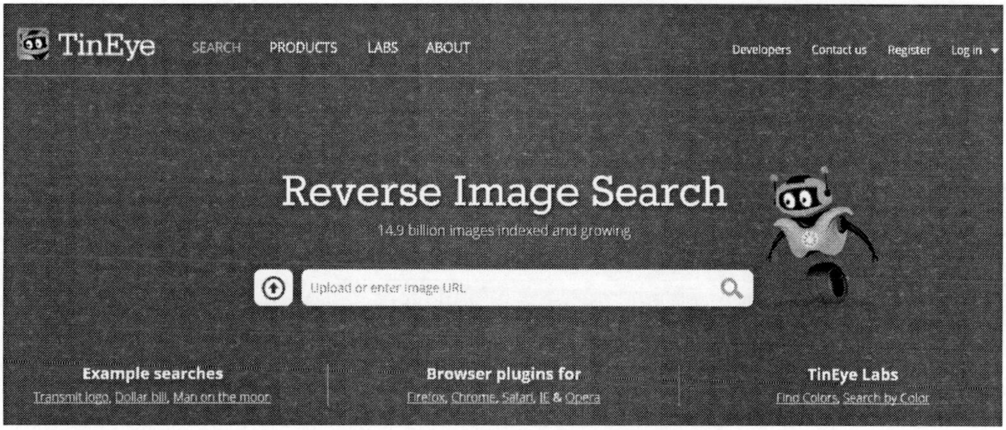

Source : http://www.tineye.com

E. Grille d'audit

N°	Question	Catégorie	Oui (1) Partiel (0,5) Non (0)
1	Un bandeau « cookie » est-il présent dès la page d'accueil ?	CNIL	
2	L'internaute est-il informé de son droit d'accès, de modification et de suppression des données le concernant ?	CNIL	
3	Les modalités pour exercer ce droit sont-elles indiquées ?	CNIL	
4	La page des mentions légales existe-t-elle ?	Mentions légales	
5	La page des mentions légales est-elle accessible depuis toutes les pages ?	Mentions légales	
6	Les coordonnées du propriétaire du site sont-elles présentes ?	Mentions légales	
7	Les coordonnées du propriétaire du site sont-elles correctement renseignées ?	Mentions légales	
8	Les coordonnées du responsable éditorial sont-elles présentes ?	Mentions légales	
9	Les coordonnées du responsable éditorial sont-elles correctement renseignées ?	Mentions légales	
10	Les coordonnées de l'hébergeur sont-elles présentes ?	Mentions légales	
11	Les coordonnées de l'hébergeur sont-elles correctement renseignées ?	Mentions légales	
12	En cas de profession réglementée, les informations obligatoires sont-elles présentes ?	Mentions légales	
13	En cas de profession réglementée, les informations obligatoires sont-elles correctement renseignées ?	Mentions légales	
14	La référence CNIL est-elle présente dans les mentions légales ?	Mentions légales	
15	Le paragraphe sur les conditions d'exercice du droit d'accès, de modification et de suppression est-il présent dans les mentions légales ?	Mentions légales	
16	Les informations sur le tribunal et la législation en vigueur en cas de litige sont-elles présentes ?	Mentions légales	

N°	Question	Catégorie	Oui (1) Partiel (0,5) Non (0)
17	Les informations sur la configuration requise pour une utilisation optimale du site sont-elles présentes ?	Mentions légales	
18	Les conditions générales d'utilisation sont-elles présentes sur le site web ?	CGU	
19	Les conditions générales d'utilisation sont-elles correctement renseignées ?	CGU	
20	Les conditions générales d'utilisation sont-elles accessibles depuis toutes les pages ?	CGU	
21	Le cas échéant, les conditions générales de vente sont-elles présentes sur le site web ?	CGV	
22	Les conditions générales de vente sont-elles correctement renseignées ?	CGV	
23	Les conditions générales de vente sont-elles accessibles depuis toutes les pages ?	CGV	
24	Le nom de domaine est-il libre, c'est-à-dire éloigné d'une marque déposée ?	Marque	
25	Le nom de domaine et la marque déposée appartiennent-ils à la même personne ?	Marque	
26	La recherche de duplicate content est-elle infructueuse pour chaque page ?	Contenu	
27	En cas de contenu dupliqué ou cité, un lien existe-t-il vers le contenu original ?	Contenu	
28	Toutes les images du site sont-elles accompagnées du droit d'auteur et du crédit photo ?	Contenu	
29	La recherche par image similaire est-elle infructueuse ?	Contenu	
30	Les images sous licence Creative Commons mentionnent-elles la licence d'utilisation ?	Contenu	

F. Pour aller plus loin

La grille d'audit proposée permet rapidement d'auditer les grandes lignes d'un site web en termes de conformité réglementaire. En cas de constat de non-conformité, il convient de faire appel à des compétences expertes pour pallier au mieux le problème et se mettre en conformité.

Parmi les métiers spécialisés, on retrouve :

- Juriste Internet
- Avocat spécialisé CNIL
- Avocat spécialisé en propriété intellectuelle.

Il existe des ressources en ligne très complètes sur le sujet, parmi lesquelles :

- http://www.cnil.fr : le site officiel très complet de la Commission nationale de l'informatique et des libertés
- http://www.inpi.fr : le site officiel très complet de l'Institut national de la propriété industrielle
- http://www.legalis.net : un site animé par la société Éditions des Parques
- http://www.cyberdroit.fr : un site animé par le cabinet d'avocats FERAL-SCHUHL / SAINTE-MARIE
- http://www.legifrance.fr : le service public de la diffusion du droit sur Internet
- http://www.irpi.fr : Institut de recherche en propriété intellectuelle, le portail de référence des professionnels de la propriété intellectuelle
- https://www.service-public.gouv.fr/ : le site officiel de l'administration française
- http://creativecommons.fr/ : le site français des licences Creative Commons.

Chapitre 9 : Audit des statistiques de consultation

A. Introduction

De nombreuses entreprises ont maintenant un site web pour présenter leur entreprise, leurs activités ou vendre en ligne. Une fois que le site est en ligne, le ou les dirigeants souhaitent connaître s'il est visité, si le succès est au rendez-vous.

Les outils liés à l'analyse du trafic d'un site Internet permettent de récolter des informations sur les visiteurs et leurs comportements. Ces informations sont fournies par des logiciels d'analyse de trafic gratuits ou payants. L'analyse des statistiques de fréquentation du site web permet de mieux connaître les visiteurs et de faire évoluer le site web afin qu'il soit encore plus efficace.

Afin de récolter des informations précieuses sur les visiteurs, il est courant de recourir aux logiciels d'analyse de trafic disponibles sur le marché, payants ou gratuits.

Il s'agit de coller un bout de code (tag) dans le code HTML des pages Internet du site. Le fonctionnement de ce système de statistiques est simple, à chaque visite d'une page « taguée » le programme renvoie une information sur le serveur qui fournit le service de statistiques. Ces informations collectées sont ensuite disponibles à travers une interface web accessible à partir d'un navigateur web. Après avoir configuré correctement l'outil et personnalisé l'interface, il est possible d'obtenir des représentations graphiques du flux des visiteurs.

Cette tâche incombe souvent au webmaster ou au responsable digital de l'entreprise ou du prestataire responsable du site web.

Un rapport est envoyé mensuellement au(x) dirigeant(s) avec plusieurs indicateurs clés (nombre de visiteurs, de visites, pages les plus consultées, etc.).

Mais trop souvent ces chiffres ne sont pas interprétés et si l'exercice se résume seulement à retranscrire les chiffres fournis par l'outil, il est possible que la vue soit erronée. Avoir des indicateurs sur son site web est bien, mais les analyser pour en déduire un plan d'action est mieux.

B. La collecte des informations des visiteurs

Il existe aujourd'hui multitude d'acteurs pour collecter les « traces » laissées par les visiteurs sur les sites web. Certains sont payants, d'autres sont gratuits. Avec sa gratuité légendaire et son interface très efficace, Google est devenu un acteur majeur de la statistique de consultation des sites web dans le monde.

1. Google Analytics

Avec plus de 54 % de part de marché dans le monde (source : http://w3techs.com/), Google a réussi à s'imposer comme un acteur incontournable de la statistique de consultation des sites web.

La simplicité d'installation du script (notamment pour les sites utilisant des CMS comme Drupal ou WordPress), la facilité et la richesse de l'interface administrateur ont conquis la grande majorité des webmasters.

Pour installer l'outil, il suffit de posséder un compte Google. Celui-ci peut être créé sans forcément posséder une adresse e-mail Gmail.

Il suffit de se rendre sur le site https://accounts.google.com, de renseigner les champs et de valider. Le compte Google est créé, il permet ensuite de se connecter sur l'interface Google Analytics pour récupérer le script à insérer dans les pages du site web. Les statistiques seront ensuite consultables dans l'interface : https://analytics.google.com.

Source : https://analytics.google.com

2. XiTi

XiTi (propriété de ATInternet), et notamment XiTi Free est également un acteur important depuis 2000 pour les sites web français. En échange d'afficher le logo XiTi en bas des pages, le webmaster accède à une interface très riche qui lui permet de consulter et d'analyser les visites, les visiteurs et leurs comportements sur le site web. Il suffit de s'inscrire gratuitement à l'adresse https://www.xiti.com/fr/signup pour bénéficier du service XiTi Free.

Une version professionnelle permet de répondre aussi bien aux enjeux d'utilisateurs néophytes qu'aux experts du Digital Analytics ou du Data Mining.

Source : https://www.xiti.com/

ATInternet met également à disposition des livres blancs très instructifs :
http://www.atinternet.com/ressources/livres-blancs/

3. Piwik

Piwik est une plateforme web analytics open source. C'est une excellente alternative aux géants qui proposent des outils gratuits mais pour lesquelles la confidentialité des données reste trouble.

Piwik assure la confidentialité des données de web analytics des visiteurs et utilisateurs. Les données sont stockées dans les propres bases de données MySQL du site utilisateur et les logs ou les rapports ne sont jamais transmis par Piwik à un autre serveur.

En janvier 2014, en France, la Commission Nationale de l'Informatique et des Libertés (CNIL) recommande Piwik comme le seul outil de web analytics qui peut facilement assurer la confidentialité des données et le respect de la vie privée en accord avec les textes de lois.

Piwik est également utilisé dans le monde par de nombreux gouvernements et agences gouvernementales (en Europe, Asie, Amérique du Nord et Afrique) pour avoir accès à leurs données de web analytics en toute discrétion et en toute sécurité.

Piwik propose toutes les statistiques standards : mots-clés les plus recherchés, moteurs de recherche, les pages les plus populaires par URL, par titres de page, par pays d'origine, par fournisseurs d'accès Internet, système d'exploitation, navigateur Internet, résolution de l'écran, ordinateur VS mobile, meilleures campagnes marketing, fichiers téléchargés. Plus de trente rapports sont disponibles et sont segmentés en quatre catégories.

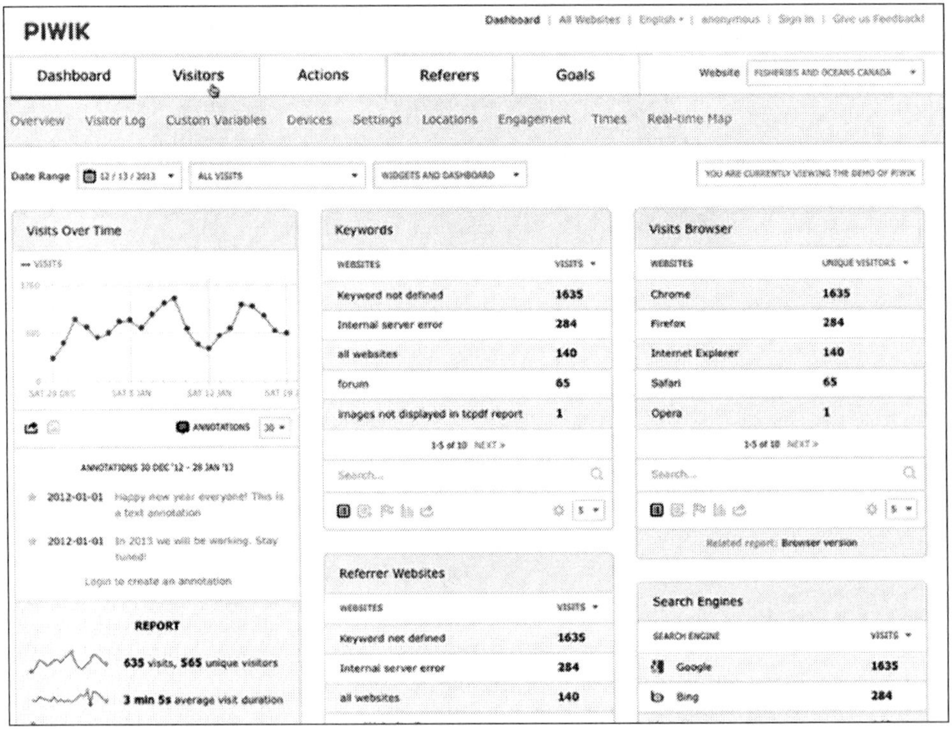

Source : https://fr.piwik.org

4. Adobe Analytics

Le géant Adobe propose Adobe Analytics dans la suite « Adobe Marketing Cloud » qui contient un ensemble d'outils dont l'objectif est d'avoir une vision 360° et une analyse riche du client pour en savoir plus sur lui, et ne pas se contenter d'observer ce qu'il fait sur le site web.

Le profil du client est enrichi avec des informations en ligne et hors ligne pour mieux le connaître et lui offrir une expérience plus personnalisée et déceler des opportunités de vente croisées. Cette analyse 360° est basée sur un classement intelligent des individus en catégories distinctes de personas et une analyse de la totalité des points de contact.

Cette suite payante est très pointue et est destinée aux professionnels du marketing web des sites d'e-commerce.

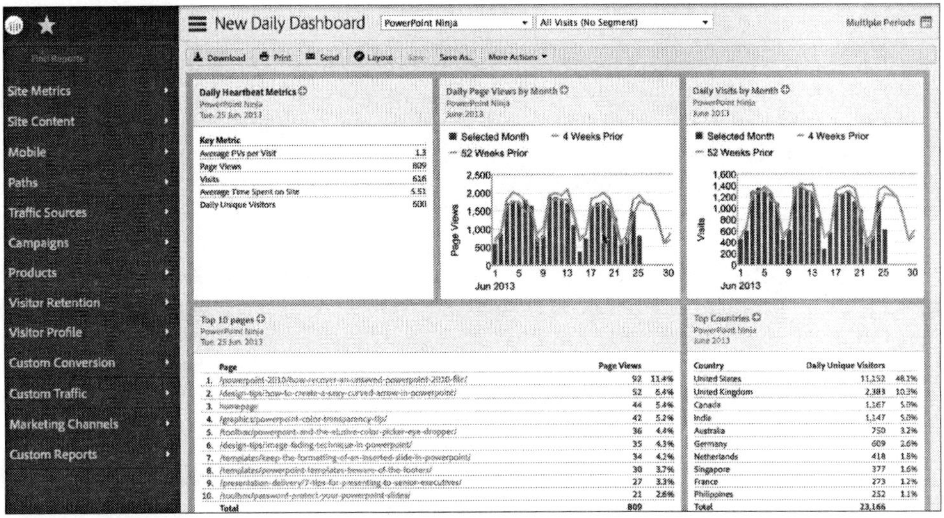

Source : http://www.adobe.com/fr/marketing-cloud/web-analytics.html

C. La véracité des informations collectées

Dans beaucoup d'entreprise, le webmaster qui accède à l'interface de statistiques en extrait soit un rapport tout prêt, soit des chiffres clés des consultations qu'il intègre dans son propre rapport créé dans un tableur. Ces rapports sont ensuite transmis à la Direction qui prend connaissance de l'activité Web de l'entreprise. Souvent ces chiffres sont comparés d'un mois sur l'autre ou d'une année sur l'autre. Le premier objectif attendu est bien sur une progression du nombre de visites ou une explication de la régression.

Avant d'analyser les chiffres de consultation et de décider des plans d'action, il faut se poser la bonne question : est-on sûr de la véracité des chiffres fournis ? Toute analyse de chiffres tronqués est forcément incomplète.

Lorsque les vues de rapports contiennent des données de consultation des internautes internes à l'entreprise et des internautes externes, il peut s'avérer difficile de déterminer la façon exacte dont les vrais prospects ou clients (internautes externes) interagissent réellement avec le site web. Il en est de même des robots ou des sites spammeurs.

1. Les filtres sur adresses IP

Il est important de mettre en place des filtres des adresses IP de l'entreprise ou de toute personne travaillant sur le site web afin que le trafic provenant de celles-ci soit exclu des vues de rapports statistiques. Par exemple, le trafic interne peut inclure le test de montée en charge qui envoie un grand nombre d'appels vers une page spécifique du site web, les rapports présentent un grand nombre d'appels sur cette page et il est difficile de distinguer ceux qui proviennent de vrais internautes de ceux qui proviennent des tests de montée en charge.

a. Connaître son adresse IP Publique

Lorsque l'on se connecte à Internet via un routeur ADSL (Freebox, LiveBox, etc.), celle-ci possède une interface publique, connectée à Internet. Une adresse IP (*Internet Protocol*) est un numéro d'identification qui est attribué de façon permanente ou provisoire à chaque appareil connecté à Internet.

Selon les opérateurs, l'IP peut être fixe (un numéro unique attribué pour un utilisateur) ou dynamique (l'adresse IP change environ tous les 7 à 10 jours, lors du redémarrage de la « box »).

Pour connaître l'adresse IP (pour un particulier) ou les adresses IP (pour les entreprises), il est possible de les demander au service informatique de l'opérateur (pour un particulier) ou de l'entreprise.

Toutefois, plusieurs sites web peuvent vous communiquer gratuitement l'adresse IP public que vous utilisez lorsque vous surfez sur le Web. Attention toutefois, en entreprise il est présent que celle-ci dispose de plusieurs adresses IP, on parle alors de plage d'adresse IP.

Voici une liste de site web non exhaustive :

- http://www.mon-ip.com/
- whatismyip.com
- monip.org
- whatismyipaddress.com

b. Exclure une adresse IP publique dans Google Analytics

Il faut se rendre dans l'interface de Google Analytics rubrique **Admin**.

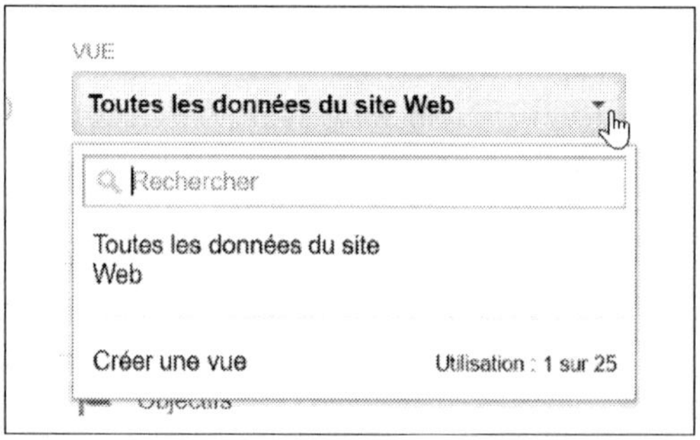

Après avoir nommé la vue et cliqué sur **Suivant**, la vue apparaît désormais dans la page **Admin**. Il suffit de cliquer sur **Filtres** pour en créer un nouveau.

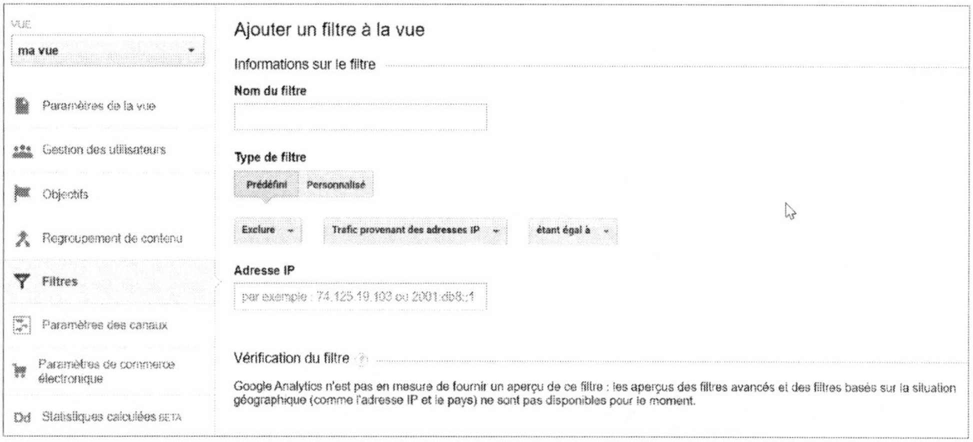

Par exemple, pour exclure une seule et unique adresse IP, telle que 192.168.0.11, il faut définir le filtre comme suit :

- **Nom du filtre** : il faut donner un nom parlant (par exemple : exclusion trafic interne)
- **Type de filtre** : prédéfini
- **Exclure** (dans la première liste déroulante, à gauche)
- **Trafic** provenant des adresses IP (dans la liste déroulante du milieu)
- **étant égal à** (dans la liste déroulante située à droite)
- **Adresse IP** : renseigner l'adresse IP à exclure (dans notre exemple 192.168.0.11)

Puis enregistrer le filtre.

Il est possible que le simple fait d'écrire l'adresse IP sous cette forme « 192.168.0.11 » engendre que le filtre ne fonctionne pas. Il faut alors écrire l'adresse IP à exclure sous forme d'expression régulière : « 192\.168\.0\.11 ».

c. Exclure une plage d'adresses IP publiques dans Google Analytics

La création du filtre se fait de la même manière que celle vue précédemment, à la différence que lorsque l'entreprise dispose de plusieurs adresses IP, il faut exclure la plage d'adresse IP. Pour cela, il faut définir le filtre comme suit :

- **Nom du filtre** : il faut donner un nom parlant (par exemple : exclusion trafic interne)
- **Type de filtre** : prédéfini
- **Exclure** (dans la liste déroulante située à gauche)
- **Trafic provenant des adresses IP** (dans la liste déroulante située au milieu)
- **commençant par** (dans la liste déroulante située à droite)

- **Adresse IP** : renseigner la plage d''adresses IP à exclure (dans notre exemple 192.168.0.*)

Puis enregistrer le filtre.

Il est possible que le simple fait d'écrire la plage d'adresses IP sous cette forme « 192.168.0.*)» engendre que le filtre ne fonctionne pas. Il faut alors écrire l'adresse IP à exclure sous forme d'expression régulière : « 192\.168\.0.*».

d. Vérifier les filtres d'adresses IP publiques

Il n'est malheureusement pas possible de tester directement le filtre dans Google Analytics afin de vérifier qu'il fonctionne bien. Après avoir implémenté le filtre, un délai de 24 heures est nécessaire pour voir dans les rapports les données filtrées.

Une solution consiste à créer deux vues. Une sans filtre et une avec le filtre des adresses IP et de comparer les deux vues. Si la vue avec filtres comportent moins de visiteurs, alors le filtre fonctionne. Il faudra supprimer la vue sans filtre par la suite.

2. Les filtres sur les robots et les sites spammeurs

Les robots viennent fausser les statistiques de trafic mais ne sont pas toujours évidents à identifier. Selon les derniers rapports 2015 de la compagnie américaine Incapsula, spécialisée dans la sécurité en ligne, près de la moitié du trafic d'un site Internet provient de robots connus bienveillants (moteurs de recherche) et inconnus malveillants (spammeurs).

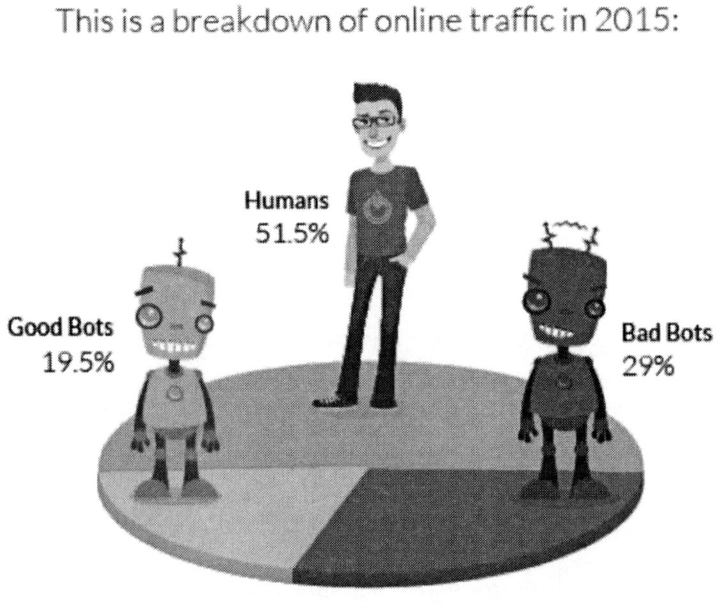

Source : https://www.incapsula.com

a. Les robots connus bienveillants

En permanence, des robots parcourent et visitent de nombreux sites. Ces robots possèdent de bonnes intentions : répertorier les pages dans un moteur de recherche (comme les célèbres « Googlebots », robots de Google) ou surveiller le site web pour vous prévenir en cas d'interruption de service ou de problème.

Afin de ne pas comptabiliser leurs visites, Il est possible de les exclure des rapports de statistiques.

Dans Google Analytics, il faut se rendre dans la rubrique **Admin** du compte, de sélectionner une vue et de cliquer sur les paramètres de la vue. Il suffit ensuite de cocher la case **Exclure tous les appels provenant de robots connus**.

Après 24 heures, les visites des robots ne seront plus comptabilisées dans la vue.

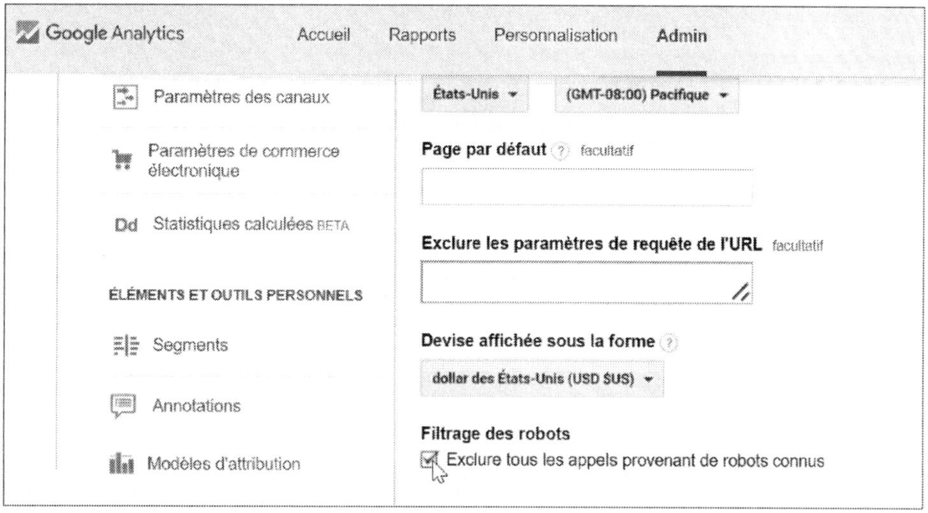

b. Les robots inconnus malveillants

Le « Referer spam » est une technique de référencement abusif qui consiste à interroger un site web en utilisant comme URL de provenance, l'adresse d'un site à promouvoir. Ainsi, ces « referer spam » multiplient leurs liens externes ce qui améliore leurs référencements. Au préalable, il faut se rendre dans l'interface Google Analytics, dans la rubrique **Acquisition - Tout le trafic** puis cliquer sur **Sites référents**.

Parmi les sites censés pointer un lien, on distingue facilement les « referer spam ». Notamment car :

- leur nom n'est pas connu de notre domaine d'activité,
- le pourcentage de nouvelles sessions est à 100 %,
- le taux de rebond est à 100 %,
- la durée moyenne des sessions est à 00 :00 :00.

Pas de doutes, nous sommes bien en présence de visiteurs fantômes qu'il faut exclure de notre vue et de notre rapport.

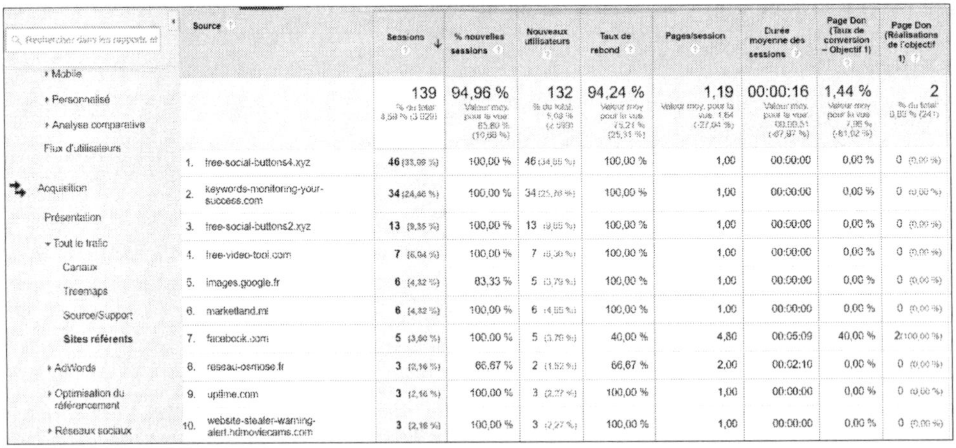

Source	Sessions	% nouvelles sessions	Nouveaux utilisateurs	Taux de rebond	Pages/session	Durée moyenne des sessions	Page Don (Taux de conversion – Objectif 1)	Page Don (Réalisations de l'objectif 1)
	139	94,96 %	132	94,24 %	1,19	00:00:16	1,44 %	2
1. free-social-buttons4.xyz	46 (33,09 %)	100,00 %	46 (34,85 %)	100,00 %	1,00	00:00:00	0,00 %	0 (0,00 %)
2. keywords-monitoring-your-success.com	34 (24,46 %)	100,00 %	34 (25,76 %)	100,00 %	1,00	00:00:00	0,00 %	0 (0,00 %)
3. free-social-buttons2.xyz	13 (9,35 %)	100,00 %	13 (9,85 %)	100,00 %	1,00	00:00:00	0,00 %	0 (0,00 %)
4. free-video-tool.com	7 (5,04 %)	100,00 %	7 (5,30 %)	100,00 %	1,00	00:00:00	0,00 %	0 (0,00 %)
5. images.google.fr	6 (4,32 %)	83,33 %	5 (3,79 %)	100,00 %	1,00	00:00:00	0,00 %	0 (0,00 %)
6. marketland.ml	6 (4,32 %)	100,00 %	6 (4,55 %)	100,00 %	1,00	00:00:00	0,00 %	0 (0,00 %)
7. facebook.com	5 (3,60 %)	100,00 %	5 (3,79 %)	40,00 %	4,80	00:05:09	40,00 %	2 (100,00 %)
8. reseau-osmose.fr	3 (2,16 %)	66,67 %	2 (1,52 %)	66,67 %	2,00	00:02:10	0,00 %	0 (0,00 %)
9. uptime.com	3 (2,16 %)	100,00 %	3 (2,27 %)	100,00 %	1,00	00:00:00	0,00 %	0 (0,00 %)
10. website-stealer-warning-alert.hdmoviecams.com	3 (2,16 %)	100,00 %	3 (2,27 %)	100,00 %	1,00	00:00:00	0,00 %	0 (0,00 %)

Pour exclure ces sites pollueurs, dans Google Analytics, il faut définir le filtre comme suit :

- **Nom du filtre** : il faut donner un nom parlant (par exemple : Spam Referer)
- **Type de filtre** : personnalisé
- **Exclure** (bouton radio)
- **Champ de filtrage** : option **Source de la campagne** (liste déroulante)
- **Règle de filtrage** : tous les sites à exclure

Puis enregistrer le filtre.

Attention, la liste des sites à exclure doit être écrite sous la forme d'une expression régulière. Ce qui signifie que :

- chaque nom de site doit être séparé par le signe | (qui signifie « ou »),
- chaque point ou tiret doit être précédé d'un anti-slash,
- la longueur totale de l'expression ne doit pas dépasser 255 caractères et ne doit comporter aucun espace.

Pour notre exemple cela donne :

Free\-social\-buttons4\.xyz|keywords\-monitoring\-your\-success\.com|
free\-social\-buttons2\.xyz

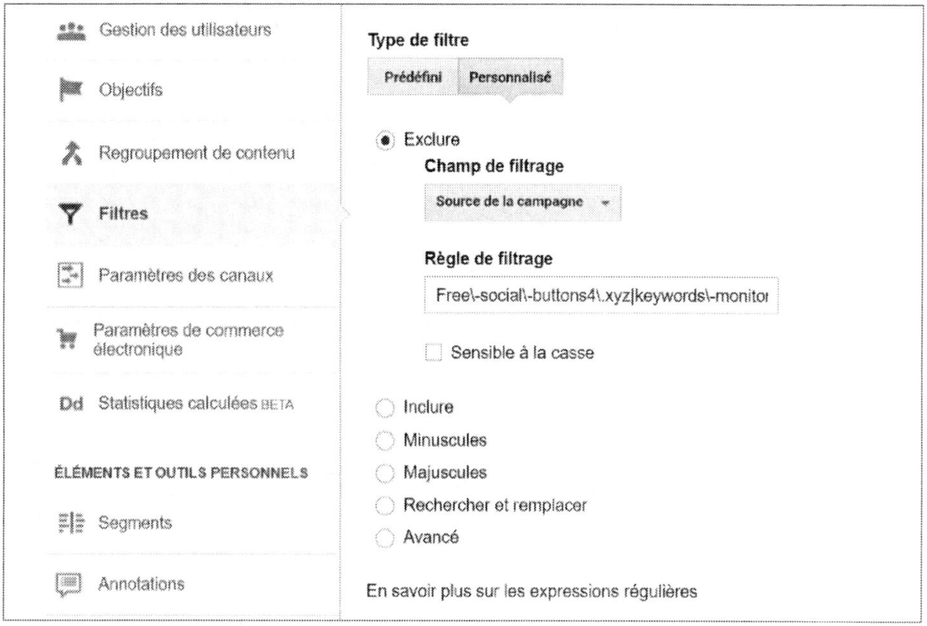

Il existe en ligne des outils qui permettent d'automatiser le blocage, c'est le cas notamment de https://referrerspamblocker.com qui présente également un inventaire de 258 ghost referrers à cette adresse : https://referrerspamblocker.com/blacklist

3. Les problèmes d'affichage des données collectées

Si après la mise en œuvre du code de suivi, aucune donnée n'apparaît dans les rapports sous 24 heures, cela peut être dû à un ou plusieurs problèmes.

Parmi les problèmes récurrents, nous retrouvons :

- Paramètres de filtrage incorrects : l'utilisation de paramètres de filtrage incorrects a une incidence sur l'affichage des données collectées.
- Conteneur non publié : vérifiez que vous avez publié le conteneur du CMS après avoir ajouté la balise Analytics. Les modifications apportées à un conteneur ne sont pas prises en compte sur le site tant le conteneur n'est pas publié.
- Utilisation d'un extrait de code incorrect : il est fréquent qu'une mauvaise recopie ou un malheureux copier/coller altère le code de suivi Google Analytics utilisé.
- Autres scripts sur la page : si votre page comprend d'autres scripts, assurez-vous qu'ils ne contiennent pas de variables utilisées par Analytics.

D. Les bonnes pratiques avec Google Analytics

Si le webmaster souhaite utiliser Google analytics de façon optimale et fournir des données de qualités, il doit respecter quelques bonnes pratiques :

- Activer le moteur de recherche interne : cette fonctionnalité n'est pas activée par défaut lors de la création d'un compte. Lorsque le site dispose de son propre moteur de recherche, il est souvent omis de configurer cette fonctionnalité dans Google Analytics. Pour l'activer il faut se rendre dans l'interface, rubrique **Admin** puis cliquer sur **Paramètre de la vue**. Il suffit ensuite d'activer le bouton **Suivi de la recherche sur site** et de renseigner le paramètre de requête.

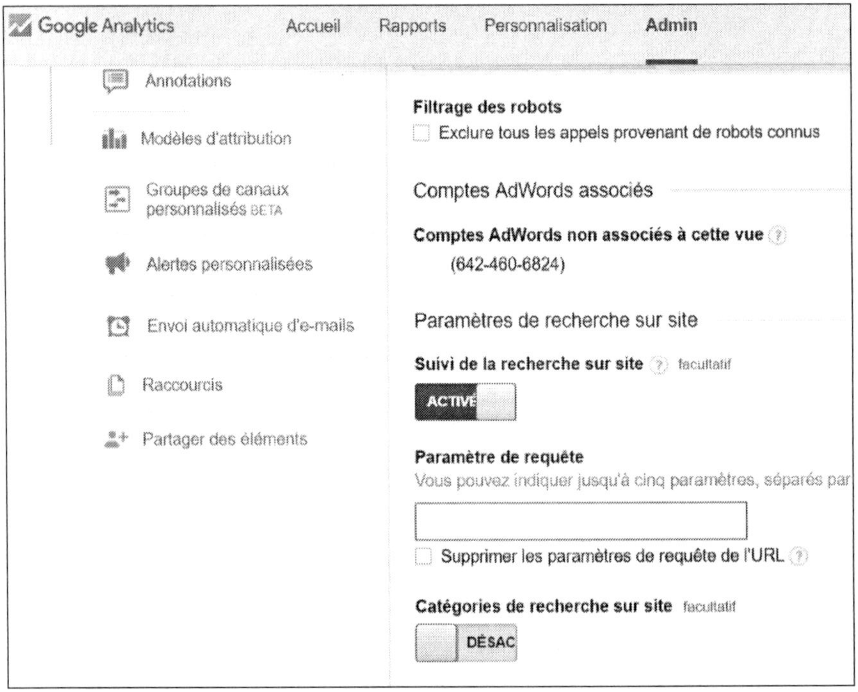

- Associer le Compte Google Webmaster Tools : Google Analytics ne fournit désormais que très peu d'information sur les mots-clés utilisés par les internautes dans le moteur de recherche avant d'arriver sur le site web. Ces mots sont regroupés sous l'appellation « not provided ». Pour avoir un meilleur suivi des mots-clés et du référencement, il est nécessaire de coupler Google Analytics avec la Search Console de Google Webmaster Tools.

  Pour cela, il faut se rendre dans une vue, sélectionner la rubrique **Acquisition**, puis cliquer sur **Optimisation du référencement**. Ensuite il faut paramétrer la Search Console.

- Associer le Compte Google Adwords : lorsque l'on utilise Google AdWords pour les campagnes de publicité, l'intégration avec Google Analytics ne se fait pas automatiquement. Tout le trafic d'AdWords n'est pas intégré dans celui de Google Analytics, et donc considéré comme du trafic provenant du référencement naturel.

  Pour cela, il faut se rendre dans la partie **Admin** de l'interface puis cliquer sur **Tous les produits** et cliquer sur **Associer Adwords**.

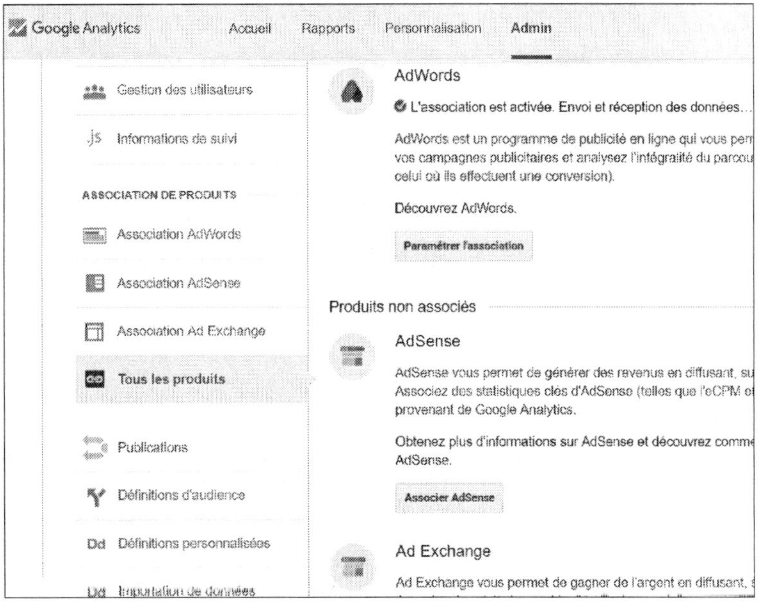

- Se construire des tableaux de bord sur mesure : par défaut, Google Analytics propose différents tableaux de bord permettant d'obtenir une vue générale de la situation selon différents angles. Quatre catégories sont ainsi proposées par défaut sur Google Analytics :
  - **Audience**
  - **Acquisition**
  - **Comportement**
  - **Conversions**

  Il s'agit souvent des premiers tableaux de bord utilisés par les webmasters pour étudier les comportements des visiteurs sur le site web. Néanmoins, les limites apparaissent dès lors que l'on souhaite suivre un sous-ensemble du trafic et exploiter pleinement les données collectées.
- Analyser les données collectées : il ne faut pas se contenter de fournir des données. Aussi joliment présentée soit-elle, si la donnée ne sert pas à définir ou suivre un plan d'action alors elle n'est pas très utile.

E. Les indicateurs de performance (Keys Performance Indicator)

Un indicateur de performance clé ou KPI se réfère à un ensemble de mesures reflétant la performance ou le succès d'une stratégie digitale (site web, campagne marketing, publicité en ligne, etc.).

La plupart des professionnels du marketing en ligne, les experts en référencement et les webmasters ont dans leur routine quotidienne le suivi, le reporting et l'analyse des données.

Néanmoins, tous ces chiffres, les mesures et les statistiques peuvent être source de confusion. Les rapports fournis seront différents qu'ils s'agissent de sites e-commerce, de sites institutionnels, de sites de jeux en ligne, de blogs... Quelles sont les statistiques les plus importantes ? Celles qui permettent de suivre l'évolution de l'objectif attendu.

1. Les indicateurs clés incontournables

Les indicateurs sont triés selon quatre grandes catégories :

- **Audience**
- **Acquisition**
- **Comportement**
- **Conversion**

Parmi toutes les informations collectées, quelques indicateurs incontournables pour chacune des sections permettent déjà un premier suivi de l'activité du site web.

a. Audience

Les indicateurs clés de la section **Audience** sont :

- **Sessions** et **Utilisateurs** : il s'agit des indicateurs les plus populaires et analysés parmi les équipes marketing, le nombre de sessions (visites) restent les incontournables pour évaluer de manière quantitative son site web.

  Ces indicateurs seuls sont incomplets car il ne mesure pas la qualité des visites.
- **% nouvelles sessions** : ce taux permet de mesurer rapidement la proportion d'acquisition de nouveaux visiteurs.
- **Taux de rebond, pages vues par session et durée moyenne des sessions** : ces trois indicateurs sont très utiles, puisqu'ils informent de la qualité des visites. Le taux de rebond indique le pourcentage de visiteurs qui n'ont pas eu envie d'aller plus loin qu'une seule page. Le nombre de pages vues par session mesure l'attrait du contenu et l'ergonomie du site web. La durée des sessions révèle aussi l'intérêt du contenu.
- **Données géographiques** : cet indicateur est intéressant car il est utile de voir de quelle région viennent les visiteurs et si cela coïncide avec l'implantation ou le démarchage de l'entreprise.
- **Mobiles** : cet indicateur permet de voir les visites provenant des smartphones, des tablettes et des ordinateurs. L'évolution du nombre de visites issues des smartphones et tablettes est crucial à évaluer.

b. Acquisition

Les indicateurs clés de la section **Acquisition** sont :

- **Canaux** : cet indicateur détaille l'ensemble des sources de trafic externe vers le site. On y retrouve le trafic provenant des moteurs de recherche (Organic Search), des campagnes d'achat de mots-clés (Paid Search), des sites référents (Referral), du trafic direct (Direct) et des réseaux sociaux (Social). Il est utile de connaître d'où viennent vos visiteurs sur afin d'identifier les canaux privilégiés.
- **Réseaux sociaux** : il s'agit d'un niveau de détail supplémentaire du trafic provenant des réseaux sociaux vers le site, les pages de votre site qui ont été partagées sur les réseaux sociaux et les réseaux sociaux ayant amené du trafic sur le site.

c. Comportement

Les indicateurs clé de la section **Comportement** sont :

- **Vue d'ensemble** : cet indicateur permet rapidement d'établir un top 10 des pages les plus intéressantes pour les visiteurs.
- **Vitesse du site** : il s'agit d'un nouvel indicateur à prendre en considération. La vitesse d'affichage des pages du site est prépondérante dans l'expérience utilisateur et pour le référencement dans Google. Cet indicateur permet également de détecter toute anomalie technique pénalisante.

2. Les indicateurs clés de conversion

Ce qui fait la performance d'un site, ce n'est plus seulement le trafic (sessions, utilisateurs...), mais c'est aussi et surtout la conversion.

Un internaute qui convertit est un internaute qui réalise un objectif, par exemple le nombre de formulaire de contact remplis, de devis en ligne, d'inscription à la newsletter, de dons en ligne effectués, etc.

Le taux de conversion pour cet objectif désigne le pourcentage de visiteurs qui réalise un objectif précis. Il est possible de concevoir autant de taux de conversion qu'il existe d'objectifs sur le site web.

Les nouveaux enjeux du Web ont rendu la mise en place d'objectifs essentielle. Les indicateurs clés incontournables ne suffisent plus pour mesurer si le site est rentable. Il faut sans cesse mesurer pour adapter son site web, remesurer pour réadapter et ainsi de suite.

Pour évaluer la performance d'un site, l'étude des indicateurs de conversion est très importante.

a. Créer un objectif dans Google Analytics

Pour fixer un objectif dans Google Analytics, il faut se connecter sur l'interface, puis sélectionner la rubrique **Admin** dans la barre de navigation du haut, puis sélectionner la vue souhaitée et cliquer sur **Objectifs**.

La page affichée présente l'ensemble des objectifs de conversion déjà créés. Il faut cliquer sur le bouton **NOUVEL OBJECTIF**.

Les champs à renseigner sont :

- **Configuration de l'objectif** : il faut sélectionner **Personnalisée** puis cliquer sur **Continuer**.
- **Description de l'objectif** :
  - **Nom** : donner un nom explicite facilement identifiable (formulaire de contact par exemple),
  - **Type** : sélectionner **Destination** (bouton radio) puis cliquer sur **Continuer**.
- **Détails de l'objectif** :
  - **Destination** : **Est égale à** (liste déroulante) et renseigner l'adresse URL de la page cible.

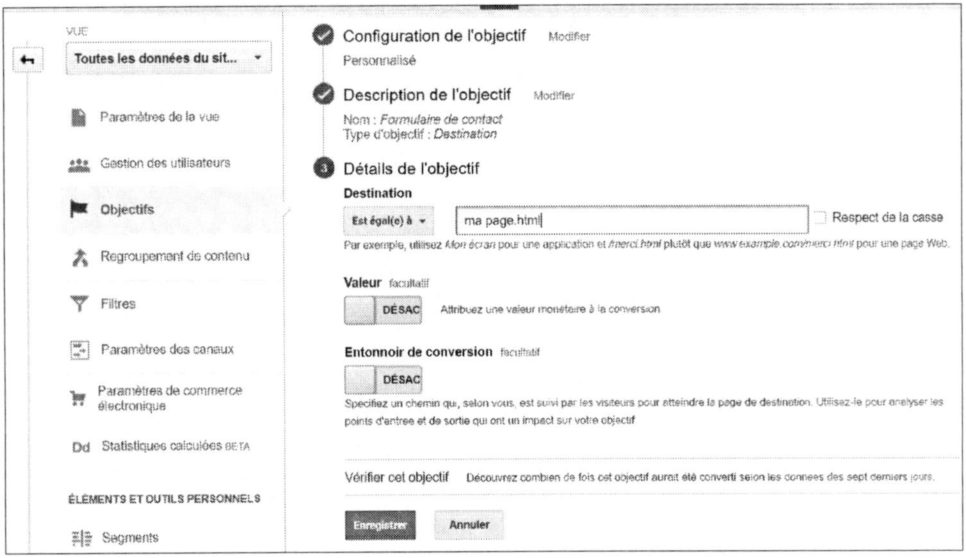

Le nouvel objectif est maintenant ajouté à la liste.

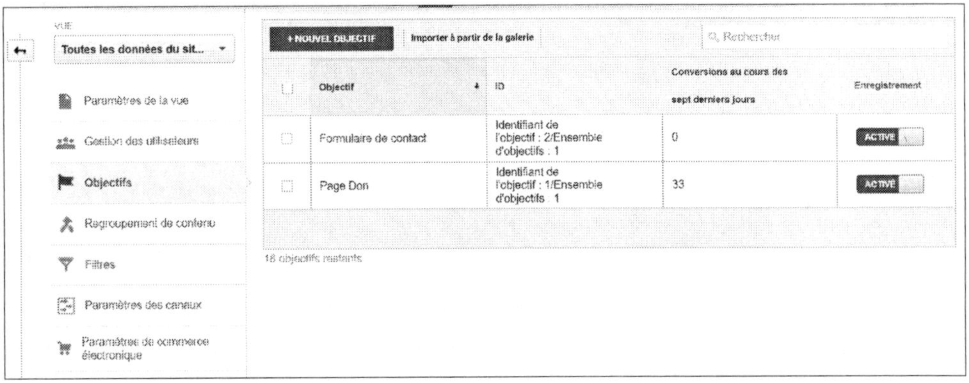

b. Les indicateurs de conversion

Les indicateurs clés de la section **Conversion** sont :

- **Vue d'ensemble** : cet indicateur permet rapidement d'accéder aux chiffres de l'objectif et au taux de conversion.
- **Schéma de l'entonnoir** : cet indicateur représente le chemin parcouru par l'internaute pour atterrir sur la page cible et atteindre l'objectif.

F. Les tableaux de bord de statistiques de consultations

Une fois que les filtres ont été mis en place, que les indicateurs clés incontournables et les indicateurs de conversion ont été paramétrés, il faut désormais se bâtir un tableau de bord type qui sera l'outil de suivi du webmaster et du service marketing.

1. Bâtir le tableau de bord

Pour créer son tableau de bord personnalisé, il faut se rendre dans l'interface administrateur, cliquer sur **Tableaux de bord** puis cliquer sur **Nouveau tableau de bord**. Dans la page centrale, il faut ensuite cliquer sur **Créer un tableau de bord**.

a. Les indicateurs

Les premiers éléments à mettre dans le tableau de bord seront les indicateurs incontournables, à savoir :

- Audience
  - Sessions et Utilisateurs
  - Pourcentage de nouvelles sessions
  - Taux de rebond, pages vues par session et durée moyenne des sessions
  - Origine géographique
  - Mobiles
- Acquisition
  - Canaux
  - Réseaux sociaux
- Comportement
  - Top 10 des pages les plus consultées
  - Vitesse du site

Ces indicateurs incontournables seront présents sur l'ensemble des tableaux de bord.

Pour les indicateurs de conversion, idéalement un tableau de bord peut être créé pour chaque service intéressé de près par un objectif de conversion, par exemple :

- Performance des pages e-commerce (Direction générale) ;
- Performance du tunnel de conversion pour l'objectif devis en ligne (service commercial) ;
- Performance du référencement du site et optimisation des mots-clés (service marketing) ;
- Performance technique (service informatique) ;
- Performance de la dernière campagne de promotion (service marketing) ;
- Performance d'un formulaire d'inscription à un événement (Service communication).

Les indicateurs de performances aident les services à avoir une vision éclairée de la situation du site web. Cela permet également de sensibiliser les services à l'importance du média web.

b. La mise en page

Il faut ensuite définir une mise en page du tableau de bord pour présenter au mieux vos indicateurs. Google Analytics propose six modèles accessibles à partir de la fonctionnalité **Personnaliser ce tableau de bord**.

Le tableau de bord doit rester clair et s'adapter à l'audience qui le lira, et cela est très important, un tableau de bord est un outil de travail.

Afin de faciliter la lecture et la compréhension par les interlocuteurs, il faut adopter une trame de mise en page qui soit optimale. En mettant, par exemple, les objectifs de performances en avant (première colonne) ou en regroupant les indicateurs de performance qui ont une complémentarité (deuxième et troisième colonnes).

Il est pertinent et plus agréable de varier les widgets pour obtenir une mise en page facile à lire. Il faut éviter la surcharge d'informations, le niveau de détail est un élément important à prendre en compte pour de nombreux widget. Il faut montrer juste assez de détails pour encourager une analyse plus approfondie et pas trop pour ne pas surcharger le rapport.

Une fois la mise en page définie et acceptée par l'ensemble des interlocuteurs, il ne faut plus en changer. La comparaison d'un mois sur l'autre sera plus facile.

Afin de suivre le plus efficacement possible le comportement de vos initiatives marketing, il est recommandé de pouvoir isoler le comportement de chaque lien. Les réseaux extérieurs tels que LinkedIn ou Facebook ne permettent pas, par défaut, de suivre la performance de vos publications depuis Google Analytics. Dans le but de centraliser ces informations à travers un même tableau de bord, il vous sera nécessaire de définir des paramètres UTM à vos URL. Chaque lien associé à une campagne et pointant sur votre site doit pouvoir être identifiable afin d'en évaluer sa performance.

c. Les campagnes marketing

Il est possible dans Google Analytics d'ajouter des paramètres UTM ( ) à une URL. Lorsque quelqu'un clique sur une URL comprenant des paramètres UTM, ces marqueurs sont ensuite envoyés à votre outil Google Analytics qui va comptabiliser le trafic enregistré pour chaque marqueur. Il s'agit souvent de la même page et de la même URL d'accès, les paramètres ont pour finalité de renseigner au mieux Google Analytics au sujet des campagnes.

Il est possible, par exemple qu'un même contenu soit diffusé à la fois sur Facebook, sur LindekdIn et sur Twitter, dans des formats différents. Chaque lien fournit contiendra un paramètre spécifique, par exemple :

```
page.htm?utm_campaign=Auto&utm_medium=social&utm_source=facebook
page.htm?utm_campaign=Auto&utm_medium=social&utm_source=linkedin
page.htm?utm_campaign=Auto&utm_medium=social&utm_source=twitter
```

Il est conseillé de créer un tableau de bord personnalisé des campagnes afin que les interlocuteurs aient une image en temps réel de l'évolution de l'objectif et de la performance.

Il faut réaliser un tableau spécifique pour chaque campagne dans Google Analytics, en renseignant les paramètres UTM courants :

- UTM_campaign: il s'agit d'identifier la campagne,
- UTM_medium: il s'agit d'identifier le support utilisé pour amener du trafic sur le site,
- UTM_source: il s'agit d'identifier la source de la campagne (Facebook, LinkedIn, Twitter).

d. Les widgets de Google Analytics

Pour créer son tableau de bord personnalisé, il faut se rendre dans l'interface administrateur, cliquer sur **Tableaux de bord** puis cliquer sur **Nouveau tableau de bord**. Dans la page centrale, il faut ensuite cliquer sur **Créer un tableau de bord**.

S'affiche alors la fonctionnalité **Ajouter un widget** avec la liste des objets disponibles.

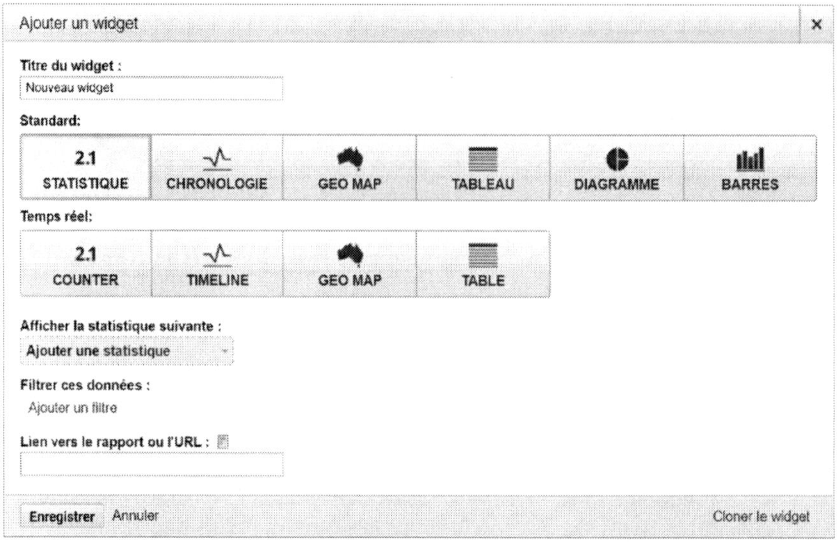

Il faut sélectionner le type de widget, ajouter une statistique et enregistrer.

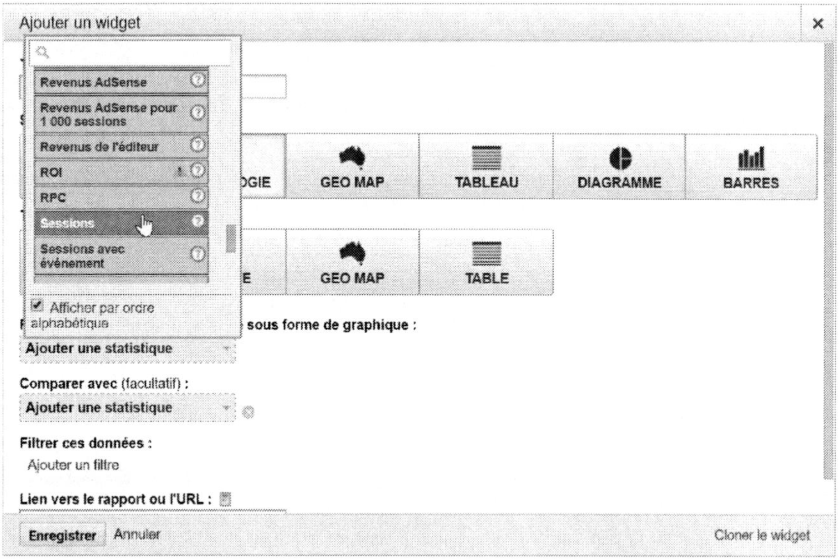

Le widget est affiché dans le tableau de bord. Il faut ensuite créer autant de widgets qu'il y a d'indicateurs à afficher.

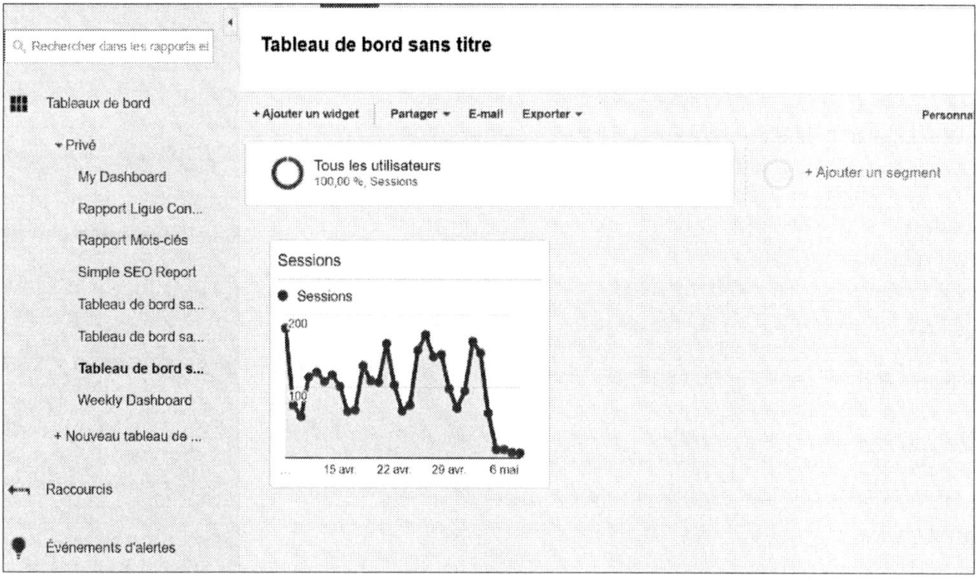

G. Les rapports

Une fois que les tableaux de bord sont constitués et alimentés automatiquement par les données collectées, il faut désormais les envoyer à chaque destinataire. Google Analytics propose une automatisation d'envois des rapports.

Il suffit de cliquer sur l'option **E-mail** associée à chaque tableau de bord puis de sélectionner le/les destinataires et la fréquence d'envoi.

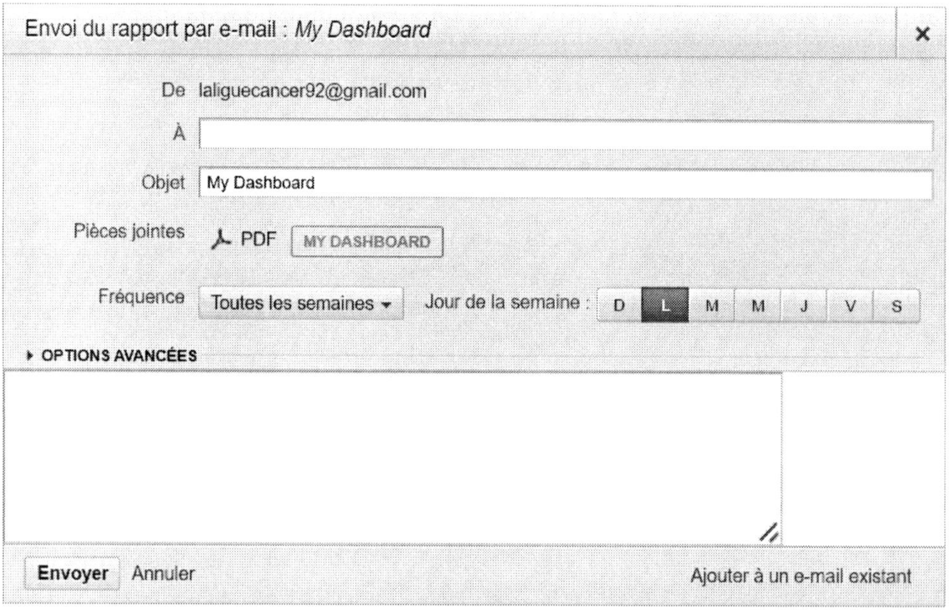

H. Grille d'audit

N°	Question	Catégorie	Oui (1) Partiel (0,5) Non (0)
1	Un outil de suivi des consultations est-il installé ?	Statistiques	
2	Les filtres sur les adresses IP sont-ils opérationnels ?	Statistiques	
3	Le filtrage des robots connus est-il opérationnel ?	Statistiques	
4	Le filtrage des robots inconnus est-il opérationnel ?	Statistiques	
5	Le suivi des données du moteur de recherche est-il activé ?	Statistiques	

N°	Question	Catégorie	Oui (1) Partiel (0,5) Non (0)
6	Le compte Google Webmaster Tools est-il associé ?	Statistiques	
7	Le compte Google Adwords est-il associé ?	Statistiques	
8	Des tableaux de bord personnalisés existent-ils ?	Statistiques	
9	Tous les indicateurs incontournables sont-ils présents dans le rapport ?	Statistiques	
10	Des indicateurs de performance sont-ils présents dans le rapport ?	Statistiques	

I. Pour aller plus loin

Plusieurs sites de qualité sont consultables sur Internet, parmi lesquels :

- https://support.google.com/analytics/ le site support de Google Analytics.
- http://www.atinternet.com/ressources/livres-blancs/ une bibliothèque de livres blancs dédiés à l'analytics.

Chapitre 10 : Présentation de l'audit global

A. Présentation de l'audit global

Effectuer un audit global signifie réaliser un audit des contenus, de l'ergonomie, de la conformité réglementaire, du positionnement et du référencement, de l'e-réputation, des fonctionnalités, de la compatibilité, de l'accessibilité et de la mesure des statistiques de consultation.

L'audit intervient généralement lorsqu'il y a un problème rencontré et que celui-ci a un impact sur le bon fonctionnement du site web.

Il est toutefois possible de réaliser un audit global pour appréhender les problèmes rencontrés dans leur ensemble et non séparément. Pour un site web, chaque spécificité est en lien avec une autre. Ainsi, en travaillant sur les contenus, on travaille également sur l'accessibilité, sur le positionnement et sur l'e-réputation. En travaillant sur l'ergonomie, on travaille également sur l'accessibilité, sur la compatibilité et sur les fonctionnalités.

Réaliser un audit global demande beaucoup de temps et de rigueur. Plus celui-ci est réalisé sérieusement, meilleurs sont les préconisations et le plan d'action.

À la suite d'un audit global, l'entreprise doit entamer une réflexion sur la refonte de son site web et définir un plan d'action.

1. Méthodologie

Pour réaliser l'audit global, il convient de reprendre les grilles d'audit de chaque chapitre et de reporter les scores obtenus aux questions.

Il y a deux niveaux de consolidation. Le premier est très détaillé puisqu'il représente les réponses obtenues au sein même d'une catégorie (éditorial, ergonomie, compatibilité, etc.). Le deuxième est plus global puisqu'il reprend l'ensemble des notes obtenues pour chaque catégorie.

La notation des points se fait selon trois critères :

- La réponse est oui : 1 point
- La réponse est partiellement positive : 0,5 point
- La réponse est négative : 0 point.

Pour l'audit d'e-réputation, c'est la tonalité qu'il faut noter :

- Positive : 1 point
- Neutre : 0,5 point
- Négative : 0 point.

Il suffit ensuite de reporter les notes sur un tableau, de représenter graphiquement les résultats obtenus et de faire des préconisations d'amélioration.

2. Réalisation de l'audit

La représentation graphique sous forme de radar est appropriée pour exprimer les notes obtenues.

Il est également possible d'auditer en même temps un second site (un site de concurrent ou un site ayant une meilleure audience) et de le représenter sur le même graphique. Cela permet de faire ressortir les points forts et les points faibles d'un site par rapport à l'autre.

Enfin, l'audit se termine par une préconisation des améliorations à apporter, famille par famille.

Lorsque l'exercice est effectué famille par famille, il faut consolider le tout pour obtenir l'audit global.

B. Réalisation de l'audit

Dans l'exemple suivant, l'audit a été effectué sur un site web e-commerce spécialisé dans la presse écrite et qui a une grande audience. Le site web a été audité avec l'ensemble des grilles fournies pour chaque catégorie (ergonomie, éditorial, compatibilité, etc.) dans les chapitres précédents du livre.

1. Audit de l'ergonomie

La notion d'ergonomie pour les sites web pourrait se résumer à proposer un site web qui corresponde exactement aux attentes des utilisateurs. Il doit être utile et simple d'utilisation.

a. Périmètre et résultats de l'audit

Il n'y a pas toujours 10 questions par catégorie, il convient donc d'effectuer une règle de trois pour ramener la note sur 10. Par exemple, 7 bonnes réponses sur 8 questions donneront une note globale de 7/8 x 10 = 8,75 sur 10.

Famille	Catégorie	Note
1. Ergonomie		**9,2/10**
	1.1 Page d'accueil	9/10
	1.2 Structure du site	10/10
	1.3 Structure des pages	10/10
	1.4 Navigation	8/10
	1.5 Couleurs et visuels	9/10

b. Représentation graphique et interprétation

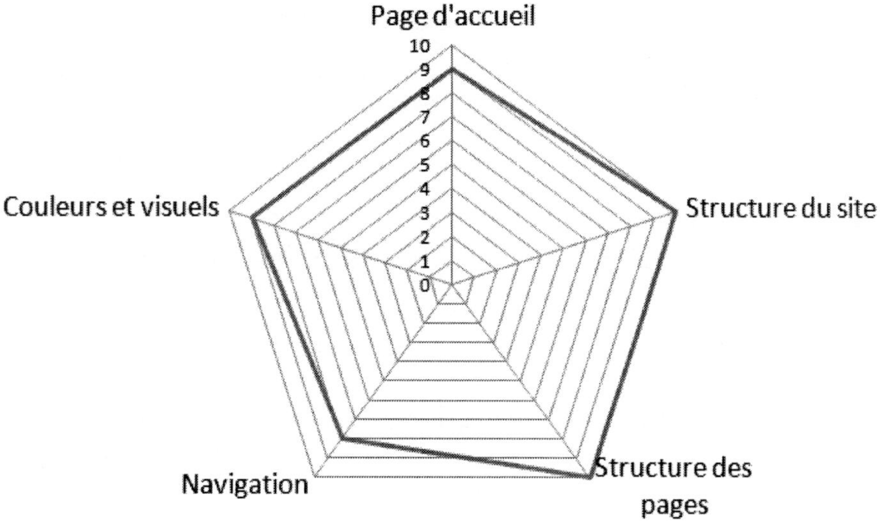

Avec une note 9,20 sur 10, le site web est un très bon exemple de site ergonomiquement optimisé. Un sans-faute est à remarquer sur la structure du site et la structure des pages. Les points d'amélioration à apporter sont :

- La page d'accueil : l'absence de date sur les dernières publications ne permet pas d'estimer la fraîcheur de la page. La notion de "dernières publications" est trop intemporelle.
- Navigation : les liens vers les sites extérieurs ne sont pas précisés. En cliquant sur un lien présenté comme les autres, on se retrouve sur un nouveau site sans trop comprendre ce changement.
- Couleurs et visuels : le logo de l'entreprise, présent sur toutes les pages est pixélisé ou déformé. Cela enlève un peu de crédit au sérieux du site web.

2. Audit des fonctionnalités

Un site web efficace ne doit pas être structuré comme une brochure, il ne peut plus se contenter de présenter l'entreprise et son offre. Le site web doit donner envie d'établir un contact entre l'internaute et le propriétaire du site. L'internaute doit pouvoir interagir.

a. Périmètre et résultats de l'audit

Il n'y a pas toujours 10 questions par catégorie, il convient donc d'effectuer une règle de trois pour ramener la note sur 10. Par exemple, 7 bonnes réponses sur 8 questions donneront une note globale de 7/8 x 10 = 8,75 sur 10.

Famille	Catégorie	Note
2. Fonctionnalités		**6,8/10**
	2.1 Moteur de recherche	8,5/10
	2.2 Formulaires	6,25/10
	2.3 Téléchargements	6,7/10
	2.4 Plan d'accès	10/10
	2.5 Impression	2,5/10
	2.6 E-business	7/10
	2.7 Collaboratives	7/10

b. Représentation graphique et interprétation

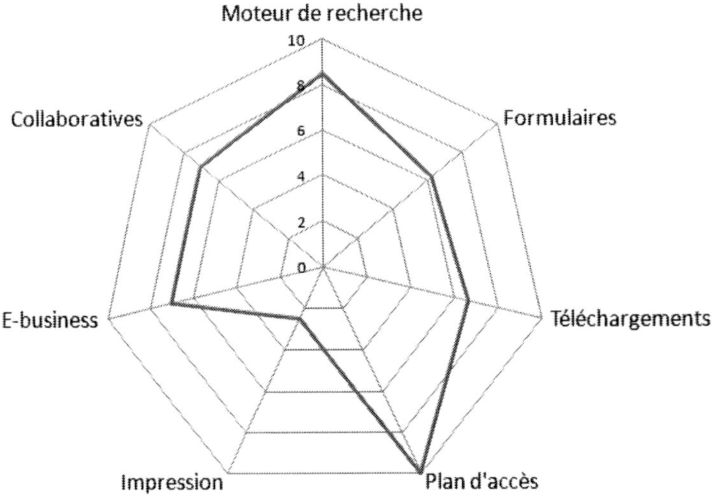

Le site web fait un sans-faute sur le plan d'accès (ou plutôt les points de distribution) avec une note de 10 sur 10. Les points d'amélioration pour les autres fonctionnalités sont :

- Moteur de recherche : même si le moteur de recherche proposé est relativement complet, une amélioration pourrait être apportée dans le message lorsque la recherche n'a rien donné, incitant par exemple à être plus précis sur les mots-clés.

- Formulaires : le formulaire de contact n'est accessible que dans le menu du pied de page, ce qui pénalise sa visibilité. La touche ⏎ ne permet pas de valider le formulaire, il est nécessaire de cliquer sur le bouton Valider pour le faire.
- Téléchargements : le site web propose des fichiers au format PDF en téléchargement. Le poids des fichiers n'est pas précisé ; il faut démarrer le téléchargement pour connaître celui-ci.
- Impression : il s'agit du point faible du site en termes de fonctionnalités. Le site web ne propose pas de lui-même la fonctionnalité Imprimer cette page, ce qui signifie que pour imprimer une page, il faut utiliser la fonction Imprimer du navigateur, qui n'offre pas une optimisation de l'impression, occasionne une mauvaise mise en page et génère une surconsommation de feuilles de papier.
- E-business : le site n'affiche pas le contact direct (e-mail ou téléphone) pour assister l'internaute qui serait en difficulté ou qui aurait une question précise sur l'utilisation du site. Cette absence est pénalisante pour le climat de confiance. Il en est de même pour la politique de retour des marchandises en cas de mécontentement et des mentions CNIL relatives à la protection des données personnelles.
- Collaboratives : même si beaucoup de fonctionnalités de partage sont présentes (Suivre sur Facebook, Suivre sur Twitter, Envoyer à un ami, etc.), la fonctionnalité "Avis des lecteurs" est absente.

3. Audit de la compatibilité

Il est possible aujourd'hui de se connecter à Internet et de naviguer sur les sites web de plusieurs manières. La même personne peut naviguer plusieurs fois dans la journée sur le même site mais avec un équipement différent.

Il n'est pas simple dans ces conditions d'avoir un site web qui soit compatible avec tous ces équipements.

a. Périmètre et résultats de l'audit

Il n'y a pas toujours 10 questions par catégorie, il convient donc d'effectuer une règle de trois pour ramener la note sur 10. Par exemple, 7 bonnes réponses sur 8 questions donneront une note globale de 7/8 x 10 = 8,75 sur 10.

Famille	Catégorie	Note
3. Compatibilité		**6,7/10**
	3.1 Navigateurs	10/10
	3.2 Résolutions d'écran	8,3/10
	3.3 Disponibilité	5/10
	3.4 W3C	3,3/10

b. Représentation graphique et interprétation

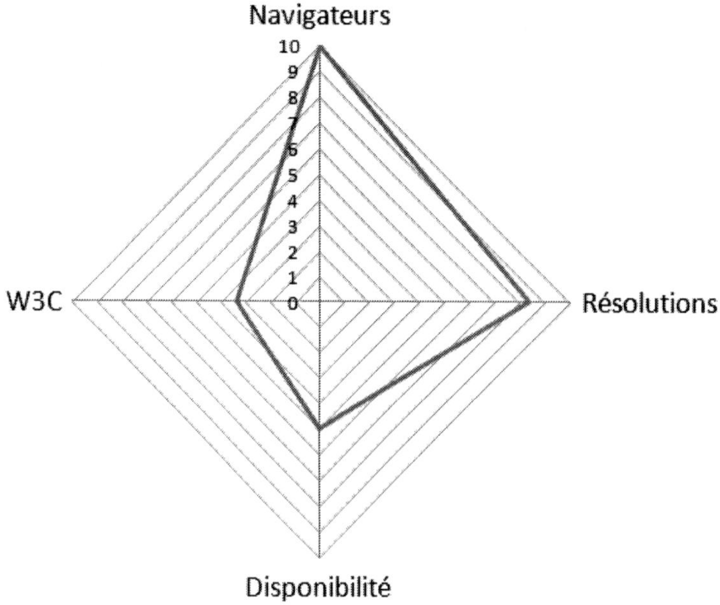

Le site web est optimisé pour tous les navigateurs du marché actuel (Internet Explorer, Google Chrome, Firefox, Opera, Safari).

Les points d'amélioration à apporter sont :

- Résolutions : le site web n'est pas développé en *Responsive Web Design*, ce qui signifie que le site web s'affiche à l'identique, que l'internaute navigue avec son ordinateur ou avec son smartphone. Le site n'étant pas optimisé pour ces derniers, l'affichage est pénalisant car il faut zoomer pour pouvoir lire les pages.
- Disponibilité : les pages (et notamment la page d'accueil) ont un poids équivalent à 835 Ko, ce qui n'est pas optimal. Les images et les scripts (JavaScript) sont responsables de ce temps de réponse élevé.
- W3C : même si les tests de contrôle des outils proposés par le W3C sont réputés sévères, il est bien de minimiser le nombre d'erreurs. Avec 25 erreurs pour la conformité du code et 16 pour la conformité de la feuille de style, il y a certaines corrections à apporter. La non-conformité du code avec les exigences du W3C pour les mobiles (29 erreurs dont 2 critiques) confirme que le site web n'a pas été optimisé pour les smartphones.

4. Audit des contenus

L'audit des contenus consiste à analyser l'ensemble des contenus présentés sur le site web. C'est souvent l'occasion de redécouvrir son site web et la volumétrie qu'il a atteinte.

a. Périmètre et résultats de l'audit

Il n'y a pas toujours 10 questions par catégorie, il convient donc d'effectuer une règle de trois pour ramener la note sur 10. Par exemple, 7 bonnes réponses sur 8 questions donneront une note globale de 7/8 x 10 = 8,75 sur 10.

Famille	Catégorie	Note
4. Contenus		**8,9/10**
	4.1 Général	9,5/10
	4.2 Mise en valeur	7,2/10
	4.3 Qualité	8,9/10
	4.4 Multimédia	8,8/10
	4.5 Multilingue	10/10
	4.6 Marchand	8,8/10

b. Représentation graphique et interprétation

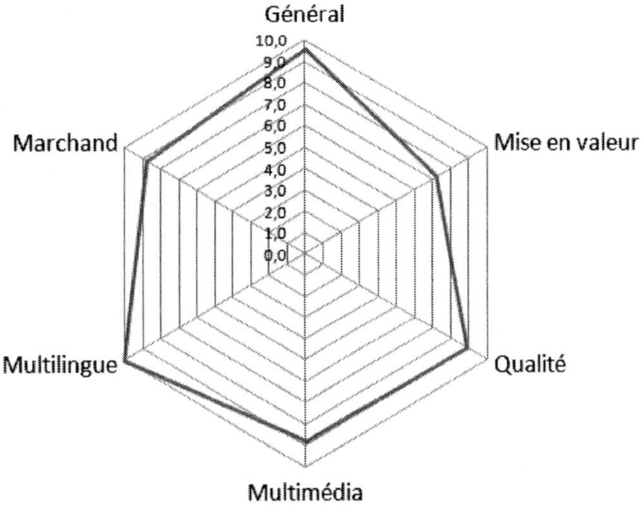

Le contenu du site web est agréablement optimisé. Il faut dire qu'il s'agit du cœur de métier de ce site marchand et que la ligne éditoriale est rigoureuse, professionnelle et structurée.

L'éventuel point d'amélioration à apporter porte sur la mise en valeur des contenus. En effet, aucune date ne figure à côté des mises à jour ou des dernières publications, ce qui ne permet pas de faire ressortir la fraîcheur des actualités.

5. Audit de l'accessibilité

Les internautes sont différents les uns des autres. Internet doit donc être accessible à tous, y compris les personnes présentant un handicap (physique, auditif, visuel...).

L'accessibilité est justement le fait de rendre son site web accessible à tout internaute, avec ou sans handicap. Même si entrer dans cette démarche est souvent perçu comme un travail supplémentaire à fournir lors de la création d'un site web, on se rend vite compte qu'il s'agit juste de changer quelques habitudes pour rendre son site accessible, et donc consultable par tous.

a. Périmètre et résultats de l'audit

Il n'y a pas toujours 10 questions par catégorie, il convient donc d'effectuer une règle de trois pour ramener la note sur 10. Par exemple, 7 bonnes réponses sur 8 questions donneront une note globale de 7/8 x 10 = 8,75 sur 10.

Famille	Catégorie	Note
5. Accessibilité		**7,1/10**
	5.1 Images	5/10
	5.2 Cadres	0/10
	5.3 Couleurs	10/10
	5.4 Multimédia	Nc
	5.5 Tableaux	Nc
	5.6 Liens	10/10
	5.7 Scripts	2,5/10
	5.8 Base requise	9,3/10
	5.9 Structure	10/10
	5.10 Informations	10/10
	5.11 Formulaires	10/10
	5.12 Navigation	7,5/10
	5.13 Consultation	4/10

b. Représentation graphique et interprétation

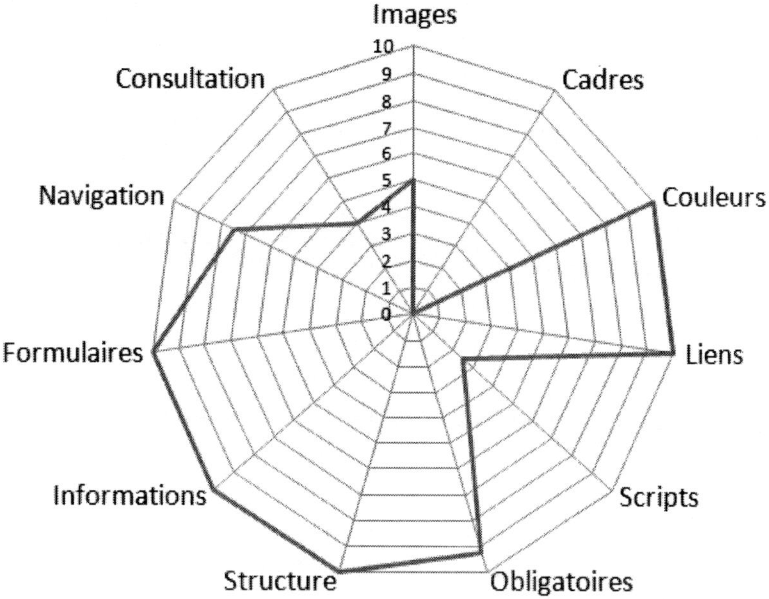

Dans les grandes lignes, le contenu produit est accessible. La structure du site et celle des pages permettent de bien situer le contenu, de le consulter et de naviguer dans le site. En revanche, la technologie utilisée n'est pas optimisée pour l'accessibilité. Les scripts et l'usage des cadres (frames) qui sont générés automatiquement via du code ne répondent pas aux standards attendus.

Les points d'amélioration à apporter sont :

- Images : plusieurs images importantes du site ne comportent pas d'alternative textuelle ni de description détaillée.
- Cadres : même si l'usage de cadres est déconseillé, les titres des cadres doivent être renseignés.
- Scripts : les scripts JavaScript utilisés ne comportent pas d'alternative pour les navigateurs qui ne les interprètent pas. Il n'y a pas de balise <noscript></noscript>.
- Consultation : il n'y a aucune version accessible des fichiers téléchargeables.

6. Audit du référencement et du positionnement

On estime aujourd'hui que le trafic généré par les moteurs de recherche est d'environ 50 %, contre 40 % pour les liens directs et 10 % pour les liens externes.

Même si ces pourcentages fluctuent selon les types de sites web (e-commerce, site institutionnel, blog, site technique, etc.), il est évident que le référencement et le positionnement dans les moteurs de recherche sont aujourd'hui stratégiques pour améliorer le trafic d'un site web. Devant l'augmentation toujours croissante du nombre de pages web, il est fort probable que le poids des moteurs de recherche progresse encore.

Lorsque l'on parle de référencement, il est important de bien différencier l'indexation (prise en compte du site web et de son contenu par les moteurs de recherche) et le positionnement d'un site web (optimisation d'une page du site web par rapport à un mot-clé recherché par l'internaute).

a. Périmètre et résultats de l'audit

Il n'y a pas toujours 10 questions par catégorie, il convient donc d'effectuer une règle de trois pour ramener la note sur 10. Par exemple, 7 bonnes réponses sur 8 questions donneront une note globale de 7/8 x 10 = 8,75 sur 10.

Famille	Catégorie	Note
6. Référencement et positionnement		**8,8/10**
	6.1 Google	10/10
	6.2 Technologie	8,9/10
	6.3 Balises	10/10
	6.4 Images	5/10
	6.5 Mots-clés	10/10
	6.6 Liens	9,2/10

b. Représentation graphique et interprétation

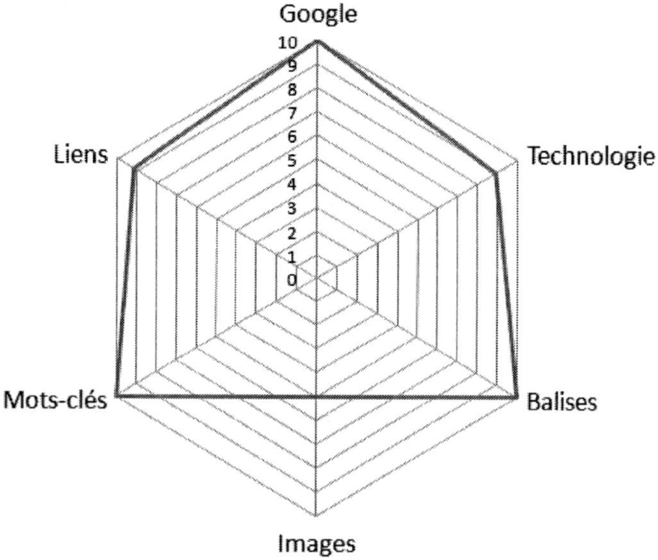

Le site web est très bien indexé par Google. Il n'utilise pas de technologies bloquantes. Toutefois, le contenu présent dans l'iframe de la page d'accueil n'est pas pris en compte par les moteurs de recherche.

Le contenu des pages, les balises et les liens sont très bien renseignés et bien optimisés.

Les points d'amélioration à apporter sont :

- Images : le nom des images est du type « 71ec339951021.jpg », celui-ci n'est pas pris en compte par les moteurs de recherche pour le référencement.

7. Audit de l'e-réputation

L'e-réputation est l'impression que l'internaute se fait d'une marque ou d'une personne en consultant sur Internet ce qu'il se dit à son sujet. Cette impression sera positive ou négative, et aura un impact sur son propre avis.

Il est désormais dans les usages de consulter les avis des internautes avant d'effectuer un achat, que ce soit pour les voyages, les restaurants ou du matériel. L'e-réputation est donc stratégique pour les sociétés commerciales.

Les recruteurs ont également pris l'habitude de consulter Internet avant de recevoir un candidat. L'e-réputation est aussi stratégique pour les carrières professionnelles.

Avec l'explosion de l'usage du web, des réseaux sociaux et du web mobile, il est indispensable aujourd'hui de veiller sur son e-réputation afin de maîtriser son image et d'anticiper les éventuelles crises.

a. Périmètre et résultats de l'audit

Il n'y a pas toujours 10 questions par catégorie, il convient donc d'effectuer une règle de trois pour ramener la note sur 10. Par exemple, 7 bonnes réponses sur 8 questions donneront une note globale de 7/8 x 10 = 8,75 sur 10.

Famille	Catégorie	Note
7. E-réputation		**8,9/10**
	7.1 Google	8,4/10
	7.2 Blogs	10/10
	7.3 Groupes	7/10
	7.4 Forums	9/10
	7.5 réseaux sociaux	10/10

b. Représentation graphique et interprétation

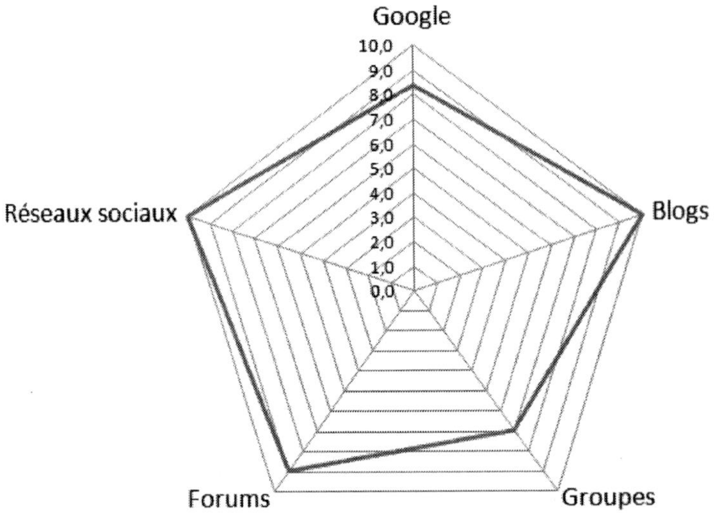

Lorsque l'on saisit dans les moteurs de recherche le nom commercial de l'entreprise, la première impression que l'on se fait est plutôt bonne. L'entreprise publie énormément de contenu de par son activité professionnelle, contenu qui contribue à la bonne e-réputation de la marque.

Les recherches dans Google montrent toutefois que l'entreprise communique beaucoup en début de mois, lors des sorties des nouveautés et qu'il ne se passe plus rien jusqu'au mois suivant. Ce manque de communication laisse éventuellement la place à du contenu qui pourrait être produit durant cette période par de tierces personnes.

Comme tout site d' e-commerce, la société est exposée aux critiques des clients mécontents. Au moment de la réalisation de l'audit, la tonalité de ces discussions est très largement positive. Cette tonalité témoigne d'une très bonne gestion de la relation client.

8. Audit réglementaire

Les sites Internet sont encadrés par un certain nombre de lois et règles que tout propriétaire doit respecter pour être conforme avec la loi. Au-delà de la légalité, cette conformité rassure les internautes.

Pour les sites d'e-commerce, cette conformité est un gage de sérieux et de qualité indispensable pour que l'internaute passe à l'acte et réalise un achat en ligne.

a. Périmètre et résultats de l'audit

Il n'y a pas toujours 10 questions par catégorie, il convient donc d'effectuer une règle de trois pour ramener la note sur 10. Par exemple, 7 bonnes réponses sur 8 questions donneront une note globale de 7/8 x 10 = 8,75 sur 10.

Famille	Catégorie	Note
8. Réglementaire		**8,2/10**
	8.1 CNIL	10/10
	8.2 Mentions légales	4,2/10
	8.3 Conditions générales d'utilisation (CGU)	8,3/10
	8.4 Conditions générales de vente (CGV)	10/10
	8.5 Marque	10/10
	8.6 Contenu	6,7/10

b. Représentation graphique et interprétation

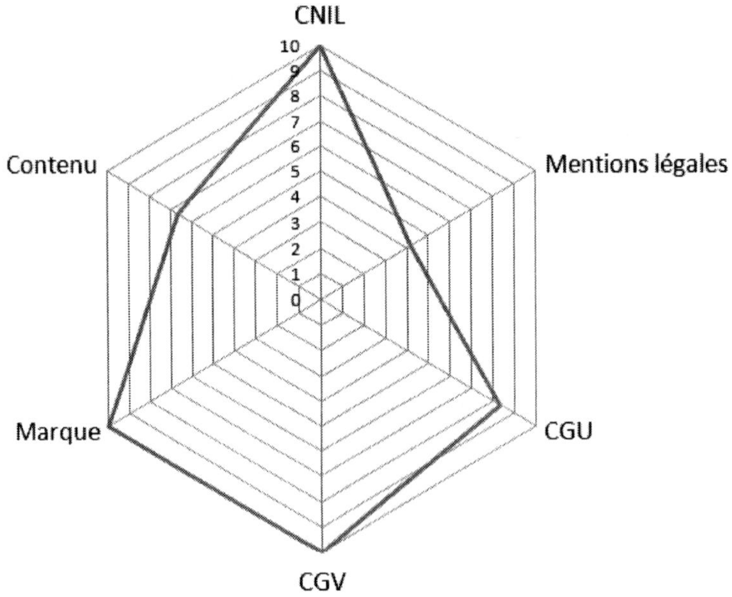

Le site étant dans le secteur d'activité du commerce en ligne, il est en conformité sur les conditions générales de vente. En revanche, il y a des carences de renseignements à l'intérieur des mentions légales.

Les points d'amélioration à apporter sont :

- Mentions légales : le nom et les coordonnées du responsable éditorial sont absents, le nom et les coordonnées de l'hébergeur sont absents, le paragraphe sur la déclaration CNIL et le droit d'accès sont absents, et les informations sur la configuration requise pour naviguer sur le site web sont absentes.
- Contenu : les images du site web ne sont accompagnées d'aucun copyright ou crédit photo.

9. Audit des statistiques des consultations

Aujourd'hui, avoir un site Internet ne suffit plus. Il faut être capable de mesurer le nombre de visiteurs et leurs comportements une fois arrivés sur le site web. Des tableaux de bord doivent être constitués afin de faciliter l'analyse de ces chiffres. Enfin, de cette analyse, des actions doivent être décidées et mises en place pour augmenter la conversion des visiteurs vers un objectif (devis, vente, contact). La mesure des consultations est devenue primordiale.

a. Périmètre et résultats de l'audit

Famille	Catégorie	Note
9. Statistiques		**2/10**
	9.1 Véracité des chiffres	5/10
	9.2 Optimisation	-2/10
	9.3 Tableau de bord	-1/10

b. Représentation graphique et interprétation

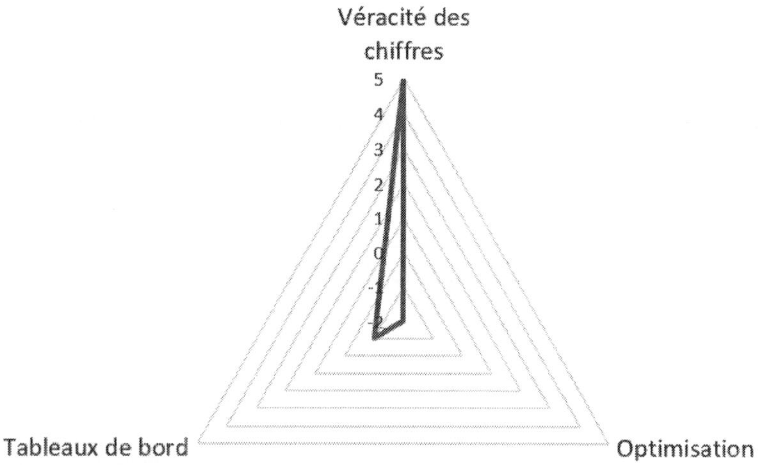

Le résultat de l'audit des statistiques de consultation de ce site web correspond à ce que l'on trouve assez souvent dans les entreprises. C'est-à-dire que les marqueurs sont posés, les filtres sont activés mais ni l'optimisation ni la personnalisation des tableaux de bord ne permettent de vraiment comprendre ce qui se passe sur le site web.

- En règle générale, le webmaster utilise les tableaux de bord standards fournis par Google Analytics ou reproduit les chiffres dans son propre tableau de bord.
- Ce tableau de bord est ensuite transmis au chef de service et/ou au comité de direction. C'est souvent l'évolution du nombre de visiteurs et de pages vues qui suffisent à résumer l'activité Internet.
- Il n'y a aucune valeur ajoutée à procéder ainsi. La vraie valeur ajoutée est de suivre des indicateurs clés comme le taux de conversion des visiteurs qui font des devis en ligne ou qui remplissent le formulaire de contact.
- Cette absence d'analyse est souvent due à un manque de compétence, qui peut tout simplement être comblée par une formation prodiguée par un expert.

C. Audit global

L'audit global est une consolidation de tous les audits réalisés au préalable, famille par famille. Le but de cet audit global est de faire ressortir les points forts et les points faibles du site web.

Cet audit permet surtout de définir les axes stratégiques que l'entreprise doit suivre pour optimiser au mieux son site web.

1. Périmètre et résultats de l'audit global

Famille	Note
Note globale pour le site web audité	**8,1/10**
1. Ergonomie	9,2/10
2. Fonctionnalités	6,8/10
3. Compatibilité	6,7/10
4. Contenus	8,9/10
5. Accessibilité	7,1/10
6. Référencement et positionnement	8,8/10
7. E-réputation	8,9/10
8. Réglementaire	8,2/10
9. Statistiques	2/10

2. Représentation graphique et interprétation de l'audit global

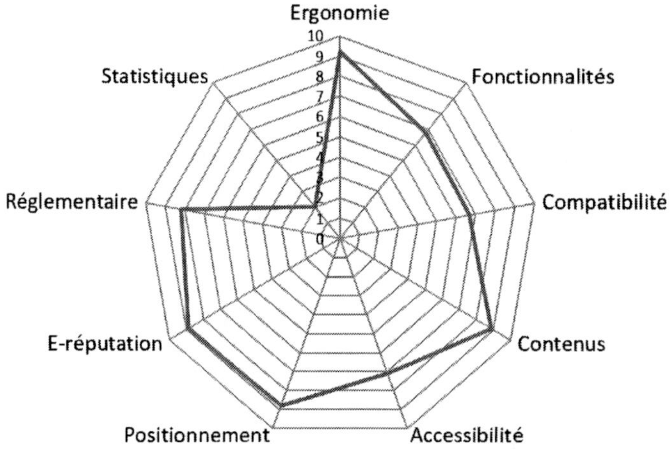

Dans l'ensemble, l'audit global est très positif. Le site web est de qualité et les contenus proposés le sont également. Il n'y a aucune alerte à signaler. Il y a toutefois quelques points d'amélioration à apporter.

Au premier regard du graphique, on peut constater que l'ergonomie, les contenus, le positionnement et l'e-réputation sont plutôt bien optimisés.

En revanche, une étude approfondie devra être faite sur les autres points, notamment :

- Réglementaire : il est important d'avoir une note de 10/10. Être en conformité avec la réglementation est obligatoire. Les mentions légales doivent être mises à jour.
- Fonctionnalités : même si les fonctionnalités de base sont bien présentes, il est important de proposer une fonction Impression des pages optimisée. Beaucoup d'internautes peuvent être tentés d'imprimer les pages de présentation des produits pour réaliser une sorte de catalogue qui leur permettra de faire leur choix en « off-line ».
- Compatibilité : le site web n'est pas optimisé pour un affichage sur les écrans de smartphones. Il est nécessaire aujourd'hui de proposer une version mobile du site web, ou un affichage en *Responsive Web Design*. Cette dernière solution nécessitant un redéveloppement complet du site web, la création d'un site web dédiée aux mobiles sera plus appropriée.
- Accessibilité : le site n'est pas optimisé pour les personnes présentant une déficience visuelle. Les principaux freins sont techniques. L'entreprise doit recourir à un expert et prétendre a minima au label AccessiWeb « bronze » si elle souhaite séduire cette population.
- Exploitation des statistiques de consultation : avec un suivi si peu efficace, il est fort à parier que le site web risque de décliner rapidement. Pour avoir un bon site web, il faut qu'il soit en constante évolution pour coller au plus près des attentes des internautes. Sans une mesure efficace, il est impossible de détecter les signaux de dysfonctionnement.

A

B

C

E

F

G

I

J

JAVASCRIPT

K

KPI

M

MOBILE

N

NAVIGATEUR

NAVIGATION

NUAGE DE MOTS-CLÉS

P

PAGE

R

RECHERCHE

S

W

X